보스와 함께 신학여행

본서는 좋은나무교회(이강우 목사)가 지원한 연구비로 출판되었습니다.

Theological Journey with Geerhardus Vos

by Rev. Hyung Yong Park, Th.M., S.T.D.
Emeritus Professor of New Testament
Hapdong Theological Seminary.

Copyright © 2024 Park Hyung Yong
Published by Hapdong Theological Seminary Press
50 Gwanggyo Joongang-Ro, Yeongtong-Gu, Suwon, Korea 16517

Theological Journey with Geerhardus Vos

보스와 함께 신학여행

초판 1쇄   2024년 1월 1일

발 행 인   김학유
지 은 이   박형용
펴 낸 곳   합동신학대학원출판부
주   소   16517 수원시 영통구 광교중앙로 50 (원천동)
전   화   (031)217-0629
팩   스   (031)212-6204
홈페이지   www.hapdong.ac.kr
출판등록번호 제22-1-2호
인 쇄 처   예원프린팅 (031)902-6550
총   판   (주)기독교출판유통 (031)906-9191

ISBN 979-11-93395-02-8 (93230)
값은 뒷표지에 있습니다.

박형용

보스와 함께 신학여행

Theological Journey with Geerhardus Vos

합신대학원출판부

기독교 개혁교회의 교수(1888-1893)로 재직 당시 보스의 사진

게르할더스 보스(1862-1949)

보스 (Vos)는 하나님께서 그의 교회를 위해 귀하게 사용하신 학자이다.
본서는 보스의 "개혁교의학" (*Reformed Dogmatics*) 전 5권의 내용을 소
개하는 것을 그 목적으로 하고 있다. 본서는 본 필자의 창작물이 아니
다. 그렇다고 본서는 보스의 "개혁교의학"의 번역도 아니다. 그래서
"저자"라는 말을 사용할 수도 없고, 번역자라는 말을 쓸 수도 없는 형편
이어서 "편저"라는 구차한 명칭을 붙인 것이다. 본서는 보스의 질문 전
체를 다루지 않았고 우리들에게 개혁주의 신학 이해에 도움이 되는 것
들만 골라서 정리했다. 보스는 신학 분야 전체의 내용을 1,233개의 질
문으로 문제를 제기하고 그 질문에 대한 답변을 함으로 독자들과의 거
리감을 좁힌 반면 내용의 설명을 개혁주의적인 입장에서 일목요연
(一目瞭然)하게 설명해 주었다. 독자들은 평소에 가지고 있었던 신학 분
야의 난제들에 대한 답을 보스의 "개혁교의학"에서 찾을 수 있을 것이
다. 그런데 보스의 "개혁교의학" 전 5권은 화란어에서 영어로 번역한
것인데 어떤 부분들은 영어 자체가 이해하기 힘들어 독자들을 당황하
게 만든다. 따라서 본서는 독자들이 좀 더 쉽게 접근할 수 있도록 보스
의 개혁교의학의 내용 중 필요한 부분을 요약 소개하기도하고 또 번역
하기도 한 것이다. 그리고 "개혁교의학"을 소개하면서 영어 표현을 많
이 사용한 것은 보스의 신학적 개념이 바로 전달되기를 원하는 마음과

신학적 용어를 이해하는데 독자들에게 도움이 된다고 생각했기 때문이었음을 밝혀둔다. 독자들의 양해를 바란다. 편저자는 본서를 통해 보스(Vos)의 신학이 한국교회에 더 많이 알려질 수 있기를 바라고, 궁극적으로 성경의 바른 교훈이 개인 성도와 기독교회 안에 뿌리내리기를 바란다.

끝으로 본서의 출판을 위해 정성스럽게 디자인 해 주신 김민정 선생님과 많은 시간과 정성을 쏟아 교정을 해 주신 강승주 목사에게 심심한 감사의 마음을 전한다.

그리고 본서의 출판을 위해 재정적인 지원을 해주신 좋은나무교회와 이강우 목사님에게 심심한 감사의 마음을 표한다.

2023년 7월
서재에서 63빌딩을 바라보면서
박형용

보스의 『개혁주의 교의학』
전5권

보스 (Vos)와 보스의 『개혁주의 교의학』 전체 5권 소개

Geerhardus Vos, *Reformed Dogmatics*, Volumes One-Five (Bellingham, WA: Lexham Press, 2012-2016).

보스 (Vos: 1862-1949)의 생애는 칼빈주의 학자들과 깊은 관계를 가지고 있다. 3대 칼빈주의 학자 중 한 사람인 카이퍼 (Abraham Kuyper: 1837-1920)는 보스가 대략 20세 중반쯤 되었을 때에 암스텔담에 소재한 자유 대학 (Free University)에서 가르칠 것을 제안했고, 동시에 역시 3대 칼빈주의 학자 중 한 사람인 바빙크 (Herman Bavinck: 1854-1921)는 캄펜에 있는 신학교 (Theological School at Kampen)에 와서 가르칠 것을 강력하게 요청했다. 하지만 보스의 구약 선생님이었던 그린 (William H. Green)이 보스를 프린스턴신학교 (Princeton Theological Seminary)의 교수로 영입하는데 결정적 역할을 했고, 보스는 1893년부터 1932년까지 39년 동안 프린스턴신학교에서 교수 사역을 하면서 후학들을 길러냈다. 같은 시기에 프린스턴신학교 교수였던 3대 칼빈주의 학자 중 다른 한 사람인 워필드 (Benjamin B. Warfield: 1851-1921)는 보스를 가리켜 "그는 아마도 프린스턴신학교가 모셨던 가장 좋은 주석가였다." (He was probably the best exegete Princeton ever had.)라고 평가했고, 프린스턴신학교에서 보스와 함께 1년을 가르치고 웨스트민스터신학교 (Westminster Theological Seminary)로 옮긴 머레이 (John Murray)도 워필드의 평가에 동의하면서 "보스 박사는, 내 판단으로는, 가장 예리한 주석가로서

나는 그를 아는 것을 영광으로 생각하고 있으며 그리고 내가 믿기로는 이 세기의 영어권에 존재하는 가장 날카로운 주석가이다.”라고 소개한다. 이처럼 보스 (Vos)는 그 당시 3대 칼빈주의 학자라고 불렸던 카이퍼, 바빙크, 워필드의 관심의 대상이 된 학자였다. 퍼거슨 (Sinclair Ferguson)은 보스를 가리켜 “탁월한 학자” (a scholar par excellence), “신학자 중의 신학자” (a theologian's theologian)라고 극찬한다.

보스 (Vos)는 우리에게 잘 알려진 개혁주의 신학자이다. 그는 『성경신학』(Biblical Theology), 『바울의 종말론』(The Pauline Eschatology), 『예수의 자기계시』(The Self-Disclosure of Jesus), 『하나님 나라와 교회』(The Kingdom of God and the Church), 『히브리서의 교훈』(The Teaching of the Epistle to the Hebrews)등과 개핀 박사가 보스의 짧은 글들을 모아 편집한 『구속역사와 성경해석』(Redemptive History and Biblical Interpretation) 등 유익한 책으로 우리에게 잘 알려져 있다.

그런데 금번에 우리에게 익숙하게 알려지지 않은 보스의 저작물이 개핀(Gaffin) 박사와 여러 학자들에 의해 번역 출간되어 우리 손에 들려지게 되었다. 특별히 보스 박사는 그동안 성경신학 분야의 연구로 우리를 가르치고 기쁘게 했는데 이번 저작물은 『개혁주의 교의학』(Reformed Dogmatics)이란 제목으로 개혁주의 교훈을 비교적 쉽게 풀어 설명해 주고 있다는 점에서 의의가 크다. 보스 박사가 균형 잡힌 개혁주의 신학자로 존경받을 수 있는 것은 그의 신학적 사고가 신학분야의 어느 한편으로만 기울어 있지 않고 성경신학과 교의신학의 접목을 통해 그의 신학을 발전시켰기 때문이라고 사료된다.

본 『개혁주의 교의학』 전체 5권은 젊은 보스 (Vos)가 1888년부터

1893년까지 기독교개혁교회의 신학교 (Theological School of the Christian Reformed Church)에서 가르친 내용들이다. 기독교개혁교회의 신학교는 현재 그랜드 래피드즈 (Grand Rapids)에 위치한 칼빈신학교 (Calvin Theological Seminary)로 그 이름을 개명하였다. 보스는 1893년 가을 학기부터 프린스턴신학교 (Princeton Theological Seminary)로 옮겨 새롭게 개설한 성경신학 강좌를 맡아 성경신학 (Biblical Theology)을 가르쳤다. 보스가 칼빈신학교에서 가르친 교의신학의 내용과 프린스턴신학교에서 가르친 성경신학의 내용을 비교 분석하면 약간의 차이가 있지만 대부분 계속성이 있고 일치하고 있음을 발견하게 된다.

본『개혁주의 교의학』의 특이한 점은 전체 5권을 모두 질문을 먼저 던지고 그 질문에 대한 답을 하는 것으로 진행된다는 것이다. 『개혁주의 교의학』 전 5권은 현대 교의학에서 가르치고 있는 모든 분야를 모두 다루고 있기 때문에 본서 5권을 읽으면 개혁주의적인 사고의 뼈대를 형성할 수 있을 것으로 사료된다. 본서 전 5권은 각 책 말미에 책에서 제기했던 모든 질문을 정리해 두었기 때문에 책의 각 장에서 다루어진 질문들이 어떤 것이었는지를 쉽게 접할 수 있다.

우리는 본서를 통해 하나님의 구속계획의 전모를 알 수 있고, 보스의 신학세계를 들여다볼 수 있다. 본『개혁주의 교의학』 전 5권의 번역자들을 살펴보면 많은 학자들의 이름이 등장한다. 미국 필라델피아에 소재한 웨스트민스터신학교 (Westminster Theological Seminary)의 교수로 한 평생을 헌신하고 보스 (Vos)를 심도 있게 연구한 개핀 (Richard Gaffin) 박사를 주 번역자로 하고 많은 화란 학자들이 보조 번역자로 수고했다. 이는『개혁주의 교의학』이 원래 화란어로 출판되었기 때문에 번역의 신속성과 정확성을 제고하기 위한 배려로 사료된다. 본 편저자는 본서의 내용 중 개혁주의 신학이해에 중요하고 독자들에게 유익하다고 생각되는 질문들과 답변들을 발췌하여 어떤 부분은 번역하고 또 다른 부분은 간단히 요약 설명하는 방법으로 정리했음을 밝혀둔다. 또 어떤 부분은 독자들의 이해를 돕기 위해 편저자의 견해를 첨부했음을 밝힌다.

제1권

신론

Geerhardus Vos, "Theology Proper," *Reformed Dogmatics*, Vol. 1. Trans. and Ed.
by Richard B. Gaffin, Jr. with Kim Batteau, Annemie Godbehere, Roelof van
Ijken. Bellingham, WA: Lexham Press, 2012-2014.

제1권은 신론 (Theology Proper)을 다루는데 전체 7장으로 구성되어 있다. 제1장은 하나님을 아는 지식, 제2장은 하나님의 이름들과 존재 그리고 속성들, 제3장은 삼위일체, 제4장은 일반적인 하나님의 작정, 제5장은 예정교리, 제6장은 창조, 제7장은 섭리로 구성되어 있다. 신론에 대한 질문은 전체 413개이다.

제1장

제1장은 하나님을 아는 지식 (The Knowability of God)에 대해 4개의 질문을 통해 우리들이 하나님을 완전하게 알 수는 없지만 하나님이 자신을 성경에 계시해 주신 정도로 알 수 있다고 말한다(p. 2). 보스는 제1문에서 "하나님을 알 수 있는가?"라고 질문하고, 그 답으로 "그렇다"라고 답하고, 비록 우리들의 하나님에 대한 지식이 제한되어 있지만(마 11:25) 성경은 요한일서 5:20에서 "우리에게 지각을 주사 우리로 참된 자를 알게 하신 것"이라고 말한 것처럼 우리들은 하나님을 알 수 있다고 설명한다(p. 1). 보스는 제2문에서 "어떤 의미로 개혁주의 신학자들

이 하나님이 알려질 수 없다고 주장하는가?"라고 질문하고, 그 답으로 첫째, 우리는 무한하신 존재를 완전하게 이해할 수 없다는 점에서 그렇게 생각하며, 둘째, 우리가 하나님을 정의 (definition)할 수 없고 오직 묘사할 수 있을 뿐이라는 점에서라고 설명한다(p. 1). 보스는 제3문에서 "어떤 근거로 다른 사람들은 하나님을 인식할 수 있는 가능성 (God's knowability)을 부인하는가?"라고 질문하고, 하나님이 "모든 존재" (All-Being)라는 근거로 하나님을 인식할 수 있는 가능성을 부인한다. 그들은 하나님에 관한 범신론적 견해 (pantheistic view)를 가졌다. 이제 그들은 "아는 것" (knowing)은 알려진 대상이 존재하는 모든 것이 아님을 추정한다. 알려진 대상은 항상 아는 행동을 하는 주체로부터 구별되어 존재하기 때문이다. 어떤 사람은 논증하기를 하나님을 지식의 대상으로 만드는 것은 "하나님은 존재하는 모든 것이 아니고, 하나님은 제한적이다"라고 말하는 것과 동등하다. 이처럼 범신론적인 견해를 가진 사람들은 하나님을 알 수 없다고 주장한다(p.1).

• • •

제2장

제2장은 하나님의 이름들과 존재 그리고 속성들 (Names, Being, and Attributes of God)을 133개의 질문을 통해 설명한다. 보스는 제1문에서 제7문까지 성경에서 사용된 하나님의 이름들인 엘로힘 (Elohim), 아돈나이 (Adonai), 엘샤다이 (El Shaddai), 저호바 제바호스 (Jehovah Zebahoth) 등의 이름을 설명한다. 엘로힘은 "두려워할 자," "위엄이 충만한 자"의

뜻이며, 아돈나이는 "통치자, 주님"이라는 뜻인데 원래 "나의 통치자,"
"나의 주님"이란 뜻이다. 엘샤다이는 "권능자, 주권자"라는 뜻이며, 저
호바 제바호스는 "만군의 하나님"이라는 뜻이다. 이 이름은 사무엘
(Samuel) 시대에 처음으로 사용되었다. 저호바 제바호스는 "하나님은
전능하신 능력으로 천사들과 별들을 다스리신다. 그리고 이스라엘은
이방인들이 하는 것처럼 그것들을 두려워해서는 안 된다(p. 4). 보스는
제8문에서 "하나님이 그의 이름들을 통해서만 자신을 우리에게 알리셨
는가?"라고 질문하고, "아니다" 그의 속성들 (attributes)을 통해서도 자
신을 우리에게 알리셨다고 설명한다. 하나님의 속성들은 어떤 특정한
상황에서 우리에게 알려지신 하나님 자신의 계시된 본질 자체이다(p.
4). 보스는 제9문에서 "하나님의 속성들과 관련하여 우리에게 제기되
는 두 가지 질문은 무엇인가?"라고 질문하고, 첫째는 그의 속성들이 하
나님의 존재 (His being)와 무슨 관계인가? 둘째는 그의 속성들 상호간
의 관계가 무엇인가? 라는 두 가지 질문이라고 설명한다(p. 5). 보스는
제12문에서 "우리들이 하나님의 속성들이 서로 간 구별되지 않는다고
말할 수 있는가?"라고 질문하고, 이 질문은 대단히 위험한 질문이라고
말하고 우리들은 모든 하나님의 속성들이 서로 밀접하게 관련되어 있
다고 말해야 한다고 설명한다. 그러나 보스는 하나님의 속성들이 서로
간 똑같다고 말하는 것은 아니라고 정리한다. 예를 들면 사랑 (love)과
의로움 (righteousness)은 하나님 안에서 동일한 것이 아니지만 사랑과
의로움은 완전한 조화를 이루어 함께 온전하게 기능한다. 우리는 범신
론의 방법 (pantheistic way)처럼 모든 것을 서로 섞이게 만들어서는 안
된다(p. 5).

보스는 제14문에서 "신학자들이 하나님의 속성을 구분하기 위한 시도로 몇 가지의 방법을 사용하는가?"라고 질문하고, 긍정의 속성과 부정의 속성, 절대의 속성과 상대의 속성, 자연적인 속성과 도덕적인 속성에 대해 설명한다. 그리고 보스는 계속해서 "비 공유적 속성" (incommunicable)과 "공유적 속성" (communicable)으로 나누어, "비 공유적 속성"은 자존성 (self-existence), 단순성 (simplicity), 영원성 (infinity), 그리고 변환 불가성 (immutability) 등으로 설명하고, "공유적 속성"은 영성과 인격성 (spirituality and personality), 이해력 (understanding), 의지 (will), 능력 (power), 하나님의 축복 (God's blessedness)으로 설명하고 있다. "비 공유적 속성"은 하나님의 성품과 사람의 성품이 공통되지 않는 것을 뜻하고, "공유적 속성"은 하나님의 성품과 사람의 성품이 공통된 것을 가리킨다(p. 6-8). 보스는 제17문에서 "하나님의 자존 (self-existence)은 무엇을 의미하는가?"라고 질문하고, 그 답으로 하나님의 속성 자체가 하나님 자신의 존재의 충분한 근거가 된다고 설명한다. 부정적으로 표현하면, 하나님의 독립성 (independence)은 하나님이 의존하지 않고 존재하는 것을 뜻한다. 왜냐하면 하나님은 "만민에게 생명과 호흡과 만물을 주시는 이"(행 17:25)시기 때문이다. 자존은 하나님을 더 정확하게 표현한 정당한 확증이다(참고, 요 5:26)(p. 8). 보스는 제18문에서 "하나님의 단순성이 무엇인가?"라고 질문하고, 하나님의 단순성은 하나님의 속성으로 하나님은 그것으로 모든 합성 (composition)과 구별 (distinction)로부터 자유하시다. (1) 하나님은 그의 논리적 합성 (logical composition)에 있어서 자유하시다. 하나님 안에는 속 (genus)과 종 (species) 사이의 구별이 없다. (참조, 생물에서 "종"은 "속"의 하위 분류 단위임).

(2) 하나님은 그의 자연적 합성 (natural composition)에 있어서 자유하시다. 하나님 안에는 본질 (substance)과 형태 (form) 사이의 구별이 없다. (3) 하나님은 그의 초자연적 합성 (supernatural composition)에 있어서 자유하시다. 하나님 안에는 무 활동 상태의 능력(slumbering capacity)과 행동(action) 사이의 구별이 없다(증거 구절: 요일 1:5; 4:8; 암 4:2; 6:8)라고 정리한다. 소시누스주의자들 (Socinians)과 보시우스 (Vossius)는 이 속성을 부인하는데 그것은 그들이 삼위 (three Persons)의 존재로 하나이신 삼위일체 (Trinity)를 더 잘 피해가기 위해서이다(p. 9). 보스는 제22문에서 "성경 어디에서 하나님의 영원한 완전을 우리에게 가르치시는가?"라고 질문하고, 그 답으로 욥기서 11:7-9과 시편 145:3을 예로 든다(p. 10). 보스는 제23문에서 "하나님의 영원성 (God's eternity)은 무엇인가?"라고 질문하고, 하나님의 영원성은 하나님의 속성 (attribute)으로서 하나님은 그 속성으로 모든 시간적 한계와 모든 시간의 연속을 초월하여 계시고, 단 하나의 나누어지지 않은 현재 (present) 속에서 그의 생명의 내용을 완전하게 소유하고 계신다고 설명한다.(그리고 그렇게 하심으로 시간의 원인이 되시는 것이다.)(p. 10).

보스는 제28문에서 "당신은 하나님의 광대성 (immensity)을 어떻게 이해하는가?"라고 질문하고, 하나님의 광대성은 하나님의 완전하심 (the perfection of God)으로서 하나님은 그 완전으로 공간의 모든 구별을 초월하여 계시고, 공간의 각 지점마다 그의 전 존재 (all His being)로 임재하시고, 그렇게 하심으로 공간의 원인이 되시는 것이다라고 설명한다(p. 12). 보스는 제30문에서 "우리들이 하나님의 편재 (omnipresence)에 대해 어떻게 생각해서는 안 되는가?"라고 질문하고, 하나님의 편재

제1권 신론 2장

를 공간을 채우는 것 (extension over space)으로 생각해서는 안 된다고 답을 한다. 어떤 신학자는 "하나님은 완전하게 모든 것 안에(전 우주 안에) 계시고 그리고 모든 것 밖에(전 우주 밖에) 계신다."라고 말했다(p. 12). 보스는 제34문에서 "당신은 성경에서 하나님의 광대성 (immensity)을 어떻게 증명하는가?"라고 질문하고, 에베소서 1:23; 예레미야 23:23-24; 시편 139:7-12; 사도행전 17:24-28 등이 하나님의 광대성을 증명한다고 답을 한다. (참고, 편자 제공: 에베소서 1장: "교회는 그의 몸이니 만물 안에서 만물을 충만하게 하시는 이의 충만함이니라"(엡 1:23). 예레미야 23장: "여호와의 말씀이니라 나는 가까운 데에 있는 하나님이요 먼 데에 있는 하나님은 아니냐 여호와의 말씀이니라 사람이 내게 보이지 아니하려고 누가 자신을 은밀한 곳에 숨길 수 있겠느냐 여호와가 말하노라 나는 천지에 충만하지 아니하냐"(렘 23:23-24). 시편 139편: "내가 주의 영을 떠나 어디로 가며 주의 앞에서 어디로 피하리이까 내가 하늘에 올라갈지라도 거기 계시며 스올에 내 자리를 펼지라도 거기 계시니이다 내가 새벽 날개를 치며 바다 끝에 가서 거주할지라도 거기서도 주의 손이 나를 인도하시며 주의 오른손이 나를 붙드시리이다 내가 혹시 말하기를 흑암이 반드시 나를 덮고 나를 두른 빛은 밤이 되리라 할지라도 주에게서는 흑암이 숨기지 못하며 밤이 낮과 같이 비추이나니 주에게는 흑암과 빛이 같음이니이다"(시 139-7-12). 사도행전 17장: "우주와 그 가운데 있는 만물을 지으신 하나님께서는 천지의 주재시니 손으로 지은 전에 계시지 아니하시고 또 무엇이 부족한 것처럼 사람의 손으로 섬김을 받으시는 것이 아니니 이는 만민에게 생명과 호흡과 만물을 친히 주시는 이심이라 인류의 모든 족속을 한 혈통으로 만드사 온 땅에 살게 하시고 그들의 연대를 정하시며 거주의 경계를 한정하셨으니 이는 사람으로 혹 하나님을 더듬어 찾아 발견하게 하려 하심이로되 그는 우리 각 사람에게서 멀리 계시지 아니하도다 우리가 그를 힘입어 살며 기동하며 존재하느니라 너희 시인 중 어떤 사람들의 말과 같이 우리가 그의 소생이라 하니"(행 17:24-28)(p. 13).

보스는 제36문에서 "하나님의 불변성 (God's immutability)은 무엇인가?"라고 질문하고, 하나님 안에서의 완전은 모든 되는 것 (all becoming)과 발전 (development)을 초월하고 모든 축소되는 것 (all diminution)을 초월하여 높아지셔서 영원히 똑같은 존재로 남아 계신 것을 뜻한다고 정리한다(p. 13). 보스는 제39문에서 "우리들이 하나님의 불변성을 어떻게 더 구별할 수 있는가?"라고 질문하고, 우리는 첫째, 하나님의 존재 (being)의 불변성, 둘째, 하나님의 본질적인 속성들 (attributes)의 불변성, 셋째, 하나님의 작정들과 약속들 (decrees and promises)의 불변성을 말할 수 있다고 답을 한다(p. 14). 보스는 제40문에서 "하나님의 불변성을 성경으로 증명하라."라고 말하고, 야고보서 1:17; 디모데전서 1:17; 말라기 3:6을 제시한다. (참고, 편자 제공: 야고보서 1장: "온갖 좋은 은사와 온전한 선물이 다 위로부터 빛들의 아버지께로부터 내려오나니 그는 변함도 없으시고 회전하는 그림자도 없으시니라"(약 1:17). 디모데전서 1장: "영원하신 왕 곧 썩지 아니하고 보이지 아니하고 홀로 하나이신 하나님께 존귀와 영광이 영원무궁하도록 있을 지어다 아멘"(딤전 1:17). 말라기 3장: "나 여호와는 변하지 아니하나니 그러므로 야곱의 자손들아 너희가 소멸되지 아니하느니라"(말 3:6).

보스는 제42문에서 "성경이 하나님을 성령이라 부를 때 그 뜻은 무엇인가?"라고 질문하고, 영 (spirit)을 뜻하는 히브리어와 헬라어 단어들은 둘 다 바람 (wind)을 뜻한다고 설명하고 몇 가지 설명을 덧붙인다. (1) 바람은 물질적인 능력들 가운데 가장 비물질적이요 보이지 않는 능력이다. 우리가 바람을 느낄 수는 있지만 볼 수는 없다(요 3:8). 하나님을 성령이라고 부를 때 그 뜻은 하나님이 비물질적이라는 말이다(요 4:24). (2) 바람은 생명의 표시로 생명을 살리는 자리에 서 있다. 그래서 하나님의 영성 (God's spirituality)은 그가 살아서 활동하는 것을 뜻한다. 성령으로서의 하나님은 사람으로부터 구별된다. (3) 생명의 영 (the spirit of life)으로서의 바람은 살림을 받은 무엇과 관련이 있다. 하나님이 살리는 자이고 피조물을 위한 생명의 근원이기 때문에 이런 의미에서 하나님을 성령이라 부를 수 있다. (4) 하나님의 영성은 그가 이해와, 의지와 능력을 가진 합리적인 존재 (rational being)라는 뜻을 함축하고 있다(pp. 14-15). 보스는 제47문에서 "하나님의 지식은 무엇인가?"라고 질문하고, 하나님의 지식은 완전한 지식인데, 하나님은 전적으로 유일한 방법으로 그의 존재(being)를 통해서 그리고 그의 가장 단순한 행위로 자기 자신을 이해하고, 자신 안에 있는 모든 것과 혹은 자신 밖에 있을 수 있는 것을 이해한다고 설명한다(p. 16). 보스는 제49문에서 "하나님의 지식과 그의 능력은 같은 것인가?"라고 질문하고, 하나님의 지식과 능력이 구별되어야 한다는 사실은 지식과 능력이 다른 대상 (objects)을 가지고 있다는 사실에서 명백해진다. 하나님은 가능한 모든 것을 아신다. 하나님의 능력은 실재 (real)한 모든 것에 대해서만 활동적이다(p. 17). 보스는 제54문에서 "하나님의 지식의 대상들 (the objects of God's knowledge)을 이렇게 분류하는 것이 왜 중요한가?"라고 질문하고,

왜냐하면 이런 분류가 하나님과 세상을 범신론적으로 일치 (pantheistic identification)시키는데 대한 항의를 포함하기 때문이라고 답을 하고 설명을 덧붙인다. 우리는 이런 구별을 통해 하나님이 실제로 존재하시는 것 이상 더 많은 것을 하실 수 있다는 것과, 그의 능력과 생각들 (His power and thoughts)은 세상을 초월한 것이라는 것과, 세상은 그의 자유의지 (His free will)의 산물임을 고백한다(p. 18).

보스는 제58문에서 "하나님의 지식의 미치는 범위가 어디까지인가?"라고 질문하고, 하나님의 지식은 크고 작은 것, 자유로운 것과 필연적인 것, 과거, 현재, 그리고 미래의 모든 것을 포괄한다고 설명한다 (p. 20). 보스는 제60문에서 "하나님의 지혜를 어떻게 묘사할 수 있는가?"라고 질문하고, 하나님의 지혜 (the wisdom of God)는 하나님의 완전하심이라 할 수 있는데 하나님은 그의 완전하심으로 그를 가장 영화롭게 할 수 있는 방법으로 그의 목적 성취를 위해 그의 지식을 사용하신다고 설명한다(p. 20). 보스는 제61문에서 "우리가 성경에서 하나님의 지식과 지혜를 어떻게 설명할 수 있는가?"라고 질문하고, 그 답으로 히브리서 4:13; 시편 139:16; 잠언 15:11; 디모데전서 1:17을 제시한다 (p. 20). 보스는 제71문에서 "우리들은 작정의 의지와 계율의 의지를 각각 무엇을 뜻하는 것으로 이해하는가?"라고 질문하고, 다음과 같이 정리한다. 작정의 의지 (the will of decree)는 존재하게 될 모든 것과 그것이 어떻게 일어나게 될 것인지에 대한 하나님의 모든 자유로운 결정이다. 계율의 의지 (the will of precept)는 하나님이 이성적 존재들 (rational beings)에게 그들의 행동을 계율에 따르도록 정해놓으신 규칙이다(p. 23). 보스는 제72문에서 "작정의 의지와 계율의 의지를 구별하는 것이 무슨 어려움을 유발하는가?"라고 질문하고, 하나님께서 금하신 많은 일들이 일어나고 그리고 하나님께서 명령하신 많은 일들이 일어나지 않기 때문에 작정의 의지 (the will of decree)와 계율의 의지 (the will of precept)가 서로 상충하는 것처럼 보이는 문제라고 답을 한다(p.23). 보스는 제80문에서 "우리는 아브라함 (Abraham)이 처음에는 이삭 (Isaac)을 희생 제물로 바치라는 명령을 받았는데 나중에 이 명령이 철회된 경우를 어떻게 평가해야 하는가?"라고 질문하고, 여기서 하나님은 그가 의지 (will)하지 않은 것을 명령한 것 (commands)이라고 답을 하고 설명을 덧붙인다. 그러나 심각한 문제는 하나님이 어떻게 그가 승인 (approve)하지 않은 것을 작정 (decree)하실 수 있느냐는 것이다. 아브라함의 경우 대부분 우리는 하나님의 신실성 (God's truthfulness)에 대한 어려움을 발견하는 것이다. 하나님께서 어떻게 아브라함에게 "실제로는 그의 의지 (His will)가 아니면서 너의 아들을 희생 제물로 바치는 것이 나의 뜻 (will)이다"라고 말씀하실 수 있는가? 그러므로 이 문제의 이해를 위해 다음과 같이 접근해야 한다. 우리는 하나님께서 아브라함에게 "이것은 반드시 일어나야만 할(작정의 의지: will of decree) 나의 적극적인 의지이다"라고 실제로 말하는 것은 아니지만, "이것은 너에게 지시하는 계율의 의지 (will of precept)이다." 즉, "나는 네가 명령받았다고 느끼는 것을 행하도록 요구한다."라고 이해해야 한다(p. 25).

보스는 제83문에서 "거룩의 원래 의미는 무엇인가?"라고 질문하고, 거룩의 원래 의미는 "구별된다," "분리된다"라는 뜻이라고 설명한다. 하나님은 스스로 존재하시고 아무것도 하나님과 비교될 수 없기 때문에 하나님은 "거룩한 분" (the Holy One)으로 불린다(p. 26). 보스는 제87

문에서 "그러면 우리들이 하나님의 거룩을 어떻게 묘사할 수 있는가?"라고 질문하고, 하나님의 거룩은 하나님의 속성 (attribute of God)으로서 하나님은 그 속성으로 자신을 최고의 선 (the highest good)으로 추구하고 사랑하시며, 피조물들로부터 합리적인 선 (reasonable goodness)으로 하나님께 헌신되도록 요구하신다고 답을 한다(p. 27). 보스는 제90문에서 "하나님의 사랑을 무엇으로 그의 거룩으로부터 구별할 수 있는가?"라고 질문하고, 거룩은 가장 최고의 선으로 자신에 대한 하나님의 사랑을 가리킨다. 그래서 거룩은 하나님의 자기 결정이다. 반면 사랑은 하나님 밖에 있는 것을 향한 하나님의 선한 기쁨의 성품과 관련되어 있다고 설명한다(p. 27). 보스는 제93문에서 "하나님은 무슨 방법으로 그의 피조물들을 향한 그의 사랑을 나타내 보이시는가?"라고 질문하고, (1) 그의 선하심 (goodness)으로, (2) 그의 은혜 (grace)로, (3) 그의 인자하심 (lovingkindness)으로, (4) 그의 자비 (mercy)로, (5) 그의 오래 참으심 (longsuffering)으로 하나님의 사랑을 나타내 보이신다고 답을 한다(p. 28). 보스는 제95문에서 "하나님의 은혜란 무엇인가?"라고 질문하고, 하나님의 은혜는 하나님의 의의 심판 아래 있는 죄인들을 향한 하나님의 분에 넘친 사랑 (the undeserved love of God)이라고 답을 한다(p. 28). 보스는 제98문에서 "하나님의 인자하심이란 무엇인가?"라고 질문하고, 하나님의 인자하심은 특별한 온유함으로 죄인들을 회개에 이르게 하는 하나님의 사랑이다. 하나님의 인자하심은 헤세드 (חֶסֶד)(민 14:19; 시 31:17), 크레스토테스 (χρηστότης, χρηστός)(롬 2:4), 프라우테스 (πραΰτης, ἐπιείκεια)(고후 10:1) 등의 용어들로 묘사된다고 설명한다 (p. 29). 보스는 제117문에서 "당신은 하나님의 의를 위해 어떤 성경 구

031

제1권 신론 2장

절을 제시할 수 있는가?"라고 질문하고, 출애굽기 22:5-6과 로마서 2:6 이하를 제시한다(p. 35).

참고, 편저자 제공: 출애굽기 22장: "사람이 밭에서나 포도원에서 짐승을 먹이다가 자기의 짐승을 놓아 남의 밭에서 먹게 하면 자기 밭의 가장 좋은 것과 자기 포도원의 가장 좋은 것으로 배상할지니라 불이 나서 가시나무에 댕겨 낟가리나 거두지 못한 곡식이나 밭을 태우면 불 놓은 자가 반드시 배상할지니라" (출 22:5-6).

로마서 2장: "하나님께서 각 사람에게 그 행한 대로 보응하시되 참고 선을 행하여 영광과 존귀와 썩지 아니함을 구하는 자에게는 영생으로 하시고 오직 당을 지어 진리를 따르지 아니하고 불의를 따르는 자에게는 진노와 분노로 하시리라"(롬 2:6-8).

보스는 제122문에서 "하나님의 후회가 무엇인가?"라고 질문하고, 그 답으로 하나님이 사람의 잘못을 의식하고 있다는 것을 의인화 (anthropomorphically)하여 설명하는 것이라고 설명한다(민 23:19; 창 6:6). 보스는 제132문에서 "하나님의 복되심이란 무엇인가?"라고 질문하고, 하나님의 복되심은 그의 완전과 그의 영광의 내적 의미이다. 하나님의 복되심은 복을 받은 자로서 마카리오스 (μακάριος)라고 불린다고 설명한다(p. 37).

・・・
제3장

제3장은 삼위일체 (The Trinity) 문제를 98개의 질문으로 다루었다. 질

문의 예를 들면 제1문이 "왜 우리는 구약에서 삼위일체를 위한 결정적 증거를 찾아서는 안 되는가?"라고 질문하고, 세 가지로 정리한다. (1) 구약 계시는 완성되지 않았고 준비적이기 때문이다. (2) 구약 시대에 하나님이 한 분이란 개념이 다신론적인 경향 속에서 이스라엘의 양심에 깊은 인상을 주었기 때문이다. (3) 우리는 우리가 신약에 비추어 구약을 이해할 수 있는 모든 내용을 구약의 성도들도 모두 이해할 수 있을 것으로 생각해서는 안 된다(p. 38). 보스는 제3문에서 "어떤 방법으로 삼위일체의 증거가 신약으로부터 마련되어야 하는가?"라고 질문하고, 우리는 (1) 하나님이 한 분이신 것을 증거하고, (2) 그럼에도 불구하고 아버지, 아들, 성령이라는 확실한 위격 (persons)이 있다는 것을 증거하고, (3) 그럼으로 삼위 안에 통일성이 있고 통일성 안에 삼위가 있음을 증거해야 한다고 설명한다(p. 41). 보스는 제4문에서 "삼위 (the three persons)를 함께 언급하고 있는 신약 본문은 어떤 것인가?"라고 질문하고, 신약성경 구절들은 누가복음 1:35; 3:21-22; 마태복음 28:19; 고린도후서 13:13; 고린도전서 12:3-4; 베드로전서 1:2 등이라고 답을 한다. 또한 무엇보다도 요한복음 14장-16장에 기록된 주님의 교훈은 삼위일체의 성격을 드러내고 있다고 설명한다(p. 41). 보스는 제7문에서 "누가 삼위일체 (Trinity)라는 명칭을 제일 먼저 사용했는가?"라고 질문하고, 그 답으로 라틴 형식으로는 터툴리안 (Tertullian)으로 그는 "한 하나님의 세 성" (Trinitas Unius Divinitatis)라는 표현을 사용하였다. 헬라어로는 수리아 안디옥의 감독 데오빌로 (Theophilus)로서 그는 "하나님의 세 성" (ἡ τρίας τοῦ θεοῦ)이라고 표현했다. 데오빌로가 이 표현을 사용한 때는 주후 2세기 후반이었다고 설명한다(p. 42). 보스는 제25문에서 "아버지의 위격적 존재 (the personal existence)에 대해 어거스틴 (Augustine)은 무슨 코멘트를 하는가?"라고 질문하고, 어거스틴은 말하기를 아버지는 정확하게 아들을 낳으시고 성령을 내뿜으심으로 (spirating the Holy Spirit) 그의 위격적 존재 (His personal existence)를 가지고 계신다. 그래서 어떤 의미로는 아버지의 위격적 존재는 아들과 성령에 의해 결정된다고 설명한다(p. 53). 보스는 제29문에서 "삼위일체의 제2위에 관해 무엇이 다루어져야만 하는가?"라고 질문하고, 세 가지 곧 (1) 아들의 인격적 존재 (personal existence)와 그 근거와 본성, (2) 아들의 신성 (deity), (3) 아들의 경륜적 기능 (economic function) 등을 다루어야 한다고 설명한다(p. 54). 보스는 제37문에서 "먼저 나신 이 (firstborn)라는 명칭이 어디에 나타나는가?"라고 질문하고, "먼저 나신 이"라는 명칭은 골로새서 1:15의 "모든 피조물보다 먼저 나신 이"라는 표현에서 사용된다고 답하고 설명을 덧붙인다. 이 용어들의 설명에 주요 문제가 되는 것은 파세스 크티세오스 (πάσης κτίσεως)라는 소유격을 어떻게 이해하느냐에 달려 있다. 이 소유격이 부분 소유격 (partitive genitive)으로 사용되었느냐 혹은 비교 소유격 (comparative genitive)으로 사용되었느냐에 따라 뜻이 달라진다. 부분 소유격으로 이해하면, 그 의미는 "모든 피조물들 중에서 첫 번째로 난 자" (the firstborn of all creatures)라는 의미가 된다. 그렇게 되면 그리스도는 피조물의 개념 속에 포함되게 된다. 그리스도의 신성 (the deity of Christ)을 부인하는 사람들은 이것이 사도바울의 뜻이라고 주장한다. 비교 소유격으로 이해하면, 그 의미는 "그가 먼저 태어나시고 그 후에 모든 피조물들이 창조되었다" (who is born before, then all creatures were created.)라는 의미가 된다.

그러면 그리스도는 피조물들의 영역 밖에 존재한다. 그러면 소유격은 "먼저" (first) 속에 포함된 비교 개념에 의존하는 것이다.

비교 개념으로 이해하는 것이 바른 견해이다. 본문은 부분 소유격의 견해가 기대하는 것처럼 "모든 그 피조물" (all the creation)이라고 말하지 않고, 비교 소유격의 견해에 알맞게 "각 피조물" (each creature), "모든 피조물" (every creature)이라고 말한다. 우리는 바울 사도가 "태어나심" (being born)과 "창조됨" (being created)의 사이를 명백하게 구별하고 있다는 사실에 주목해야 한다. "창조됨"은 모든 다른 것들에 해당되는 것이 사실이지만, "태어나심"은 그리스도에게만 적용될 수 있다. 그는 태어나셨지만 창조되지는 않았다(p. 56). 보스는 제46문에서 "골로새서 1:15과 고린도후서 4:4에서 어떤 명칭을 그리스도에게 돌리는가?"라고 질문하고, 골로새서 1:15에서는 그리스도가 "하나님의 형상" (the image of God)이라 불린 것과 고린도후서 4:4에서는 하나님의 형상이라는 개념과 연계하여 하나님의 영광 (God's glory)이 그리스도안에서 계시된 것을 밝힌다. 아버지의 형상으로서 그리스도는 오직 하나님에게만 속한 이신적 영광에 참여하시는 것이다(롬 1:23). 오늘날 "그리스도는 보이지 않는 하나님의 형상이시다"라고 말할 때 그 의미는 그리스도가 "보이지 않는 하나님의 보이는 형상" (the visible image of the invisible God)이라는 말이다. 다른 말로 표현하면, 성육하신 말씀 (the incarnate Word)이 언급되고 있는 것이다. 그러나 성육하신 말씀은 영원한 말씀 (the eternal Word)으로서 아버지의 형상이 아니었다면 하나님의 형상이 될 수가 없다(p. 59). 보스는 제55문에서 "아들의 신성에 대해 어떤 종류의 증거가 있는가?"라고 질문하고, 그 답으로 두 가지가 있다고 말한다. (1) 간접적인 증거 (indirect proof)로, 신성을 전제하게 하는 사건과 자료들이 있고, (2) 직접적인 증거 (direct proof)로, 의도적으로 아들의 신성을 가르치는 성경의 구절들로 구성된 증거들이 있다(p. 61).

보스는 제65문에서 "디도서 2:13에서 아들을 무엇으로 부르는가?"라고 질문하고, "우리의 크신 하나님 구주 예수 그리스도"(딛 2:13)라고 답을 하고 설명을 덧붙인다. 어떤 사람들의 소망에도 불구하고, 처음 용어들(우리의 크신 하나님)은 하나님 아버지를 가리키지 않는다. 그래서 이 구절을 "우리의 크신 하나님 그리고 우리의 구주" (of our great God and of our Savior)로 번역하기를 원한다. 본문의 표현은 그리스도를 가리킨다. (1) 왜냐하면 "나타나심" (appearing)이라는 표현은 아버지에 대해 결코 사용되지 않고, 항상 심판을 위한 아들의 재림을 뜻하기 때문이다. (2) 왜냐하면 뒤따르는 구절(딛 2:14)은 아들과만 관련이 있기 때문이다. (3) 왜냐하면 만약 이 용어들이 하나님 아버지를 가리킨다면 "크신 하나님" (great God)이란 표현은 불필요한 것이기 때문이다. 바울 사도가 의도한 것은 심판의 날에 그리스도께서 크신 하나님과 구주로 나타나실 것을 말하려는 것이었다. 그래서 "크신" (great)을 첨가한 것은 의미가 잘 통하는 것이다(p. 64). 보스는 제73문에서 "성령의 인격성 (personality)과 신성 (deity) 중 어느 것이 더 논란의 대상이 되는가?라고 질문하고, 성령의 인격성 (His personality)이 더 논란의 대상이 된다고 답을 하고 설명을 덧붙인다. 일단 성령의 인격성이 확정되면 성령의 신성 (His deity)을 의심하는 것은 더 이상 불가능하다. 아들 (the Son)의 경우에는 상황이 반대이다. 아들은 육체로 나타나셨고 인격적으로 계시되었다. 반면 성령은 보이는 형태로 그의 사역을 하시지 않는다. 성령은 신자들 안에 거하시고 기도하시는 인격 (person)이시다. 그래서 이런 점에서 성령은 신자들과 동일시된다. 그러므로 성령은 신자들을 향한 인격적 관계가(그의 신성보다) 더 약하게 드러난다(pp. 66-67). 보스는 제84문에서 "에베소서 1:17은 성령에 관해 무엇을 가르치는가?"라고 질문하고, 성령은 여기서 하나님과 그리스도를 "알게 하는 지혜와 계시의 영" (Spirit of wisdom and of revelation in the knowledge of God and Christ)으로 불린다고 답을 한다. 이 뜻은 성령이 본성으로 하나님의 이 지식을 소유하고 계시고 그래서 그 지식을 전해주실 수 있다는 것이다(p. 70). 보스는 제96문에서 "성령의 사역이 아들의 사역에 어떻게 관계되는가?"라고 질문하고, 성령의 사역은 그리스도의 사역의 뒤를 따른다. 마치 아들의 사역이 아버지의 사역의 뒤를 따르는 것과 같다. 이 사실은 항상 기억되어야 하는데 만약 어떤 사람이 성령의 사역을 아들의 객관적인 대속적 활동으로부터 분리시키면 그는 거짓 신비주의 (mysticism)에 빠지기 때문이라고 설명한다(p. 75).

· · ·
제4장

제4장은 일반적인 하나님의 작정 (Of God's Decrees in General)을 16개의 질문으로 설명한다. 보스는 제1문에서 "이제 우리의 논의가 어디에 도달했는가?"라고 질문하고, 하나님의 외적 사역 (external works)을 논의할 지점에 도달했다고 답을 한다. 보스는 지금까지 성령의 내적 사역 (internal works)에 관한 질문을 했는데 이제부터 성령의 외적 사역에 관

한 질문을 하려고 시작한 것이다(p. 77). 보스는 4장에서 자유의 개념과 작정과 섭리의 관계 등의 질문을 통해 그 답을 정리한다. 보스는 제5문에서 "하나님의 작정이 그의 지성과 그의 의지와 어떤 관계가 있는가?"라고 질문하고, 네 가지로 정리한다. (1) 작정에는 지성 (reason)의 활동과 의지 (will)의 활동이 서로 함께할 것이다. (2) 좀 더 구체적으로 말하면, 하나님의 필연적인 지식 (God's necessary knowledge)은 그분의 작정에 필요한 내용들 (material)을 제공한다. (3) 이렇게 주어진 필요한 내용들에서 하나님의 자유의지 (God's free will)가 충분한 지성의 인도로 앞으로 실재 (real)가 될 것을 선택하신다. (4) 하나님의 자유 지식은 하나님의 작정의 대상들이 단순한 가능성의 대상이 아니요, 그 대상들이 시간 속에서 실재가 되도록 자유 의지의 행위에 근거하여 발의한다 (p. 81). 보스는 제10문에서 "하나님의 작정은 변하지 않는가 (immutable)?"라고 질문하고, "그렇다"라고 답을 하고 설명을 덧붙인다. 이것은 이미 선행하는 속성들에 내포되었다. 작정의 불변성은 그의 영원성에도 포함된 것이다. 하나님의 영원성에는 변화가 있을 수 없다. 또한 하나님의 작정의 불변성은 하나님의 독립성과 지혜에도 나타난다. 하나님의 독립성과 지혜에 관해 참고할 성경구절은 이사야 46:10; 욥기 23:13; 시편 33:12; 그리고 히브리서 6:17이다(p. 91). 보스는 제11문에서 "하나님의 작정을 어떻게 정의할 수 있는가?"라고 질문하고, 그답으로, 하나님의 작정은 "하나님 자신 밖에 존재하는 모든 것에 관해 그것들이 어떻게 될 것인지와 그것들이 어떻게 기능할 것인지를 하나님의 이성적 의지로 자유롭게 결정하는 것이다"라고 설명한다(p. 92). 보스는 제12문에서 "하나님의 작정이 그의 섭리와 무슨 관계인가?"라고 질문하고, 그 답으로 "창조 (creation)를 제외하고는 작정 (decree)과 섭리 (providence)가 그 범위에 있어서 동등하고 완전하게 일치한다. 섭리는 작정을 집행하는 것이다. 섭리와 작정의 내용이 같다. 하나님의 섭리에 관계된 어떤 것도 작정에서 제외되지 않는다. 작정은 요약된 섭리이다. 그러나 작정은 실현되도록 인침 받은 인정된 요약이라고 설명한다. 보스는 하나님이 작정하신 것은 그의 섭리를 통해 반드시 실현됨을 강조한다(p. 92). 보스는 제16문에서 "하나님의 작정이 죄와 관련하여 기능할 때 어떤 명칭을 사용하는가?"라고 질문하고, 그 답으로 죄에 관한 하나님의 작정은 허용적 작정 (permissive decree)이라고 설명한다. 허용적 작정이라는 용어는 개혁파 교의학에서 인정되었고 대부분의 고백서에서도 발견된다. 우리들의 벨직 (Belgic) 고백서의 섭리교리 (article 13)에서, "모든 우리의 대적들은 하나님의 허용과 의지 없이는 우리를 해칠 수 없다"라고 설명된다(p. 93).

제5장

제5장은 예정교리 (The Doctrine of Predestination)를 79개의 질문으로 정리한다.

보스는 제1문에서 "이 예정 교리에 관한 논의를 위해 어떤 부분들이 차례로 등장하는가?"라고 질문하고, 네 가지의 설명으로 답을 한다. (1) 우리가 왜 작정의 교리 (the doctrine of the decrees)에서 구별된 위치에 예정론을 배치하는지의 근거들을 논의해야 한다. (2) 예정론 (predestination)과 선택 (election)에 중요한 성경적 용어들을 논의해야 한다. (3) 다른 교리의 분야들과 연관하여 선택교리의 조직적인 발전을 논의해야 한다. (4) 정도에서 벗어난 주요한 견해들과 그 견해들에 대한 우리들의 비판을 논의해야 한다(p. 97). 보스는 제2문에서 "왜 개혁주의 교의학에서 선택의 교리를 작정의 교리 후에 분리하여 취급하는가?"라는 질문을 제기하고, 그 답으로 선택의 교리가 전체 구원 교리 가운데서 중요함을 보여주기 위해서라고 답한다. 그리고 보스는 구원의 교리 (the doctrine of salvation)가 창조와 섭리의 문제를 고찰한 다음에 뒤따라 나오는 것처럼, 또한 예정의 특별한 작정(선택)도 하나님의 일반적 작정 후에 뒤따라야 하기 때문이라고 정리한다(p. 97). 보스는 제5문에서 "성경에서 사용된 예정 교리와 관련된 용어로 다루어야 할 용어가 무엇인가?"라고 질문하고, 그 답으로 먼저 취급되어야 할 용어는 히브리어의 "안다"는 뜻의 "야다" (יָדַע), 헬라어의 "안다"는 뜻의 "기노스케인" (γινώσκειν), "미리 안다"는 뜻의 "프로기노스케인" (προγινώσκειν), "예지(豫知)란 뜻의 "프로그노시스" (πρόγνωσις)를 들고, 로마서 8:29-30에 언급된 단순과거형의 "미리 안다"의 뜻인 "프로에그노" (προέγνω)를 제시한다(p. 100). 보스는 제13문에서 "마태복음 7:23에서 사용된 "안다"라는 단어의 뜻은 무엇인가?"라고 질문하고, 여기서 "안다" (γινώσκω)라는 용어는 엄격한 의미에서 "선택" (election)을 가리키지 않지만 그럼에도 불구하고 "안다"는 다른 곳에서 그 의미(선택)를 밝히는 방법으로 사용된다고 설명한다. 그리스도는 심판의 날에 많은 사람들에게 "내가 너를 결코 알지 못한다."고 말할 것이라고 말한 바 있다. 이 말은 "너 악한 사역자야, 내가 너에 대해 혹은 너에 관해 아무것도 알지 못한다."라는 뜻일 수는 없다. "어떤 것에 관해 지식을 갖는다"는 의미의 앎 (know-ing)은 분명히 나타나 있지만, 다른 의미에서의 "앎"이라는 의미는 없다. 그리스도는 "내가 너와 인격적 관계 (personal relationship)에 들어가지 않았다."라는 뜻으로 말하는 것이다. 심판의 날에 멸망할 자들 (the lost)은, 말하자면, "우리가 당신의 이름으로 예언을 하지 않았습니까?"라고 말하면서 그리스도가 가진 지식을 강력하게 주장할 것이다. 그러나 그리스도는 "내가 너희를 전혀 알지 못한다"라고 그들에게 말할 것이다. 비록 그들 편에서 지금 그들이 사랑을 아는 것 (knowing love), 그 친구 됨 (friendship)을 근거로 호소하고 있지만 그리스도의 편에서는 그들의 주장은 허울뿐인 것이요 진실된 사랑을 아는 것과 친구 됨이 결여되었다는 것이다(p. 103).

보스는 제20문에서 "복합 동사인 프로기노스케인 (προγινώσκειν)에서 전치사 "프로"(προ)는 무슨 뜻을 가졌는가?"라고 질문하고, 그 답으로 로마서 8:29에 보면 "프로"는 시간적으로 아직 발생하지 않은 하나님의 행위들과 함께 사용되었다고 설명한다. 예를 들면, 예지 (fore-knowledge), 예정 (foreordination), 그리고 목적 (purpose) 등과 함께 사용되었다. 반면, 시간 안에 발생한 그런 행위들인 소명 (calling), 칭의 (jus-tification), 그리고 영화 (glorification) 등과는 사용되지 않았다. 이런 용도로 보아 "프로" (προ)는 이런 행위들의 영원성을 가리킨다고 생각할 수 있다. 그리고 하나님이 사람을 부르시고, 의롭게 하시고, 영화롭게 하실 때, 그 사람은 이미 시간 안에서 존재한다. 반대로, 하나님이 사람을 미리 아시고, 미리 정하실 때, 그 사람은 아직 존재하지 않은 사람이다. 그러므로 우리들은 "프로"(προ)의 의미를 시간성을 가진 "전에" (be-

041

fore)라는 의미로 독점적으로 생각할 것이 아니요, 질서 (order)에 있어서 "미리" 혹은 "전에" (before)로도 이해를 해야 한다(p. 106). 보스는 제26문에서 "'선택'이란 용어는 항상 구원을 위한 선택이라는 특별한 의미로만 사용되는가?"라고 질문하고, "그렇지 않다"라고 답을 한다. 참고로 이미 제22문과 제23문에서 언급한 것처럼(예: 신명기 18:5의 "택한다"와 누가복음 6:13의 "열둘을 택하여"와 시편 78:68의 "오직 유다 지파와 그가 사랑하시는 시온 산을 택하시며" 등) 선택이라는 용어는 다른 의미로 사용되는 것이 확실하다. 그러나 선택이라는 용어는 구원과 관련된 이 특별한 의미를 제거하지는 않는다(p. 108).

보스는 제30문에서 "선택" (election)과 "예정" (predestination)의 두 개념이 항상 날카롭게 구별되어야 하는가?"라고 질문하고, 그 답으로 "그렇지 않다"라고 답한 후, 선택이 예정이란 의미로도 사용된다고 정리한다. 예를 들면 야고보서 2:5에 "하나님이 세상에서 가난한 자를 택하사 믿음에 부요하게 하시고 또 자기를 사랑하는 자들에게 약속하신 나라를 상속으로 받게 하지 아니하셨느냐"(약 2:5)라는 말씀의 구절이 이를 증명한다(p. 109). 보스는 제40문에서 "바울이 어디에서 예정에 대해 명백하게 이야기 하는가?"라고 질문하고, 로마서 9장과 뒤따르는 장들 즉 로마서 10장과 11장에라고 답을 한다(p. 112). 보스는 제46문에서 "로마서 9장에서 바울 사도의 논증이 선택 (election)은 예견된 믿음과 선행에 의한 것이 아님을 어떻게 반대하는가?"라고 질문하고, 바울의 논증은 항의파 (Remonstrant)의 이해를 결정적으로 배제한다고 답을 하고 설명을 덧붙인다. 바울 사도는 에서 (Esau)와 야곱 (Jacob)의 숙명 (destiny)은 결정되었고, 그 결정은 그들이 선 (good)과 악 (bad)을 행하기 이전에 선포되었다고 말한다. 그러나 만약 우리가 사람 안에 아주 작은 선이라도 예시 (foreseen)하고 결정했음을 받아야만 한다면 전체의 논증은 무너지게 된다. 로마서 9:14의 "그런즉 우리가 무슨 말을 하리요 하나님께 불의가 있느냐 그럴 수 없느니라"(롬 9:14)라고 질문했는데, 만약 바울이 택자 (elect)와 유기자 (reprobate) 사이를 구별하는 이유로 그들의 믿음 (belief)과 불신 (unbelief)의 차이로 생각했다면, 이 질문은 전혀 설명할 수가 없다. 그래서 가장 작은 불의의 모습도 나타나지 않으며, 아무도 하나님의 하신 일에 항의하는 사람도 없다.

야곱과 에서의 경우 (믿음과 불신의 차이로) 그렇게 적용되지 않았다. 그러나 많은 수의 사람들, 어쩌면 대다수의 사람들의 숙명 (destiny)이 그들이 아직 분별할 수 있는 나이에 도달하기도 전에, 야곱과 에서와 똑같은 처지일 때 결정된다. 아이들이 그들의 이성적 마음을 활용할 수 있기 전에 어떤 행동으로 "믿음" (faith)이 논의된 바 없다. 그러므로 항의파 (the Remonstrant)들의 개념은 어린 아이들에게 적용되지 않는다. 이제 우리들은 어린이들이 그들의 이성적 마음을 활용하기 전에 죽었다면 모든 어린이들은 물론 택자 (elect)라고 쉽게 말할 수 있다. 그러나 어떤 사람이 감히 은혜언약의 경륜 밖 (outside the administration of the covenant of grace)에서 사는 어린이들에게 이 원리를 적용할 수 있느냐가 문제이다. 만약 우리가 그렇게 시도할 수 없고 성경이 확실하게 이 주장에 대한 근거를 제공하지 않는다면, 분명한 것은 어린이들의 선택 (election)과 유기 (reprobation)는 예시된 믿음과 선행의 법칙과는 다른 법칙으로 나타나고 있음이 분명하다.

더구나, 믿음과 선행은 성경 다른 곳에서 항상 하나님의 선택의 이유로서가 아니요, 선택의 열매와 결과로 나타나고 있다(요 6:44; 엡 1:4; 2:8-10; 행 13:48; 빌 1:29; 살전 1:2-4). 이미 어거스틴 (Augustine)이 "바퀴는 동그랗게 되기 위해 잘 구르는 것이 아니요, 바퀴는 둥글기 때문에 잘 구르는 것이다." (A wheel does not run well in order to become round, but it runs well because it is round.)라고 말한 바 있다(pp. 118-119).

보스는 제54문에서 "일반적으로 예정이 성경에서 누구에게 속하는 것으로 설명하는가?라고 질문하고, 그 답으로 "하나님 아버지"라고 말한다. 그러므로 베드로전서 1:2에서 믿는 자들이 "하나님 아버지의 미리 아심을 따라"(벧전 1:2) 택하심을 받았다고 강조한다. 에베소서 1장에서도 믿는 자들을 선택하신 사랑이 아버지의 사랑임을 강조한다(엡 1:4-5). 선택은 아버지의 행위의 특징을 가지고 있다. 아버지가 선택의 개념을 처음으로 만들어 내셨다. 성경 어느 곳에도 선택이 아들이나 성령에게 속한 것으로 설명하지 않는다. 예수님이 요한복음 6:70; 13:18; 15:16, 19; 사도행전 1:2, 24 등에서 "택한다" (chosen)라는 용어를 사용하실 때 구원에로의 영원한 선택을 뜻하지 않고, 어떤 직책에로의 일시적인 선택을 뜻한다(p. 131).

보스는 또한 제63문에서 "성경 어디에서 천사들의 선택을 말하고 있는가?"라고 질문하고, 그 답으로 디모데전서 5:21의 "하나님과 그리스도 예수와 택하심을 받은 천사들 앞에서 내가 엄히 명하노니 너는 편견이 없이 이것들을 지켜 아무 일도 불공평하게 하지 말며"(딤전 5:21)를 언급하고 여섯 가지의 설명을 붙인다. 첫째, "택하심을 받은 천사들"은 그들이 신실하게 남아있는 순간부터 하나님이 작정하시어 영원히 타락하지 않도록 만드셨고, 반대로 나머지 유기된 천사들은 그들이 타락했을 때 그들을 구속하지 않고 타락한 상태로 남아있게 만드셨다고 생각할 수 있다. 그런데 이 견해의 문제점은 천사들의 선택을 그들 안에 있는 어떤 선한 것을 근거로 논의하고 있다는 점이다. 이 견해는 선택 교리에 있어서 전체 성경 교훈의 유추와 상충을 일으킨다는 점이다. 둘째, 따라서 이 문제는 더 심오하게 접근해야 한다. 선택받은 천사들의 신실성을 미리 아는 것은 선택의 근거가 아니요, 오히려 선택은 그들의 신실성의 근거가 된다. 그리고 선택받지 못한 천사들은 그들이 선택 받지 못했기 때문에 그들의 신실성도 나타낼 수 없었다. 보스는 여기서 칼빈 (Calvin)의 기독교 강요 3. 23-24의 설명을 인용한다(pp. 138-139). 셋째, 천사들의 선택과 유기 문제는 "타락 후 선택설" (infralapsarian)의 관점으로 이해할 것이 아니요, "타락 전 선택설" (supralapsarian)의 관점으로 이해해야 한다. 만약 "타락 후 선택설"의 관점으로 이 문제를 접근하면 그 주장은 선한 천사들이 하나님의 작정 밖에서 신실하게 남아 있었다는 말이 된다. 이렇게 되면 선한 천사들은 그들 안에 있는 무엇인가를 근거로 선택되었고, 하나님의 자유롭고 선하신 뜻을 근거로 선택된 것이 아니라는 말이 된다. 여기서 주목할 것은 천사들의 선택 문제를 인간의 선택 이론에 근거하여 논의할 수 없다는 것이다. 선택이라는 용어는 죄가 이미 세상에 들어 온 이후에는 사용될 수 없는 특징을 가지고 있는 용어이다. 넷째, "천사들은 그리스도 안에서 선택되었는가?" 이 질문에 대하여 어떤 이는 좋은 천사들이 중보자 (Mediator)이신 그리스도 안에서 선택되었다고 주장한다. 다른 이는 좋은 천사들이 머리(Head)이신 그리스도 안에서 선택되었다고 주장한다. 보스는 좋은 천사들이 중보자이신 그리스도 안에서 선택되었다고 생각할 수 없다고 결론짓고, 그 이유로 "중보자"라는 용어의 의미는 자기 스스로 책임을 감당할 수 없는 이를 위해 그 책임을 중보자가 대신 져 주는 뜻인데 좋은 천사의 경우 천사의 책임을 감당하지 못했다고 생각 할 수 없으며, 또한 좋은 천사들이 죄를 짓지 않았기 때문에 그리스도 가 천사들의 책임을 대속적으로(vicariously) 담당해 주셨다는 개념과 상치되기 때문이다(p. 139).

그러므로 좋은 천사들의 선택은 머리이신 그리스도 안에서 택함을 받았다고 생각해야 한다. 즉, 그리스도가 좋은 천사를 통치할 통치권 을 행사하실 수 있는 분이기에 하나님께서 좋은 천사들로 하여금 그리 스도의 교회를 섬기도록 예정하신 것이다(히 1:14). 좋은 천사들은 그들 의 머리이신 그리스도를 섬기는 것이다. 그리스도는 창조 때에 이미 좋은 천사들의 머리이셨으며 그리스도는 계속 천사들의 머리로 남아 계신 것이다. 다섯째, 보스는 에베소서 1:10의 "하늘에 있는 것이나 땅 에 있는 것이다"(엡 1:10)와 골로새서 1:20의 "만물 곧 땅에 있는 것들이 나 하늘에 있는 것들"(골 1:20)의 표현에서 "하늘에 있는 것들" 속에 선 한 천사가 포함되었다고 생각한다. 그러나 이 두 구절은 좋은 천사들 의 선택과 관련하여 그리스도를 대속자로 생각하고 말한 내용이 아니 다. 원래 하나님에 의해 창조된 하늘과 땅은 서로 간 통일된 상태에 있 었고, 하나님과도 통일된 상태에 있었다. 인간의 죄로 인해 하늘과 땅 은 그 관계들이 뒤틀려지게 되었다. 그러나 선한 천사는 하나님으로부 터는 분리되지 않았지만 그들은 사람의 죄 때문에 사람으로부터 분리 되었다. 그런데 그리스도를 통해 그들은 모든 남아있는 피조물과 통일 을 이루게 되었다. 이 사실은 선한 천사들이 그리스도가 십자가상에서 대속을 성취하시기 이전에 이미 선한 천사로 존재하고 있었으므로 선한 천사들이 중보자이신 그리스도 안에서 선택되었다고 말할 수 없는 것이다. 그러므로 좋은 천사들은 머리이신 그리스도 안에서 좋은 천사로 계속 존재하게 된 것이다(pp. 140-141).

보스는 제76문에서 "유기의 교리에서 타락 후 선택설과 타락 전 선택설의 차이는 무엇인가?"라고 질문하고, 타락 후 선택설과 타락 전 선택설을 각각 설명함으로 답을 대신한다. 타락 후 선택설 (infralapsarian)에 따르면, 유기는 두 부분으로 구성되어 있다. (1) "지나 감"(passing by: *praeteritio*)의 뜻으로, 하나님의 작정이 죄 가운데 있는 어떤 사람들에게 구원의 은혜를 베풀지 않는다는 것이다. (2) "미리 정죄함"(pre-damnation: *praedamnatio*)의 뜻으로, 하나님의 작정이 이런 사람들을 그들의 죄 때문에 영원한 멸망에 맡긴다는 것이다. 타락 전 선택설 (supralapsarian)에 따르면, 유기는 세 부분으로 구성되어 있다. (1) 작정은 어떤 사람들을 따로 구별하는데 그들의 죄를 정죄하기 위한 하나님의 징벌적 의 (retributive justice)를 나타내시기 위함이다. (2) 하나님의 작정에서 인간의 타락에 대한 허용이다. (3) 작정은 일단 타락한 이 사람들에게 은혜를 베풀지 않고 그들의 죄 때문에 그들을 정죄하는 것이다. 이처럼 타락 전 선택설의 경우 유기 (reprobation)는 하나님의 주권적이요 의로운 작정으로서, 하나님의 징벌적 의의를 나타내기 위해 그에게 알려진 어떤 사람들을 정하시고 그들이 그들 자신의 잘못으로 죄를 짓도록 허용하시고 그리하여 그들에게 그리스도 안에서 은혜를 베풀지 않으시는 것이다(p. 153).

제6장

제6장은 창조 (Creation)를 설명하면서 63개의 질문으로 정리한다. 보스는 제1문에서 "창조가 무엇인가?"라고 질문하고, 그 답으로 창조는 하나님이 하늘과 땅, 즉 우주를 무에서 (ex nihilo) 만들어 내시고, 만드신 모든 것들에 그 본질을 부여해 주신 하나님의 외적인 사역이라고 정리한다(p. 156). 보스는 제3문에서 "이적의 교리는 어디에 속하는가?"라고 질문하고, 일반적으로 이 주제는 하나님의 섭리를 다룰 때 취급되어 왔다고 설명한다. 왜냐하면 이적들은 하나님의 일상적인 통치 (God's ordinary governance)와 대조를 이루기 때문이다. 그러나 두 가지를 주목해야 한다. (1) 이것이 이적을 보는 유일한 점이 아니라는 것이다. 이적들은 하나님의 특별한 행위들 이상의 의미가 있다. 자연 질서 밖에 있어서 이적들은 실제로 계시와 함께 사물들의 더 높은 질서, 즉 은혜의 왕국에 속한다. 그래서 은혜의 사역 (works of grace: opera gratiae)과 밀접히 연관되어 있다. (2) 이렇게 볼 때, 이적들은 서로 연관되어 있고, 이적들은 전혀 우연적이 아닌 한 계획을 형성하고 있다(p. 157). 보스는 제7문에서 "창조의 교리에 관해 얼마나 많은 성경 자료의 범주가 있는가?"라고 질문하고, "두 가지"라고 답을 한 후 설명을 덧붙인다. (1) 창조에 관해 언급하는 모든 성경에 흩어져 있는 구절들과 (2) 창세기 1장과 2장에 있는 세밀한 창조 기사이다(p. 160). 보스는 제9문에서 "성경이 창조의 역사와 함께 시작하는 것이 우연인가?"라고 질문하고, 그 답으로 성경은 백과사전처럼 모든 문제에 답을 제공하지 않는다고 말한 후, 성경의 서두에 언급된 창조의 교리는 하나님의 구속 계시와 연계하

여 제시되었다고 설명한다. 그러므로 예수님의 탄생이나 십자가상에서 죽음과 부활 등 하나님의 구속 사건이 역사이기 때문에 창세기는 역사로 시작하는 것이 당연한 것이다(p. 161).

보스는 제15문에서 "하늘과 땅이라는 이중적 표현에 어떤 의미가 더 포함되어 있는가?"라고 질문하고, 동시에 이 표현은 이미 구분을 포함하고 있다고 답을 하고 설명을 덧붙인다. 창조는 처음 시작할 때 이미 하늘과 땅이라는 두 큰 영역으로 분할될 목적 하에 놓여있어서 모든 것이 혼돈하고 공허한 상태였다(창 1:2). 하나님은 처음부터 선을 그으신다. 케이오스 (chaos)까지도 "하늘" (heaven)과 "땅" (earth)으로 불렸다 (p. 163). 보스는 제23문에서 "하나님의 이 말씀으로 존재하게 된 첫 번째 것은 무엇인가?"라고 질문하고, 그것은 "빛" (Light)이라고 답을 하고 설명을 덧붙인다. 빛은 밝게 함으로 살아 있는 존재들이 드러나는 데 필수적이요, 모든 구별 (distinguishing)과 배합 (grouping)을 위해 필수적이다. 빛은 명료성과 생각의 형상 (image)이다. 그러므로 말씀 (Logos)의 사역은 빛의 창조로부터 시작한다. 우리가 여기서 만나는 생명과 빛 사이의 같은 연결과 같은 결과를 우리는 재창조 (re-creation)의 사역에서도 발견한다. 재창조의 사역에서는, 마치 창조 (creation)에서 우리가 성령 (the Spirit)의 운행하심과 "빛이 있으라"라는 능력의 말씀을 보는 것처럼(창 1:1-2), 중생 (regeneration)과 소명 (calling)이 순차적으로 뒤따른다(p. 166). 보스는 제32문에서 "창조의 날 (days)들이 긴 시간의 기간 (periods)이라고 주장하는 사람들을 이단 (heretic)으로 간주해야 하는가?"라고 질문하고, "아니다"라고 답을 한 후 설명을 덧붙인다. 이런 의미 즉 날들을 기간으로 보느냐 아니냐의 질문은 본질적인 것이 아니다. 단지 소위 자연과학의 결과들을 하나님의 말씀보다 원칙적으로 우월하다고 인정하게 되는 경우에는 그렇게 될 수 있다(p. 169). 보스는 제46문에서 "인간을 창조하신 명령에 따르면 인간에게 주신 본래의 목적 (original mandate)이 무엇인가?"라고 질문하고, 인간을 창조하신 목적은 땅을 정복하고 능동적이고 생산적인 삶을 이어 나가라는 것이라고 설명한다. 당연히 그런 삶은 능력이 고갈되는 것이 아니라 증가되는 것이다(p. 175). 보스는 제62문에서 "첫 번째 창조와 두 번째 창조 사이의 차이는 무엇인가?"라고 질문하고, 첫 번째 창조와 두 번째 창조의 차이는 직접적 창조 (immediate creation: creatio prima sive immediata)와 간접적 창조 (mediate creation: creatio secunda sive mediata)의 차이와 같다고 설명한다. 직접적 창조는 무에서 물질을 창조하는 것을 가리키고, 간접적 창조는 창조된 물질들을 계속 준비시키는 것을 가리킨다. 두 경우 모두 "창조" (creation)라는 용어를 사용한다. 영혼들 (spirits)을 계속 창조하는 것은 첫 번째, 즉 직접적 창조에 속한다(p. 180).

· · ·
제7장

제7장은 섭리 (Providence)를 20개의 질문으로 설명한다. 보스는 제1문에서 "섭리가 무엇인가?"라는 질문을 하고, 그 답으로 섭리는 하나님의 영원한 사역으로 하나님이 이 사역을 통해 피조된 우주를 만드시고, 그 본질에 관해서는 그 본질이 계속 존재하게 하신다. 그 능력에 관해서는 하나님께서 계속 운용 (operate)하게 하시고, 그 운용을 통해 그가 의

도한 목적을 달성하게 하신다고 정리한다(p. 183). 보스는 제3문에서 "하나님이 우주를 보존하신 교리의 근거는 무엇인가?"라고 질문하고, 세 가지의 설명으로 답을 한다. (1) 피조물이 비록 실제로 존재하게는 되었지만 단 한 순간도 또 어떤 경우에도 하나님으로부터 독립될 수 없다는 성경의 지속적인 주장에 근거한다. 만약 우주가 그 자체로 존재한다면, 그 존재와 관련해서는 하나님과 동등하게 되는 것이다. (2) 우주의 보존의 교리는 신적 내재성 (divine immanence)에 근거한다. 신적 내재성에 의하면 하나님은 그의 영원한 능력과 신성과 함께 피조물의 어떤 것으로부터도 배제될 수 없다. 그러므로 우주는 피조물의 본질의 계속적인 존재로부터 하나님을 배제할 수가 없다. (3) 성경의 명백한 선포에 근거한다(참고, 느 9:6; 골 1:17; 히 1:3)(p. 184). 보스는 제4문에서 "보존과 관련하여 섭리는 하나님이 창조된 우주를 파괴하시지 않는다는 점에서 순전히 부정적인 사역인가?"라고 질문하고, 그 답으로 "아니다, 섭리는 긍정적인 사역이다"라고 답하고 설명을 붙인다. 우주가 존재한다는 그 자체로 우주가 계속 존재할 수 있다는 충분한 근거가 될 수 없다. 우주가 계속 존재할 수 있기 위해서는 하나님의 새로운 사역 (new work of God)이 필요한데 우리는 그 일을 보존 (preservation)이라고 부른다. 하나님의 보존 사역의 필요성을 인정하지 않는 것은 자연신론적으로 하나님의 개념을 생각하거나, 자연신론적인 세계관의 사고에 근거되어 있기 때문이다(p. 184).

보스는 제12문에서 "우리는 이신적 협력 (concursus)을 어떻게 생각해야 하는가?"라고 질문하고, 여기서 두 극단들인 이신론 (deism)과 범신론 (pantheism)을 피해야한다고 답을 하고 설명을 덧붙인다. 이신론에 의하면, 자연의 능력과 규칙은 확실히 하나님으로부터 왔고 그 자체로 하나님께 필수적인 것이 아니므로 자연은 하나님이 배제된 상태에서 스스로 작용한다. 이신론은 하나님의 내재를 부인하는 것이다. 범신론에 의하면, 하나님은 자연 안에서 모든 것을 홀로 하신다. 즉 함께 일하는 두 원인들이 없고, 자연의 규칙 (the laws of nature)과 자연의 능력 (the powers of nature)은 하나님의 일하시는 방식의 추상적 개념에 지나지 않는다. 그래서 자연과 하나님이 동일시된다. 이는 두 가지 방식으로 일어날 수 있다(계속적인 창조로서 보존의 이론처럼). (1) 철저한 범신론적 의미 (the consistent pantheistic sense)로 보면, 하나님은 우주의 직접적인 모든 능력과 동작이실 뿐만 아니라 우주의 근거와 실체가 되신다. (2) 범신론으로 기우는 의미 (the sense of inclining toward pantheism)로 보면, 우주는 본질적으로 하나님으로부터 확실하게 구별되었지만 우주의 능력은 아직도 독점적으로 신적 권능으로만 보인다. 그러므로 범신론의 관점에서는 하나님이 자연과 동일시된다.

보스는 제19문에서 "우리들이 그의 이성적 피조물에 대해 하나님의 특별한 통치를 말할 수 없는가?"라고 질문하고, "말할 수 있다"라고 답을 한 후 설명을 덧붙인다. 하나님은 법을 주시는 수단을 통해 그들의 의식에 영향을 줌으로 이성적 피조물들을 다스리신다. 이 사실은 통치 교리의 세분(subdivision)을 위해 충분히 중요한 이유를 제공한다. 그러나 우리가 주목할 것은 이 특별한 통치가 하나님의 협력 (concursus)과 다른 관점에서 그분의 통치를 배제하지 않는다는 것이다. 하나님이 사람의 양심에 그의 법을 쓰신다면 다음의 내용을 실행하셔야 한다. (1) 하나님은 거기에 그 법을 계속 보존하셔야 한다. (2) 하나님은 그 법이 증거할 때마다 협력하심으로 계속적으로 영향을 미쳐야 하신다. (3) 하나님의 법이 우리에게 영향을 미쳐 우리를 확신시키고 우리의 의지를 굽히게 할 경우에도 하나님의 협력 (the co-working of God)은, 만약 이 일이 진정한 사역이라면, 결여될 수 없다. (4) 하나님은 그런 경우에 그의 지시를 통해 우리가 그의 법을 대면할 장소로 우리를 인도하셔야 한다. 이성적 삶의 영역에서 법을 통한 하나님의 통치는 이처럼 전 포괄적인 하나님의 섭리의 실재 (all-encompassing reality of His providence)를 침해하는 것은 아니다(p. 201).

제2권

인간론

제1장 인간의 본질 | 제2장 죄 | 제3장 은혜언약

Geerhardus Vos, "Anthropology," *Reformed Dogmatics*, Vol. 2. Trans. and Ed. by Richard B. Gaffin, Jr. with John R. de Witt, Daan van der Kraan, Harry Boonstra. Bellingham, WA: Lexham Press, 2012-2014.

제2권은 인간론 (Anthropology)을 다루는데 전체 3장으로 구성되어 있다. 제1장은 인간의 본질, 제2장은 죄, 제3장은 은혜언약으로 구성되어 있다. 인간론에 대한 질문은 전체 117개이다.

제1장은 인간의 본질 (The Nature of Man)을 20개의 질문으로 설명한다. 보스는 제1문에서 "성경에 의하면 인간의 본질 (nature)이 무엇으로 구성되어 있는가?"라고 질문하고, 그 답으로 인간은 몸과 영혼의 두 부분으로 구성되어 있는데, 영혼도 몸과 구별된 실체라고 정리한다(p. 1). 보스는 제3문에서 "하나님의 말씀은 영혼과 몸의 관계를 어떻게 가르치시는가?"라고 질문하고, 이것은 신비인데 다음의 내용은 의심의 여지없이 확실한 것이라고 네 가지로 정리하여 답한다. 첫째, 영혼과 몸의 연합은 생명의 연합이다. 몸의 생명과 영혼의 생명이 평행적인 것이 아니요, 영혼과 몸이 함께 동시에 존재해야 유기적 결속이 가능하다. 둘째, 몸의 어떤 조건들은 영혼의 자의식적인 행위에 의존되어 있

다. 다른 조건들은 이로부터 독립적이다. 셋째, 영혼의 어떤 기능들은 몸에 속박되어 있다. 다른 기능들은 몸으로부터 독립적이다. 넷째, 물질주의 (Materialism), 이상주의 (Idealism), 우인론(偶因論) (occasionalism)과는 반대로 우리는 영혼과 몸의 연합을 실재적인 이원론 (realistic dualism)이라고 부를 수 있다. 이 연합은 성경의 주요한 교리들과 밀접히 연결되어 있다(pp. 1-2). 보스는 제4문에서 "삼분설 (trichotomy)은 무엇을 뜻하는가?"라고 질문하고, 삼분설은 인간의 구성요소가 둘이 아니요 셋이라고 주장하는 이론이라고 답한다. 삼분설은 인간의 구성요소로 영 (πνεῦμα)을 첫 번째로 지목하는데, 영 (spirit)은 주요하고 가장 고상한 부분으로 이성과 의지와 양심이 영에 속해 있다. 두 번째로 지목되는 혼 (ψυχή)은 동물의 원리로 죽음으로 그 존재를 마감한다. 동물들도 혼(soul)을 가지고 있다. 몸 (σῶμα)은 세 번째로 언급되는 인간 구성요소인데 몸(body)은 단순히 물질로만 생각되는 부분이다(p. 2). 보스는 제5문에서 "삼분설을 반대하는 주요 이론은 무엇인가?"라고 질문하고, 몇 가지로 정리하여 답을 한다. 첫째, 삼분설은 그 기원이 철학적이다 (Pythagoreans, Plato). 인간에 대한 철학적 접근은 물질적인 몸 (body)은 낮게 평가하고, 사람의 비물질적인 요소인 영 (spirit)은 높이 평가하는 데서 기인한다. 이는 몸과 영혼의 유기적인 연합을 이해하지 못한 데서 기인한다. 이와 같은 철학적인 접근은 비성경적이요 반 기독교적인 것이다. 성경은 영의 구속뿐만 아니라 몸의 구속도 지지한다. 둘째, 창세기 2:7은 하나님이 인간을 창조할 때 영과 몸 두 요소를 사용하신 것을 분명히 한다. 셋째, 성경은 시적 언어를 사용하여 혼 (soul)을 인간이 소유할 수 있는 가장 소중한 것으로 언급한다. 성경은 혼을 가리켜

"내 영광아"라고 묘사한다(창 49:6). 넷째, 성경에서 영 (spirit)과 혼 (soul)이 교대로 사용되는 것을 조사해 보면 영이 혼이고 혼이 영임을 알 수 있다. 영은 몸을 움직이게 하는 생명의 능력 (life-power)을 가리키지만 또한 혼 자체의 동작을 위한 능력도 가지고 있다. 다섯째, 삼분설은 우리들의 자의식의 증거와 상충된다. 아무도 영과 구별된 혼을 가지고 있다고 생각하지 않는다. 철학자들이 혼이라고 부르는 것은 몸과 연계된 영의 원리의 표현에 지나지 않는다. 여섯째, 성경에서 삼분설을 지지하는 것처럼 보이는 구절들은 쉽게 달리 해석할 수 있다. 삼분설을 지지하는 것처럼 보이는 구절들은 데살로니가전서 5:23과 히브리서 4:12이다. 사실인즉슨 플라톤적인 철학에서 사용된 삼분설을 보통 사람들이 사용하게 되었다는 것이다. 그래서 어떤 이가 플라톤적인 철학과는 상관없이 인간 전체를 영과 혼과 몸으로 묘사할 수는 있다. 하지만 바울의 입을 통해 영과 혼과 몸을 언급할 때는 삼분설을 지지하기 위한 표현이 아니다. 이 표현은 단지 수사학적인 형식으로 열거하는 것에 지나지 않는다(pp.2-4).

보스는 제8문에서 "인간 영혼의 기원에 대해 몇 가지의 이론이 존재하는가?"라고 질문하고, 그 답으로 선재이론 (preexistence), 영혼 유전설 (traducianism), 영혼 창조설 (creationism)의 셋이 있다고 말한다. 보스는 창조설이 성경적이요 개혁주의의 견해라고 밝힌다(p. 6). 보스는 제11문에서 "창조설이 더 호의적인 이유는 무엇인가?"라고 질문하고, 세 가지로 답을 정리한다. 첫째, 창조설은 성경의 전반적인 교훈과 일치한다. 창조설은 인간의 기원론과 창조론을 지지해 준다(참조, 전 12:7; 슥 12:1; 히 12:9). 둘째, 창조설은 영혼의 본질과 더 일치한다. 영혼유전설 (traducianism)은 마땅히 창조설 (creationism)의 도움을 받아야 한다. 영혼이 부모로부터 생성되었다는 것은 부모의 영혼으로부터 분리되었거나 (Realism), 자손이 태어날 때 하나님이 창조하셨거나 둘 중의 하나이다. 셋째, 영혼유전설은 그리스도의 인격과 본질에 관한 교리와 상치된다. 그리스도가 영혼유전설에 근거하여 탄생하셨다면 그는 아담 (Adam)의 원죄로 인해 그의 인성이 죄성을 가지고 있어야만 한다. 그러므로 창조설이 성경의 교훈과 더 일치한다(pp. 8-9).

보스는 제16문에서 "하나님의 형상 (image)과 모양 (likeness)이 몇 가지의 다른 방법으로 이해되었는가?"라고 질문하고, 그 답을 다섯 가지 요점으로 정리한다. 첫째, 어떤 이는 형상은 몸을 가리키는 것이며 모양은 영혼을 가리키는 것이라고 주장한다. 둘째, 어거스틴 (Augustine)은 형상은 지적인 것을 가리키며 모양은 영혼의 도덕적 능력을 가리킨다고 주장한다. 셋째, 벨라민 (Bellarmine)은 형상은 자연적인 것을 지칭하며 모양은 초자연적으로 첨가된 것을 가리킨다. 넷째, 또 다른 사람들은 형상은 타고난 것으로 하나님과 유사한 것을 가리키며 모양은 사람이 획득한 것으로 하나님과 유사한 것이라고 설명한다. 다섯째, 바른 견해는 형상과 모양은 두 개의 용어이지만 그 뜻은 하나이며 같은 개념을 설명하기 위해 사용되는 것 (a hendiadys: ἑν διὰ δύσιν)이라고 보스는 설명한다(p. 11). 보스는 제20문에서 "인류가 단일체 (unity)임을 어떻게 증명하는가?"라고 질문하고, 몇 가지로 정리하여 답한다. 일반적으로 받아들여진 원리는 같은 종 (species)은 공통의 기원을 가졌다는 것이다. 인류의 경우 다양성이 있지만 한 종을 이루고 있다. 종은 유기적인 구조에 의해 결정된다. 종은 생리적인 특성에 의해 결정된다. 모든 인류는 생리적으로 똑같다. 종은 생리적인 성질에 의해 결정된다. 모든 인간 종족은 같은 정신적 능력을 가지고 있다. 종은 출산 능력에 의해 결정된다. 모든 인류는 서로 섞이는 행위를 통해 후손을 생산한다. 인류가 언어를 사용한다는 점에서도 한 기원을 가졌음이 증명된다(p. 20).

제2장

제2장은 죄 (Sin) 문제를 47개의 질문으로 설명한다. 보스는 제2문에서 "결과적으로 볼 때 어떤 특성들이 성경적 죄의 개념에 해당 되는가?라고 질문하고, 그 답으로 죄의 개념에 대해 몇 가지로 정리한다. 첫째, 죄는 특별한 악이다. 죄는 단순히 기분 나쁘게 보이는 육체적 악에 국한되지 않는다. 모든 존재는 선하거나 악한 상태 (state)이지 그 중간에 중립적 상태는 존재하지 않는다. 둘째, 죄는 항상 일반적인 법만이 아니라 하나님의 율법과 관계되어 있다. 그런데 성경은 율법이 사랑 안에서 성취된다고 가르치고 사랑의 모든 요구는 사랑의 한 요구로 요약될 수 있다. 율법은 그것이 규범이라는 점에서 하나님의 존재의 표현이다. 그러므로 우리는 하나님을 사랑하는 것이 도덕적 선의 필수적인 요소요, 그 반대는 도덕적 악의 필수적인 요소라고 확인할 뿐 더 이상 말할 수 없다. 셋째, 하나님의 율법은 이미 실제적으로 존재한 사람과만 관계된 것이 아니요, 대표적요 이상적으로 존재한 사람과도 관계되어 있다. 그래서 죄는 사람의 상태 (state)와 연계되며 하나님의 심판 때

에 계산되어야 하는 것이다. 넷째, 죄는 죄책 (guilt)과 오염 (pollution)을 포함한다. 오염은 죄 많은 영혼을 실족하게 만드는 인간 영혼의 영적이고 내재적인 타락으로 이해되어야 한다. 그러므로 오염은 영혼 자체가 있기 전에는 존재하지 않는다. 인간이 태어나기 전에는 오염되었다고 말할 수 없다. 그러나 죄책은 오염 없이도 고려할 수 있는 것이다. 아담의 처음 죄의 행위는 죄책과 오염이 동시에 존재했다. 죄책은 반드시 영혼의 실제적인 존재를 전제할 필요가 없다. 한 사람이 언약적으로 죄책을 가지고 있을 수 있다. 죄책은 사람 안에 있는 어떤 실재가 아니라 사람과 관계된 실재인 것이다. 죄책은 하나님의 심판 때에 존재한다. 그래서 신학자들은 죄책을 책임 (liability)이라는 용어로 표현한다. 다섯째, 죄의 중심성과 관련하여 죄는 사람의 의지에 자리를 잡고 있다. 죄의 결과는 몸을 포함한 전인 (entire man)의 지성과 감정의 능력에도 미친다. 전인은 그의 죄 있는 상태로 하나님이 싫어하시는 대상이다. 한 사람이 완벽한 의지를 소유하고 동시에 결핍된 지성과 도덕적 삶을 소유할 수는 없다. 만약 그런 사람이 존재한다면 그는 죄 없는 사람이다. 이런 예가 그리스도의 성육신의 삶에서 나타났다. 예수님은 그의 의지에 죄스러운 것이 없었고 그 자신이 도덕적으로 순수했다. 그래서 예수님은 도덕적으로 성화될 필요가 없었다(p. 25). 여섯째, 우리는 오염 없이 죄의 상태에 있을 수 있다. 왜냐하면 우리는 원죄의 상태 아래 있기 때문이다. 죄책과 오염은 죄의 성품 (disposition)에 연계되어 있다. 펠라기안주의 (Pelagianism)는 죄의 성품을 논할 수 없다고 주장한다. 펠라기안의 개념은 모든 죄는 사람이 자유로운 행위로 의지적으로 죄를 지을 때 죄책과 오염이 그 사람에게 발생한다고 주장한다(p. 26). 펠라기안주의는 원죄를 부인한다(pp. 24-26).

　보스는 제7문에서 "자연적인 악과 유전적인 악인 죄에 관한 로마 가톨릭의 실제적 교훈은 무엇인가?"라고 질문하고, 네 가지로 가톨릭의 교훈을 설명한다. (1) 죄는 그 본질에 있어서 항상 의지(the will)의 의식적인 행위로 존재하여야만 한다. (2) 따라서 본래의 의의 상실로 지배력을 행사하는 내재하는 정욕 (indwelling concupiscence)은 그 자체로 징벌 받을 죄라고 생각할 수 없다. (3) 아담의 후손 (Adam's posterity)의 죄성은 상태 (condition)라기 보다는 신분 (status)이다. 혹은 적어도 부정적인 상태라 할 수 있다. 이 죄성은 있어야 할 무엇의 결핍이요, 본래의 의 (original righteousness)의 부재인 것이다. (4) 바로 그런 이유 때문에 정욕은 세례 (baptism)에서 실질적으로 제거된다. 그럼에도 정욕은 남아 있지만 죄의 성격을 가지고 있는 것은 아니다(제34문 참조). 보스는 이렇게 자연적인 악과 유전적인 악에 대한 가톨릭의 교훈을 설명한다(p. 30).

　보스는 제8문에서 "원죄 (original sin)란 무슨 의미인가?"라고 질문하고, 그 답으로 원죄 (peccatum originale)는 아담의 처음 죄 때문에 죄 많고 죄책이 있는 상태로 들어가는 것을 뜻하고, 이런 죄 많고 죄책이 있는 상태의 결과로 우리는 선천적인 부패와 함께 태어났다고 설명한다. 이를 가리켜 유전적인 죄책 (hereditary guilt)과 유전적인 오염 (hereditary pollution)이라 부른다(p. 30). 보스는 제10문에서 "아담의 타락과 우리들이 죄인이 된 상태에 관하여 성경의 자료들을 사용하여 형성된 어떤 이론들이 있는가?"라고 질문하고 다음과 같이 설명한다. 첫째는 "대표이론" (federal theory)으로 아담은 그의 시련 기간 동안 우리를 대표함으로 행위언약 하에서 그가 지은 죄는 법적으로 우리들의 죄가 된다. 이렇게 죄가 전해진 것을 직접적인 전가 (immediate imputation)라 부른다. 둘째는 "간접 전가 이론" (theory of mediate imputation)인데 우리가 아담과 같은 죄성을 소유하고 있기 때문에 아담의 죄에 대해 책임이 있다는 주장이다. 셋째는 "실재적인 이론"으로 "어거스틴의 이론" (Augustinian theory)으로도 불린다. 이 이론은 아담의 죄가 우리의 죄가 된 것은 대표적으로만이 아니요 실재로 우리가 아담 안에 존재하고 아담과 함께 죄를 지었기 때문이라는 주장이다. 보스는 "대표이론"이 성경의 교훈에 합당한 이론임을 계속해서 설명하고(제11문, 12문) "간접 전가 이론"과 "어거스틴 이론"의 문제점을 지적한다(제13문, 14문, 15문) (p. 31). 보스는 제18문에서 "어떤 두 가지 측면에서 아담 (Adam)을 생각해야만 하는가?"라고 질문하고, 그는 동시에 한 개인이요 그리고 공적인 사람 (public person: persona publica)이라고 설명한다. 공적인 사람이라는 점에서 그는 자연적인 출생의 방법으로 그로부터 인간으로 태어날 모든 사람을 대표한다. 우리는 다음의 고려들 (considerations)을 주목해야만 한다. (1) 죄책 (guilt)과 전가 (imputation)는 비인격적인 자연에는 적용되지 않으며 오직 사람들에게만 적용된다. 법은 자연 (nature)은 계산에 넣지 않고 사람 (persons)만 계산에 넣는다. 바꾸어 말하면, 대표의 연합 개념 (the federal concept of representation)은 전적으로 인격적이라는 개념이다. 그래서 둘(죄책과 전가)은 서로 잘 어울리는 개념이다. (2) 우리는 전가의 이론 (theory of imputation)이 문제의 다른 면이 있음을 안다. 즉, 아담 (Adam) 안에 있다고 여겨진 모든 사람들은 아담으로부터 직접 태어나야만 하지 않는가라고 질문할 수 있다. 우리들의 생각으로 말하면, 만약 인류가 그 모든 후손들에서 유기적으로 연결된 것이 근거가 아니요, 단지 하나님 앞에 서 있다는 법적 관계의 결과 (result)요 반영 (reflection)이라면, 어떻게 후손들은 그렇게 단순하고, 아담은 그렇게 복잡할 수 있는가? 라고 질문할 수 있다. 이런 반론에 대한 답은 다음과 같다. 인류가 아담 (Adam)으로부터 한층 더 발전하는 것은 행위 언약의 원리 (the principles of the covenant of works)에 의해 독점적으로 지배되지 않고, 은혜언약 (the covenant of grace)의 질서 아래서 그 위치를 찾아야 한다. 하나님께서 그 사람들을 선택하셨고, 이러이러한 (such and such) 민족들로부터 사람들을 선택하셨고, 그의 선택자들의 지상에서의 삶을 이러 이러한 환경 가운데서 살도록 정하셨다는 바로 그 이유 때문에 인류의 흐름 (the stream of humanity)은 아담의 타락 이래 계속 발생한 것과 같이 그 잠자리 (bed)를 통해 흘러 내려오게 되어 있다. 그래서 인류의 역사 (the history of humanity)는 아담 안에서 대표의 단순한 관계만을 독점적으로 반영하는 것은 아니다. 인류의 역사는 훨씬 더 복잡한 관계들을 반영한다(pp. 42-43).

보스는 제28문에서 "아담뿐만 아니라 하와도 타락했는데 사탄이 하와를 먼저 시험한 것은 어떻게 된 연유인가?" 라고 질문하고, 사탄 (Satan)이 하와 (Eve)를 먼저 시험한 것은 여인이 더 많은 감수성을 가졌기 때문이라고 생각할 수 있다고 설명한다. 이 감수성을 도덕적인 의미의 감수성으로 이해하지 않는다면 여자가 남자보다 감수성이 더 많다고 할 수 있다. 하와는 아담 (Adam)과 마찬가지로 거룩한 사람이었다. 아담만이 아니라 우리의 처음 부모가 죄를 지은 것은 개인적으로 지은 것이 아니요 그들이 출산할 전체 인류를 대표해서 죄를 지은 것이다. 아담 홀로 인류의 기원이 아니다. 그럼에도 불구하고 아담의 죄와 언약 파기가 항상 언급되고 아담은 그리스도와 비교되는 자리에 처해 있다. 그 이유는 남자로서 그는 여자를 법적으로 대표하기 때문이다(p. 51). 보스는 제34문에서 "이 원죄가 유전되는 경우에만 관련하여 고찰할 때 무엇으로 구성되는가?"라고 질문하고, 두 요소, 즉 유전적인 오염 (hereditary pollution)과 유전적인 죄책 (hereditary guilt)을 설명한다. (1) 원죄는 원래의 의 (the original righteousness)의 부재이다. 이것은 유전된 결핍이요, 사적 자유 (privation)이며, 있어야만 하는 어떤 것이 없는 것이다. 사람은 죄를 지었을 때 이 죄가 하나님을 적극적으로 대적하기 때문만이 아니라, 이 죄를 통해 하나님이 받으셔야 할 순종이 부인되기 때문에 당연히 형벌을 받아야 할 의무가 있다. 위에서 관찰한 것처럼 (제7문 참조), 로마가톨릭 학자들은 이것을 유전된 원죄 (inherited original sin)의 유일한 요소로 만든다. (2) 원죄는 적극적인 선 (positive good)의 자리를 차지한 적극적인 악 (positive evil)의 임재 (presence)이다(p. 55).

보스는 제38문에서 "사람이 영적인 선을 행하는데 무능하다는 이 교훈을 어떻게 증명할 수 있는가?"라고 질문하고, 성경을 근거로 몇 가지의 증명을 제시한다. 첫째, 성경은 어느 곳에서도 타락한 인간이 스스로 선한 일을 할 수 있는 능력이 있다고 가르치지 않는다. 둘째, 성경은 타락한 인간이 선을 행할 수 없다고 명백하게 선언한다(참조, 요 15:4, 5; 6:44; 롬 8:7; 고전 2:14). 셋째, 성경이 제시하는 원죄의 형식이 이를 증명한다. 죄인의 자연적인 상태는 죽은 상태요 육적인 상태이다. 죽은 자가 아무것도 이룰 수 없는 것처럼, 자연인도 하나님을 향해 선을 행할 수 없다. 넷째, 성경의 설명은 인간이 하나님을 향해 부정적으로 죽은 상태일 뿐만 아니라 그의 죽음 안에 하나님을 향한 적개심의 원리가 숨어 있는 것이라고 가르친다. 다섯째, 하나님의 호의와 교제가 사람을 위해 반드시 필요하다는 그 자체가 자연인은 영적인 선을 행할 수 없다는 것을 증명한다. 사람이 하나님의 진노 아래 있으면 아무것도 그의 삶에서 번창할 수 없다. 여섯째, 성령께서 은혜의 직접적인 사역으로 사람을 중생시켜야 한다는 그 자체가 자연인이 영적인 선을 행할 수 없음을 증명한다. 일곱째, 하나님의 자녀들의 경험은 아무도 율법이 요구하는 것을 행할 능력이 있다고 주장하지 못하는데 바로 이 경험 자체가 자연인이 영적인 선을 행할 능력이 없다는 증명이다 (pp. 61-62).

보스는 제44문에서 "위임받은 것을 하지 않은 죄 (sins of commission)와 태만의 죄 (sins of omission)의 구분에 관해 무엇을 관찰해야 하는가?"라고 질문하고, 엄격한 의미에서 "태만의 죄"는 존재하지 않는다고 답을 하고 설명을 덧붙인다. 모든 태만의 근거에는 실행하도록 명령받은 원리가 잘못된 방향으로 놓여 있다. 만약 내가 하나님을 덜 사랑하고 하나님을 잊어버린다면 그러면 그것은 내 마음에 하나님의 자리에 다른 어떤 것이 자리를 잡고 있기 때문이다. 여전히, 하나님을 망각하는 것에 하나님을 의식적으로 대항하는 것이 더해지면 "위임받은 것을 하지 않은 죄" (sins of commission)는 훨씬 더 커진다(p. 70). 보스는 제47문에서 "성령모독죄 혹은 성령훼방죄에 대해 어떤 견해들이 제시되었는가?"라고 질문을 하고, 네 가지 항목으로 이 주제를 구체적으로 설명한다. 첫째, 어떤 이는 마태복음 12:31-32; 마가복음 3:28-29

에 언급된 성령훼방죄 (blaspheming the Holy Spirit)는 오로지 예수님이 성육신 상태로 계실 동안에만 범할 수 있는 죄라고 주장한다. 그러므로 이런 주장을 하는 사람들은 이 죄가 예수님께서 성령의 능력으로 이적들을 행하셨으나 이 이적들을 주님의 이적으로 받아들이지 않고 사탄의 이적으로 돌리는 죄라고 정리한다. 둘째, 어거스틴과 약간의 스코틀랜드 신학자들 (Guthrie, Chalmers)은 성령훼방죄가 끝까지 회개하지 않는 죄라고 정의한다. 이 말은 어떤 사람이 죽을 때 회개하지 않은 상태로 죽으면 성령훼방죄를 범하는 것이라는 의미이다. (참고, Calvin, Institutes, III, iii, 22). 셋째, 후기 루터주의 신학자들은 그들의 성자 배도의 교리와 연관하여 오로지 중생된 자들만이 이 성령훼방죄를 범하게 된다고 말한다. 그들은 히브리서 6:4-6의 내용이 중생된 자들에 관한 상태이기 때문이라고 주장한다. 도르트 (Dordt) 신조는 중생된 자가 성령훼방죄를 범한다는 잘못된 견해를 배척했다. 넷째, 성령훼방죄에 대한 개혁주의 개념을 다음과 같이 정리할 수 있다. ① 성령을 거스르는 죄는 약간 명료하지 않은 부분이 있다. 에베소서 4:30은 성령을 거스르는 죄를 용서받지 못할 죄로 묘사하지 않는다. 복음서들은 "말로 성령을 거역하면"(마 12:32), "성령을 모독하는 자는"(막 3:29; 눅 12:10) 등의 표현으로 구체적으로 언급한다. ② 성령훼방죄는 일반적으로 계속 짓는 죄를 가리키지 않고 특별한 형태의 죄를 가리킨다. 성령훼방죄는 이 세상의 삶의 특별한 어느 순간 발생하는 것으로 그 죄를 범하면 이 세상에서 뿐만 아니라 심판의 날에 회개와 죄의 용서가 불가능한 죄이다. ③ 성령훼방죄의 특별한 특성은 성령의 사역을 의도적으로 모독하는 것이다. 성령훼방죄는 주님을 훼방하는 죄와 구별된다. 인자를 모독하면 용서받을 수 있지만, 성령을 모독하면 용서받을 수 없다. 성령훼방죄의 특이한 점은 양심의 의도성과 양심으로 성령의 사역을 모독하는 것이다. ④ 크리소스톰 (Chrysostom)과 제롬 (Jerome)이 성령훼방죄를 지을 수 있는 가능성은 주님이 이 땅 위에 계실 때에 국한한다고 말하지만 이는 옳지 않다. 왜냐하면 성령이 주님의 공생애 기간에도 사역했지만 지금도 사역하고 계시기 때문이다. 복음의 세대에 성령이 사역하는 곳에서는 어디에서나 성령훼방죄를 범할 수 있는 가능성이 있다. ⑤ 히브리서 6:4-6과 10:26-29에 묘사된 배도가 성령훼방죄와 동일한 것인지를 묻기도 한다. 이 질문에 대한 답을 두 가지로 제시할 수 있다. 첫째, 복음서는 오로지 용서받지 못할 죄가 한 가지만 있다고 가르친다. 만약 히브리서가 용서받지 못할 죄에 대해 말하는 것이라면 히브리서에 언급된 죄는 복음서의 용서받지 못할 죄와 같은 죄이다. 둘째, 히브리서 6장에 묘사된 이 죄가 사도 시대에만 나타날 수 있는 성령훼방죄의 특별한 형태의 죄라고 말할 수도 있다. ⑥ 어떤 신학자들은 혹독한 시험 가운데서 성령의 사역을 모독하는 모든 훼방을 성령훼방죄라고 말할 수 없다고 주장한다. 그들은 성령훼방죄가 지속적으로 악한 저항을 하는 죄이기 때문에 이 죄를 짓는 자는 최후에 의지적으로 완악한 마음을 갖게 된다. 그러므로 어떤 사람이 삶의 과정 중에 성령훼방죄를 지었는지 분간하기는 쉽지 않다. 결과적으로 볼 때, 어떤 사람이 지속적으로 완악한 마음을 가지고 살다가 죽으면 그 사람은 성령훼방죄를 범했다고 결론 내릴 수 있다. ⑦ 이 성령훼방죄가 왜 용서받을 수 없는 죄인지 그 이유에 대해 두 가지로 답을 할 수 있다. 첫째, 어떤 이는 죄의 본질에서 그 이유를 찾는다.

성령의 사역이 사람을 중생시키는 사역이요 회개하게 하는 사역인데 성령을 훼방함으로 하나님께서 사람이 구원받을 수 있도록 만드신 유일한 구원의 수단을 배척하는 것이기 때문에 구원 받을 수 없다는 것이다. 여기서 주목할 것은 하나님의 은혜는 모든 반대보다도 더 강하다는 것이다. 사람이 반대하면 하나님의 뜻이 성취되지 못한다는 뜻은 아니다. 어떤 죄이건 하나님의 측량할 수 없는 은혜로 해결할 수 없는 죄는 없다(pp. 74-75). 둘째, 어떤 이는 하나님이 그의 지혜로 선택된 백성은 성령훼방죄를 지을 수 없도록 작정하셨다고 생각한다. 그래서 용서받지 못할 죄는 하나님의 자유로우신 작정에 그 근거를 두고 있다. 그러므로 성령훼방죄를 짓는 사람은 그리스도의 희생과 상관이 없고 선택된 백성에 속하지 않는 것이다. ⑧ 인자를 훼방하는 죄와 성령훼방죄를 대조하면서 인자를 훼방하는 죄는 용서함을 받을 수 있고 성령을 훼방하는 죄는 용서함을 받을 수 없다는 뜻은 인자의 신성과 인자가 메시아라는 분명한 의식이 아직 계시되기 전이기 때문에 가능한 것이다. 그래서 예수님도 십자가 상에서 그를 십자가에 못 박는 사람들의 죄를 용서해 달라고 아버지께 기도하셨고, 바울도 교회를 핍박했지만 하나님의 은혜를 받을 수 있었다(pp. 71-75).

보스는 제2장 47문의 답으로 성령훼방죄에 대한 설명을 자세하게 정리한다. 성령훼방죄에 대한 보스의 견해는 선택받은 자는 성령훼방죄를 지을 수 없고 성령훼방죄를 짓는 사람은 하나님의 선하신 작정에 의해 선택된 백성의 분깃을 받을 수 없는 사람이라는 것이다.

제3장은 은혜언약 (The Covenant of Grace)을 50개의 질문으로 설명한다. 보스는 제3문에서 "이 은혜언약의 당사자에 관해 어떤 다른 견해들이 형성되었는가?"라고 질문하고, 세 가지로 설명한다. (1) 어떤 사람들은 하나님을 한 편 (one party)으로 사람을 다른 편 (other party)로 생각한다. 사람의 경우 특성에 다른 등급들이 있다. (2) 두 번째 견해는 한편은 성부 하나님을 삼위일체 (Trinity)의 대표로 보고, 다른 편은 성자 하나님을 택자들의 대표로 보는 것이다. 다른 많은 사람들과 함께 웨스트민스터 대요리문답 (Westminster Larger Catechism)이 이 견해를 지지한다. : "은혜의 언약을 누구와 세우셨는가? 은혜의 언약은 두 번째 아담으로서 그리스도와 세우셨으니, 그 안에서 모든 택한 자도 그의 씨로서 그와 함께 언약에 참여한다."(제31문의 질문과 답). (3) 가장 일반적인 견해는 특히 콕체이우스 (Cocceius)의 시대 때부터는 두 개의 언약이 있다는 견해이다. 하나는 성부 (God the Father), 성자 (the Son), 성령 (the Holy Spirit) 사이의 구속의 언약 (covenant of redemption)이고, 다른 하나는 구속의 언약에 근거하여 한 편으로 삼위일체 하나님과 다른 편으로 선택받은 죄인, 신자들과 그들의 자손들 사이에 맺은 은혜언약 (covenant of grace)이다.

비록 두 번째 견해가 체계적이고 신학적인 전망으로 더 추천할만하고 이 견해를 선호하는 성경의 구절들을 적지 않게 찾을 수 있다고 할지라도 세 번째 견해가 이해하기 쉽고 더 명확함으로 따라서 이 문제를 실질적으로 다룰 때 더 유용하다. 핫지 (Hodge)는 그의 조직신학 (Systematic Theology, 2:358)에서 "이것은 오직 진술의 명료성에 관한 문제이다. 한 진술을 선호하는 사람들과 다른 진술을 선호하는 사람들 사이에 교리적인 차이 (doctrinal difference)는 없다. 그리고 이 주제와 관련된 성경의 모든 사실들을 하나님과 그의 백성을 대표하는 그리스도 사이에 맺은 하나의 언약 (one covenant)으로 구성하는 사람들과 그 사실들을 나누어 두 언약으로 구성하는 사람들 사이에 교리적인 차이가 없다."라고 말한다(pp. 83-84).

보스는 제5문에서 "이 평화의 계획 (counsel of peace)의 본질과 범위가 무엇인가?"라고 질문하고, "아버지의 요구 부분"과 "아버지의 공약 부분"으로 나누어 설명한다. 아버지의 요구는 첫째, 아들이 우리들의 본성을 입고 이 세상의 시간 안에 들어와서 낮아지신 상태로 계시면서 아버지가 선택하신 사람들을 위해 보증 (surety)이 되신 것이다(p. 85). 둘째, 율법을 초월한 신성을 가지신 아들이 자신을 율법 아래 두심으로 사람들이 하나님을 향해 서 있어야 할 같은 위치에 자신을 위치시키신다. 아들은 결국 자신을 행위언약 (Covenant of Works)의 관계 안에 두심으로 능동적 순종 (active obedience)을 통해 영생을 획득하신 것이다. 이런 관점에서 보면 그리스도의 사역은 아담이 성취하지 못한 것의 완성이었고 따라서 행위언약의 요구를 실행하신 것이다. 셋째, 동시에 아들은 하나님의 율법을 범한 성도들에게 임한 죄책의 형벌을 그의 인성으로 감당하심으로 능동적인 순종과 함께 수동적인 순종을 제공하신다. 넷째, 아들은 자신을 위해 생명을 획득하신 후에 성도들을 중생시키시고, 회개하게 하시고, 믿음을 갖게 하시고, 성령의 효과적인 영향을 통해 모든 것을 할 수 있도록 그의 공적을 성도들에게 적용하신다

(p. 86). 보스는 "아버지의 요구 부분"을 네 가지로 설명하고, "아버지의 공약 부분"을 일곱 가지로 설명한다. 아버지의 공약은 아들에게 요구하는 것과 동일하다. 첫째, 인간의 본성을 입기 위한 필요한 모든 것은 준비될 것인데 하나의 몸이 준비되었다. 둘째, 메시아의 직무를 수행하기 위해 그의 세례에서 나타난 것처럼 성령으로 풍성하게 인침을 받을 것이다. 셋째, 그의 임무를 성취하심으로 그는 인정받을 것이고 위로 받을 것이며, 사탄은 그의 발밑에서 분쇄될 것이다. 넷째, 죽음의 깊은 곳으로 들어가셨지만 거기에 머물지 않으시고 부활하셔서 하나님의 우편으로 승귀하시고 하늘과 땅의 모든 권세를 받으신다. 다섯째, 승귀하시고 승천하심으로 그는 하늘의 지성소에 완전한 희생 제사를 드리게 되고, 아버지를 대신하여 그의 백성의 몸인 교회를 형성하도록 특별한 방법으로 성령을 보내신다. 여섯째, 성령의 사역으로 인해 아버지께서 그에게 주신 모든 사람들이 실제적으로 그에게 나아오게 되고, 그의 능력으로 보호받게 되어 다시는 그의 몸에서 떨어져 나가지 않게 된다. 일곱째, 이 놀라운 전체 배열을 통해 그리스도 안에서 그리고 그리스도를 통해서 삼위 하나님의 가장 영광스러운 덕목들의 가장 귀한 계시가 일어나게 된다(pp. 86-87).

보스는 제6문에서 "이 평화의 계획 (counsel of peace)의 결과로서 그리스도가 무엇으로 불리어야 하는가?"라고 질문하고, "보증" (Surety)으로 불려야 한다고 설명한다. 그리스도는 평화의 계획을 근거로 생겨난 은혜언약과 관계해서도 이 이름을 가지고 계신다. 그리스도는 자신의 책임을 영원 전에 스스로 취하심으로 "보증"이 되셨다. 그는 또한 시간 속에 들어오셔서 믿는 자들의 "보증"이 되심으로 하나님과 믿는 자들

사이의 은혜언약을 공식적으로 마무리하신다. 이렇게 "보증되심"은 평화의 계획과 은혜언약을 하나로 묶는 역할을 한다. 어떤 경우이건 "보증인"은 다른 사람의 책무를 성취하기 위해 자신이 개인적으로 책임을 지는 사람이다(p. 87). 보스는 제10문에서 "이 평화의 계획 (counsel of peace)을 몇 마디의 말로 어떻게 묘사할 수 있는가?"라고 질문하고, 그 답으로 "우리는 자신의 아들을 선택받은 자 (the elect)의 머리와 구속주로 주시겠다는 아버지의 뜻과 자신을 선택받은 자들을 위해 보증으로 내놓으시겠다는 아들의 뜻의 일치라고 말할 수 있다"(p. 90)라고 설명한다. 보스는 제12문에서 "은혜의 언약을 어떻게 정의하는가?"라고 질문하고, 그 답으로 "그것은 상처를 받으신 하나님과 상처를 입힌 죄인과의 은혜로운 약정으로 그 약정 안에서 하나님은 그리스도를 믿는 방법으로 구원을 약속하시고 죄인은 믿음으로 구원받는다는 것이다(p. 92)라고 설명한다. 보스는 제13문에서 "은혜언약과 평화의 계획 사이를 연결하는 본질은 무엇인가?"라고 질문하고, 세 가지로 정리하여 답을 한다. 첫째, 평화의 계획은 시간성을 가진 은혜언약을 위한 영원한 모본 (pattern)이다. 그러므로 둘은 하나의 언약과 같지만 구별할 수 있는 점은 평화의 계획은 영원하지만 은혜언약은 시간성을 가졌다는 점이다. 평화의 계획은 하나님과 보증 사이의 약속이지만, 은혜언약은 삼위 하나님과 보증 안에 있는 죄인과의 약속이다. 둘째, 평화의 계획은 은혜의 언약을 위한 확보된 근거이다. 만약 하나님이 영원 전에 보증이신 그리스도와 평화의 계획을 만들지 않으셨다면 하나님과 죄인과의 결속은 있을 수 없다. 평화의 계획은 은혜언약의 존재를 가능하게 한다. 셋째, 평화의 계획은 은혜언약을 안전하게 한다. 평화의 계획이 근거가 되어 은혜언약이 형성됨으로 죄인들은 믿음으로만 은혜언약의 혜택을 받을 수 있다. 성령이 그리스도에게 약속되었고, 성령을 통해 죄인은 믿음을 갖게 된다. 그리고 그리스도는 죄인이 진실한 믿음의 방법으로 나아갈 것을 보증하신다(pp. 92-93).

보스는 제14문에서 "행위언약과 은혜언약이 어디에서 일치하며 그리고 어디에서 차별되어지는가?"라고 질문하고, 일치하는 것은 두 언약 모두 저자가 하나님 (God)이시라는 것이며, 언약 당사자들이 하나님과 사람 (God and man)이라는 것이며, 그 일반적 목적이 하나님께 영광 (glorifying God)을 돌리는 것이며, 외형적인 형식으로는 요구와 약속 (requirement and promise)이 있다는 점이며, 약속의 내용은 영원한 하늘의 복 (heavenly, eternal blessedness)이라는 것이다. 그리고 행위언약과 은혜언약의 다른 점은 첫째, 하나님의 나타나심의 방법에서 다른데 행위언약에서는 하나님이 창조주와 주 (Creator and Lord)로 나타나시고, 은혜언약에서는 구속주와 아버지 (Redeemer and Father)로 나타나신다. 행위언약을 세우실 때의 동기에는 타락한 사람을 향한 하나님의 사랑과 호의 (love and benevolence)가 작동했고, 은혜언약을 세우실 때의 동기에는 타락한 피조물에 대한 하나님의 자비와 특별한 은혜 (mercy and particular grace)가 작동했다. 둘째, 행위언약에는 중보자 (Mediator)가 없지만, 은혜언약에는 중보자가 있다. 셋째, 두 언약의 근거와 관련하여 은혜언약은 확고하고 확실한 중보자의 순종을 그 근거로 하고, 행위언약은 불확실하고 변할 수 있는 사람의 순종을 그 근거로 한다. 넷째, 두 언약에 대해 사람이 무엇을 행해야 하는 점에 있어서 행위언약은 "이것을 행하라 그러면 네가 살리라"이지만, 은혜언약은 단지 하나의 방법만 있는데 그것은 믿음의 방법이다. 다섯째, 두 언약의 선포와 관련하여 행위언약은 사람의 마음에 기록된 율법을 통한 자연의 방법으로 일부분 알려지게 되었고, 은혜언약은 오로지 적극적인 계시를 통해서만 알려지게 되었다(pp. 93-94).

보스는 제16문에서 "바울이 은혜언약을 말하면서 어떻게 갈라디아서 3:20에서 마치 중보자 (Mediator)가 고려되지 않은 것처럼 스스로 표현할 수 있는가?"라고 질문하고, 실제로 이 부분에서 바울 사도의 논증은 은혜언약 (covenant of grace)에서 중보자가 제외되는 것처럼 보인다고 설명한다. 그는 시내산 (Sinai)에서 공포된 율법을 아브라함 (Abraham)에게 주신 약속의 반대편에 둠으로, 결국 은혜언약의 반대편에 둔다. 그는 이 율법이 옛 언약의 자리에 새 언약을 강제로 앉히도록 의도될 수는 없다고 논증한다. 왜냐하면 바울이 말하기를, 율법의 경우 한 중보자 (Mediator)가 두 당사자를 함께 오게 하지만 그의 은혜를 집행(배열)할 때 하나님은 항상 유일한 당사자 (the only party)이시기 때문이다. 하나님은 한 분이시다.

그러나 이 논증은 은혜언약을 위한 인간 중보자 (human mediator)만을 배제한다는 것을 기억해야 한다. 은혜언약의 경우, 율법의 경우처럼, 중보자가 없다. 즉 모세 (Moses)와 같은 중보자가 없다. 그러나 신적 중보자는 있을 수 있다. 왜냐하면 은혜언약 안에서 하나님이 모든 것을 책임지신다는 그 진리로부터 아무것도 제거하지 못하기 때문이다. 중보자는 하나님 자신이시다. 중보자 안에는 스스로 언약의 사역을 성취하시기 위해 오신 삼위일체 하나님의 다른 위격이 있을 뿐이다. 은혜언약은 그 성격에 있어서 삼위일체적이다. 은혜언약은 삼위일체를 확실하게 드러나게 한다(pp. 96-97). 보스는 제31문에서 "어떤 의미에서 중생되지 못하고 믿지 않는 사람들이 언약 안에 있다고 말할 수 있는가?"라고 질문하고, 다섯 가지의 설명으로 답을 한다. (1) 그들은(믿지 않는 자들) 언약의 의무와 관련하여 언약 안에 있다. 언약의 구성원으로서 그들은 하나님께 믿음 (faith)과 회개 (repentance)를 빚지고 있다. 만약 그들이 믿지 않고 회개하지 않는다면 그들은 언약 파괴자들 (covenant-breakers)로 심판을 받게 된다. (2) 그들은 하나님이 신자들과 그의 약속을 맺을 때 신자들에게 주신 언약의 약속과 관련하여 언약 안에 있다. 하나님은 보통으로 언약의 관계 안에 있는 사람들과 그들의 후손들로부터 그의 택자들의 수를 취하신다. (3) 그들은 언약을 장려하는 것과 관련하여 언약 안에 있다. 그들은 계속적으로 언약과 일치하게 살도록 일깨워지고 권고를 받는다. 교회 (The church)는 그들을 언약 구성원으로 취급하고, 그들에게 언약의 인들 (the covenant seals)을 제공하며, 심지어 그들을 자극하여 그것들을 사용하도록 한다. 그들은 처음 초대받은 손님들이요, 왕국의 백성들이며, 하나님의 말씀이 먼저 그들에게 선포되어야 할 사람들이다(마 8:12; 행 13:46; 눅 14:16-24). (4) 그들은 언약의 외적 사역과 관련하여, 교회의 권세의 실행과 관련하여, 언약 안에 있다. 바울 사도가 믿지 않는 유대인 교회의 대부분의 사람들에 관해 말한 것처럼 하나님의 말씀이 그들에게 맡겨졌다(롬 3:2). (5) 그들은 일반적인 언약 축복과 관련하여 언약 안에 있다. 쿨만 (Koelman)은 다음과 같이 말한다. "언약 멤버들은, 중생하지 않은 자들을 포함하여, 하나님의 영 (God's Spirit)의 탄복할 만한 영향과 사역을 경험한다.... 나는 파멸하게 될 자들 (the lost)도 조명 (enlightenment)과 격려 (en-

abling)를 위해 성령의 강력한 사역을 경험한다고 고백한다. 주님의 성
령께서 그들 가운데서 탄식하시고(창 6:3) 일반 은사들 (common gifts)을
나누어 주신다(히 6:4-5; 고전 12:8)"(pp. 111-112).

보스는 제35문에서 "은혜언약의 약속을 무엇인가?"라고 질문하고,
그 답으로 다른 모든 것을 포함하는 주요한 약속은 "내가 너의 하나님
이 될 것이다"(창 17:7-8)라고 설명한다. 이 약속은 성도들이 계속적으
로 "주님은 나의 하나님이십니다"(시 33:12)라고 말하는 데서 나타난다.
좀 더 자세히 들여다보면 약속이 포함하는 것은 첫째, 죄의 용서와 영
생을 보장하는 의롭게 되는 약속이고, 둘째, 성령의 약속과 성령으로
거룩하게 하시는 약속이며, 셋째, 영화롭게 해주시는 약속이다(pp. 118-
119). 보스는 제39문에서 "은혜언약과 선택이 어떤 관계를 가지고 있는
가?"라고 질문하고, 그 답으로 은혜언약은 본질에 있어서 교제 (fellow-
ship)의 특성이 있기 때문에 선택보다도 더 넓을 수는 없다고 설명한
다. 그러나 은혜언약과 선택은 차이가 있다. 선택은 개인 한 사람, 한
사람으로부터 시작하여 그들 개인이 백성 (people)을 형성하기 때문에
선택은 언약 유기체를 형성하게 된다. 반대로 언약은 그 실현에 있어
서 이 유기체로부터 시작하여 개개인에게로 움직인다. 또한 은혜언약
은 관계 (relationship)의 특성이 있어서 선택보다도 더 넓다. 왜냐하면
은혜언약은 진정한 언약의 교제와 진정한 언약 혜택의 기쁨을 아직 누
리지 못한 대상들을 포함하고 있기 때문이다(p. 124). 보스는 제44문에
서 "하나님이 이스라엘과 세우신 이 언약은 깨어질 수 있는가 아니면
깨어질 수 없는가?"라고 질문하고, 이 언약은 깨어질 수 있을 뿐만 아
니라 이미 반복적으로 깨어졌었다고 설명한다. 그래서 출애굽기 34:10

이하와 열왕기하 23:3에 언급된 것처럼 언약의 갱신이 필요하다. 실제로, 모든 죄는 언약을 깨뜨리는 것이다. 그러나 그럼에도 불구하고 이 언약은 하나님 자신이 그런 죄들에도 불구하고 언약을 보존하기 위한 수단들을 정해 두셨다. 이 수단들 (means)이 희생제사들 (sacrifices)이다. 그것들은 의기충천한 손 (uplifted hands)으로 범하지 않은 죄들, 즉, 실수로 지은 죄, 고의적이 아닌 죄와 같은 죄들에게 적용된다. 그러나 의도적인 죄를 범했을 때에도 하나님은 또한 그의 언약을 저버리지 않으신다. 정해진 화해 (propitiation)의 수단이 없을 경우, 하나님은 은혜를 추구하는 비상한 방법을 마련하시고, 그의 언약을 기억하시고, 이스라엘 (Israel)의 불성실함에도 불구하고 언약을 유지하신다(출 32장; 시 106:23; 민 16:45-50). 종국적으로, 이스라엘과 맺은 언약은 영원하며(대상 16:17; 사 54:10; 시 89:1-5), 그 언약은 하나님이 자기 이름의 명예를 걸고 약속하신 언약(사 48:8-11; 민 14:16)임을 분명하게 말씀하셨다. 그러므로 이 서약 (pledge)에는, 하나님께서 은혜언약의 계속을 보증하신다는 사실이 본질적으로 확정되었으며, 행위언약과는 다른 의미에서 영원하고, 아무리 많은 개인이 떨어져 나가고 파멸된다 하더라도, 언약의 핵심 (the core of the covenant)은 남아 있고 반드시 유지되어야 한다. 그래서 언약의 핵심은 우리가 은혜언약에 대해 일반적으로 이미 확립한 것들과 전체적으로 동일하다(pp. 131-132). 보스는 제48문에서 "은혜언약은 신약 시대에도 계속 지속되는가?"라고 질문하고, "그렇다"(Yes)라고 답을 하고 설명을 덧붙인다. 이 사실은 예레미야 (Jeremiah) 31:33말씀의 예처럼, 이미 구약 시대에 반복적으로 예언되었다. 구세주 (Savior)는 성찬을 제정하실 때 이 예언을 인정하셨다. 성만찬 제정을 하실 때 주님은 자신의 언약의 피를 말씀하셨다. 히브리서 (Hebrews)에 의하면, 이것을 많은 말로 설명했다(히 9장). 또한 신약 여러 곳에서 구약과 신약교회의 연속성을 가르친다. 신약교회 (the church of the New Testament)는 옛 언약 백성을 이어서 개인들의 새로운 모임으로 나타난 것이 아니요, 언약의 방식으로 옛 언약 백성으로부터 발전한 것이다. 삭개오 (Zacchaeus)는 그가 아브라함 (Abraham)의 후손이었기 때문에 회개했고 그 회개로 구원이 그의 집에 이르렀다(눅 19:9). 유대인들은 대부분 배교했지만, 그들은 이방인들이 그들의 자리를 차지하도록 하기 위해 한쪽으로 제쳐진 것은 아니다. 오히려, 이방인들은 잘 길러진 감람나무에 가지로 접붙여져서 언약의 풍요한 기름을 함께 나누어 갖게 된 것이다(롬 11장). "이 약속은 너희와 너희 자녀와 모든 먼 데 사람......에게 하신 것이라"(행 2:39; 3:25)의 말씀이 이를 증거한다. 또한 "하나님의 백성" (people of God)이라는 명칭도 계속 사용된다. 이 모든 것으로 볼 때, 언약이 지속된다는 사실은 명백하다(p. 135).

보스는 제50문에서 "은혜언약의 경영 (administration)을 둘로 나누어야 하는가 아니면 셋으로 나누어야 하는가?"라고 질문하고, 그 답으로 둘로 구분하는 것이 가장 좋고 가장 오래된 것이라고 설명한다. 그리스도 이전의 경영과 그리스도 이후의 경영으로 나누는 것이 좋다. 물론 모세 (Moses)이전의 경영과 모세 이후의 경영 사이에 나타난 주목할 만한 차이가 있는 것은 사실이다. 그러나 이 차이는, 이 두 시대(모세 이전과 모세 이후의 시대)가 갖는 공통점이, 새 시대와 대조해서 볼 때, 사라지는 그렇게 큰 차이는 아니다. 그리스도 이전 시대의 공통점은 다음과 같이 구성되어 있다. (1) 모세 이전과 모세 이후의 공통점은 앞으로 오실 씨 (seed)로서의 중보자 (Mediator) 개념에 있는데 역사적 그리스도 (historical Christ)를 가리키는 것이다. 아담 (Adam)은 물론 아브라함 (Abraham)도 마찬가지이며 구약 전체에 걸쳐 마찬가지이다. (2) 모세 이전과 모세 이후의 공통점은 의식들 (ceremonies)과 모형들 (types)을 통해 중보자 (Mediator)를 예시하는 데 있다. 이런 예시는 시내산 (Sinai)이후에 더 조직적으로 나타나지만, 그런 예시는 그 이전에도 이미 존재했다. (3) 모세 이전과 모세 이후의 공통점은 하나님이 그의 언약을 지키시는 대상인 언약 공동체의 지상에서의 번영 (earthly fortunes)에 대한 언약의 영적 멤버들의 숙명 (destiny)을 예시하는 데 있다. 애굽으로부터의 해방, 가나안 땅의 점령 등은 모두 더 고차원적인 영적 사건들을 예시하고 있다. 모세 시대 이전과 모세 시대 이후의 차이의 요점들은 다음과 같다. 첫째, 족장 시대에는 언약의 은혜로운 특성이 더 분명했다(참조, 갈 3:18). 이스라엘(Israel)에게 행위언약의 요구를 한 번 더 의도적으로 상기시킨 바로 그 이유 때문에 마치 행위언약이 구원의 길인 것처럼 오해의 가능성이 존재했었다. 그리고 실제로, 후기의 이스라엘은 이 잘못에 빠지게 되었다. 둘째, 언약의 혜택의 영적 성격은 족장 시대에 더 잘 이해되었다(히 11:9-10). 아브라함과 족장들은 체류자들 (sojourners)이었지, 땅의 소유자들 (owners)은 아니었다. 현세의 약속은 그들에게 아직 이루어지지 않았다. 그러나 바로 그 이유 때문에 그들에게는, 후에 유대인들이 그랬던 것처럼, 철저하게 현세적인 것만 바라보는 그런 위험이 적었다. 그들은 위에 있는 예루살렘 (Jerusalem), 즉 미래의 도시에 대한 명확한 비전을 가지고 있었다(갈 4:25-26). 셋째, 은혜언약의 세계를 어우르는 목적이 더 분명하게 드러났다. 아브라함에게는 그의 씨를 통해 지상의 모든 가족들이 복을 받게 될 것이라고 말해진 바 있다(갈 3:8). 후에 유대인들은 이 사실을 망각하게 되었고 그리고 그들은 구원이 그들의 민족과 연계된 것으로 생각했다. 나중에야 예언이 개화되는 시기에 하나님의 약속들이 세계를 아우르는 것이라는 인식이 더욱 더 활발해졌다.

마지막으로 언급한 두 특징들, 즉 영적인 것 (spiritual)과 보편적인 것 (catholic)은 함께 움직인다. 바울(Paul)은 하나님에 의해 이 두 가지를 위한 위대한 챔피언으로 양육 받았다.

그러므로 우리는 은혜언약의 경영을 그리스도 전 (Before Christ)과 그리스도 후 (After Christ)로 구별하되, (1) 그리스도 전 (Before Christ)은 첫째, 아담부터 아브라함까지는 성례가 없었고 (no sacrament), 둘째, 아브라함부터 모세까지는 하나의 성례 (one sacrament)가 있었고 셋째, 모세부터 그리스도까지는 두 개의 성례 (two sacraments)가 있었다. (2) 그리스도 후 (After Christ)는 세대의 끝까지 (until the end of the ages)로 생각한다(pp. 136-137).

제3권

기독론

제1장 서론 | 제2장 그리스도의 이름들 | 제3장 위격과 본성들 |
제4장 그리스도의 직책들 | 제5장 그리스도의 지위 혹은 신분

Geerhardus Vos, "Christology," *Reformed Dogmatics*, Vol. 3. Trans. and Ed. by Richard B. Gaffin, Jr. with Jonathan Pater, Allan Janssen, Harry Boonstra, Roelof van Ijken. Bellingham, WA: Lexham Press, 2014.

제3권은 기독론 (Christology)을 다루는데 전체 5장으로 구성되어 있다. 제1장은 서론, 제2장은 그리스도의 이름들, 제3장은 위격과 본성들 (person and natures), 제4장은 그리스도의 직책들, 제5장은 그리스도의 지위 혹은 신분 (states)으로 구성되어 있다. 기독론에 대한 질문은 전체 242개이다.

···
제1장

제1장 서론 (Introduction)은 3개의 질문으로 은혜언약의 보증에 대해서 설명한다. 보스는 제1문에서 "은혜언약에 대한 그리스도의 관계에서 '보증' (surety)과 '중보자' (Mediator)의 두 표현 중 어느 용어가 가장 적합한 용어인가?"라고 질문하고, 그 답으로 보스는 각 용어의 강점과 약점을 설명하고 두 용어가 서로 보완하기 때문에 그리스도와 은혜언약의 관계에서 두 용어가 함께 사용되어야 한다고 결론짓는다(p. 1). 보스는 제2문에서 "우리가 은혜언약으로부터 "보증"(중보자)의 개념을 어떻게 발전시킬 수 있는가? 다른 말로 표현하여, 그리스도가 구세주로서

무슨 존재가 되어야 하는지를 당신이 은혜언약에서 어떻게 끌어낼 수 있는가?"라고 질문하고, 다섯 가지로 정리하여 답으로 제시한다. 첫째, 은혜언약 (the covenant of grace)은 아들과 함께 설립되었다. 그 아들은 성육신과 상관없는 로고스 (Logos)로서의 아들이 아니요, 성육하신 아들과 함께 설립된 것이다. 그래서 우리는 로고스를 다룰 때도 성육하신 로고스를 다루어야 한다. 둘째, 신-인(神-人)이신 그리스도는 언약의 머리이신데 그는 하나님과 사람 사이의 언약적 연합을 효과 있게 만드실 뿐만 아니라 그 자신 안에 언약적 연합을 실재 (reality)로 소유하고 계신다. 그러므로 기독론은 은혜언약의 교리로부터 분리시켜야 할 것이 아니요, 오히려 은혜언약과 살아있는 관계로 마땅히 함께 서 있어야 한다. 셋째, 그리스도는 자연적으로 그의 백성의 언약의 머리가 된 것이 아니요 은혜언약 안에서 언약의 머리가 되신다. 그리스도는 이전과는 전혀 상관없는 방법으로 완전히 새로운 일을 시작하신 것이 아니다. 은혜언약의 배경에는 단순히 한쪽으로 제쳐놓을 수 없는 것으로 반드시 법적으로 제거되어야 할 행위언약이 있다. 행위언약 (the covenant of works)을 파괴함으로 발생한 빚은 반드시 해결되어야 한다. 그리고 아담의 범죄로 인해 파기된 행위언약은 반드시 지속되어야 한다. 행위언약의 효과는 반드시 나타나야 한다. 그리스도는 행위언약을 지키셨고 십자가에 죽기까지의 순종으로 행위언약의 효과를 획득하셨다. 이점이 그리스도의 능동적 순종 (active obedience)과 수동적 순종 (passive obedience)의 구분을 우리에게 보여 주신다(p. 2). 넷째, 수동적 순종과 능동적 순종이 신-인(神-人)이신 그리스도께서 그의 인성에 따라 들어오셔야 할 그리스도의 비하 상태를 수반한다. 그런데 만약 그리스도가 단지 법적인 의미의 언약적 연합을 획득하는 것이 전부라면 우리는 중보자 (Mediator)가 언약적 연합을 획득하기 위해 잠시 참은 후에 그의 인성을 벗어던지고 영원 전부터 그에게 속한 신적인 영광의 상태 (the state of divine glory)를 유지해도 되는 그런 비하 상태를 말할 수밖에 없다. 그러나 이런 이론은 잘못된 것이다. 사실상 그리스도와 그의 백성들 사이에는 대표적인 법적 연합 이상의 생명 연합 (life-unity)이 있다. 그리스도는 마땅히 법적인 의미에서 하나님과의 언약적 연합도 설립해야 하지만 또한 그 언약적 연합을 그 자신 안에 소유하심으로 그의 몸의 멤버들에게 그 자신으로부터 언약적 연합을 전해야 한다. 그리스도가 그의 비하 상태 (the state of humiliation)에서 획득한 모든 언약의 효과는 그의 인성 안에 나타나야 하고 이것들이 발생하는 상태를 승귀의 상태 (the state of exaltation)라고 부른다. 그러므로 그리스도가 성도들의 구세주이신 것은 그의 비하 상태로 계실 때 이룬 효과뿐만 아니라 그의 승귀 상태로 계시면서 이룬 효과도 성도들에게 전해져야 하는 것이다. 다섯째, 중보자가 구원을 획득해야 할 뿐만 아니라 구원을 적용해야 한다는 이론이 또 다른 교리를 들여다보게 한다. 만약 그리스도가 단순히 화해의 주재자이고, 빚을 청산하는 보증이시라면, 그는 철저하게 제사장 (Priest)의 한 직책만 감당하면 된다. 중보자는 하나님과 사람 사이에서 멀리 떨어져 계신 것이 아니요, 그가 그의 구속적 희생의 근거로 형성된 언약 실현을 위해 개인적으로 관심을 가지고 계신 언약 자체의 언약적 머리이시다. 이런 결과로 중보자는 하나님으로부터 영광스러운 몸의 약속을 받으셨다. 여기에서 그의 중보자로서의 역할이 더 넓어진다. 그리스도는 제사장 (Priest)이실 뿐만 아니요 예언자

(Prophet)이시고 왕 (King)이시다. 그러므로 우리는 은혜언약의 개념에 서부터 발전된 그리스도의 직책 (the offices of Christ)의 교리와 그리스도의 상태 (the state of Christ)의 교리를 발견할 수 있다(pp. 2-4). 보스는 제3문에서 "이 교리의 분야에서 후속적으로 어떤 주제들이 다루어져야 하는가?"라고 질문하고, 그 답으로 첫째, 이름들을 다루어야 하고, 둘째, 신-인의 존재 (God-human existence) 문제로 위격과 본성의 문제를 다루어야 하고, 셋째, 신분 (states)을 다루어야 하며, 넷째, 중보자의 직책을 다루어야 한다고 정리한다(p. 4).

- - -
제2장

제2장은 이름들 (Names)을 8개의 질문으로 정리한다. 보스는 제1문에서 "왜 이름에 대한 논의가 여기 제일 먼저 나와야 하는가?"라고 질문하고, 그 답으로 세 가지의 논의를 제시한다. 첫째, 하나님의 계시 안에서는 이름이 결코 의미 없는 소리에 그치지 않고 실재를 표현하고 있다. 구속주의 이름들은 그 자체로 그의 존재의 의의를 말해주고 있다. 둘째, 이름들은 존재의 일반적인 요소만 설명하지 않고 존재의 핵심이 무엇인지를 설명한다. 이름들은 개념의 본질적인 특성들을 요약해 준다. 하나님의 말씀이 이름들을 통해 중보자 (Mediator)를 소개할 때는 다른 어떤 생각보다도 그 이름의 가장 주요한 의미에 관심을 갖게 만든다. 중보자의 부요함이 너무 크고 그의 사역의 관계가 너무 다양하기 때문에 우리는 중보자의 이름들을 통해 중보자의 사역의 요점을 주목

하게 된다. 셋째, 중보자가 성육신하기 전에는 이름들이 메시아를 살아있는 인격적인 존재로 만드는 중요한 수단이 되었다. 이스라엘 내에서 메시아라는 이름이나 하나님의 아들이란 이름은 특별한 사상과 연계되어 이해되었다. 그래서 그리스도께서 지상에 나타나셨을 때 "메시아는 이런 뜻이고, 하나님의 아들은 저런 뜻이다"라고 설명하지 않고, "나는 메시아요, 하나님의 아들이다"라고 선포하셨다(pp. 5-6). 예수님은 자신을 구약에 계시된 이름들과 동일시하며, 바로 이 이름들이 자신에 대해 말한 것이라고 선포하신다. 보스는 제2문에서 "예수 (Jesus)라는 이름의 뜻은 무엇인가?"라고 질문하고, 몇 가지로 예수라는 이름의 뜻을 설명한다. 첫째, 하나님의 명백한 명령으로 중보자 (Mediator)에게 이 이름이 주어졌다(마 1:21; 눅 1:31). 마태복음은 "그가 자기 백성을 그들의 죄에서 구원할 자이심이라"(마 1:21)라고 기록한다. 하나님이 이 이름을 주신 목적은 (1) 예수라는 이름이 구약에서 특별한 사람에게 적용되었다. 그러므로 예수라는 이름은 구약에 모형을 가지고 있다. (2) 예수라는 이름의 유래는 중보자의 사역에 대한 통찰력을 제공한다. 둘째, 예수스 ('Iησοῦς)라는 이름은 후기 히브리어의 "예수아" (ישׁוּעַ)를 칠십인경 (LXX)의 헬라어에서 복사한 이름이다. 칠십인경 (LXX)은 후기 히브리어의 느헤미야 8:17을 "From the days of Jesus the son of Naue" (ἀπὸ ἡμερῶν 'Iησοῦ υἱοῦ Ναυῆ)로 번역한다. 그러므로 예수라는 이름의 기원은 헬라어가 아니요 히브리어이다. 셋째, "예수아" (ישׁוּעַ)의 히브리어의 옛 형태는 "이예후수아" (יהושׁוּעַ)인데 칠십인경 (LXX)에서는 역시 예수스 ('Iησοῦς)로 복사 처리한다. 그 의미는 "여호와는 구원이시다" (Jehovah is salvation.)이다. 민수기 13:16의 "모세가 눈의 아들 호세

아를 여호수아라 불렀더라"(ἐπωνόμασε Μωυσῆς τὸν Αὐσὴ υἱὸν Ναυὴ, Ἰησοῦν)에서 칠십인경은 "여호수아"를 "예수"(Ἰησοῦς)로 처리한다. 그러므로 예수라는 이름은 "여호와는 구원이시다"라는 뜻으로 성육하신 예수님에게 적용되었다. 넷째, 히브리서의 "여호수아가 그들에게 안식을 주었더라면"(히 4:8)이라는 말씀은 지상의 가나안 (Canaan)이 하늘의 안식의 모형임을 가르친다. 눈 (Nun)의 아들 여호수아 (Joshua)의 모형적인 의의는 이스라엘을 가나안 땅에 들어가게 하는 것이다. 마치 중보자 (Mediator)가 죄의 불행에서 그의 백성을 구해내는 것처럼, 여호수아는 이스라엘 백성들을 광야의 불행에서 구해 내야 한다. 여기서 우리는 여호수아와 예수 사이에 모형 (type)과 원형 (antitype)의 관계가 형성됨을 알 수 있다. 중보자는 스스로 존재하는 하나님으로서 그의 신적인 능력으로 그의 백성을 하늘로 인도하신다. 신약은 삼위 하나님의 2위이신 예수님이 육체를 입으시고 보증 (Surety)이 되셔서 그의 백성의 의와 구원을 성취하셨음을 밝힌다. 다섯째, 눈의 아들 여호수아는 적을 정복하고 통치함으로 왕권 (kingship)을 가진 중보자이신 예수님의 모형 역할을 한다. 중보자는 왕직을 가졌을 뿐만 아니라 제사장직도 가지고 있다. 중보자는 더럽고 죄 많은 백성들을 대표해서 대제사장 역할을 한다(슥 3:3-4). 여호수아의 소명은 왕직과 제사장직의 연합을 모형적으로 보여주는 역할을 한다. 예수라는 이름은 죄책이라는 죄의 억압과 고통으로부터 그의 백성을 구하는 대제사장 (High Priest)이시라는 뜻을 가졌다. 왕이 모든 대적을 정복하고 그의 백성을 적으로부터 구해 내어 백성들이 행복하게 살 수 있는 공간을 마련하는 것처럼 예수님도 왕 (King)으로 존재한다. 예수님은 단순한 사람으로 이 일을 하는 것이 아니요, 그의 인성과 신성으로 '여호와는 구원이시다'라는 뜻을 이루신다(pp. 6-9).

보스는 제3문에서 "그리스도 (Christ)란 이름의 특별한 의미는 무엇인가?"라고 질문하고, 그 답으로 그리스도와 예수의 차이점은 그리스도가 하나의 직책을 명시하는 것이라면, 예수 (Jesus)는 그리스도가 획득한 직책의 효과로부터 기인되었다는 것이라고 설명한다. 그리스도 (Χριστός)는 "기름부음을 받은" (anointed)의 뜻으로 "크리오" (χρίω, anoint)의 동사적 형용사이다. 구약은 대제사장 혹은 제사장이 기름부음을 받는다고 가르친다. 칠십인경 (LXX)은 "기름부음을 받은 제사장" (레 4:3)을 "ὁ ἀρχιερεὺς ὁ κεχρισμένος" (the anointed priest)로 번역하여 제사장이 기름부음 받는다는 사실을 확인한다. 구약은 또한 왕 (king)이 기름부음을 받는다는 것을 확인하고(삼상 2:10, 35), 선지자 (prophet)도 기름부음을 받는다고 명시한다(왕상 19:16). 제사장, 왕, 선지자에게 기름을 붓는 것에는 두 가지 의의가 있다. 기름을 붓는 것은 기름부음을 받는 본인이나 다른 사람을 위해 선언적인 행위이며 또한 기름부음을 받는 사람에게 특정한 직책 (office)을 수행할 수 있는 권한이 있다는 것을 증거하는 것이다. 또 동시에 기름을 붓는 것은 기름부음 받는 사람을 은사들로 무장시켜 직책을 수행하게 하는 것이다. 구약의 선지자들과 제사장들과 왕들은 그리스도의 모형들이며 중보자 (Mediator)가 그의 세 직책을 수행하는데 필요한 기관들 (organs)이다. "기름부음을 받은" (anointed)의 뜻을 가진 그리스도 (Christ)라는 명칭에는 예수 (Jesus)라는 명칭에서와 달리 은혜언약의 멤버들과의 관계가 형성되어 있다(pp. 10-13).

보스는 제4문에서 "예수와 그리스도 이외에 중보자 (Mediator)를 위해 신약의 기록에서 자주 등장하는 어떤 이름이 있는가?"라고 질문하고, 그 답으로 큐리오스 (Κύριος), 즉 주님 (Lord)이라고 제시한다. 큐리오스는 히브리어의 아돗나이 (אֲדֹנָי: Adonai)를 번역한 단어이다. 칠십인경 (LXX)에서 큐리오스는 히브리어의 "야훼" (יהוה)를 번역한 단어이기도 하다. 신약 성경에서 큐리오스는 하나님 (God) 혹은 아버지 하나님 (God the Father)을 가리킬 때 사용된다. 또한 신약 성경에서 큐리오스가 중보자 (Mediator)이신 예수님을 가리킬 때도 사용된다. 여기서 하나의 질문이 제기된다. 큐리오스가 예수님을 가리킬 때 하나님을 뜻하는 것으로 사용되었는지 아니면 다른 의미로 사용되었는지를 밝혀야 한다는 것이다. 예수님이 우리들의 주님 (Κύριος)이시라는 사실이 그가 신성을 가지신 분으로 아버지와 본질적으로 같은 분이라는 이유 때문인가 아니면 그가 신-인(神-人)으로 인성과 신성을 가지신 중보자 (Mediator)로서의 가치 때문인가?라는 질문을 할 수 있다. 그 답은 후자이다. 그리스도가 주님 (Lord)이라 불리는 것은 우선 그가 삼위 하나님의 제2위이기시 때문이 아니요, 우리들의 죄 문제를 해결하신 중보자 (Mediator)이시기 때문이다. 이 사실은 신약 성경의 다른 표현에서 확실해진다. "하나님 곧 우리 주 예수 그리스도의 아버지" (ὁ θεὸς καὶ πατὴρ τοῦ κυρίου Ἰησοῦ Χριστοῦ.)라는 표현은 하나님 아버지가 주님이신 그리스도의 하나님이심을 분명히 한다. 그러므로 큐리오스 (Lord)는 그의 신성을 뜻하지 않고 중보자로서의 가치를 뜻한다. 바울 (Paul) 사도도 같은 뜻으로 "우리에게는 한 하나님 곧 아버지가 계시니"라고 말하고 곧 이어서 "또한 한 주 예수 그리스도께서 계시니"(고전 8:6)라고 표현함으로 "하나님으로서의 실재" (existence as God)와 "주님으로서의 실재" (existence as Lord)를 구별하여 설명했다. 그러므로 "주님" (Κύριος)이라는 이름은 그리스도 (Χριστός)라는 이름과 거의 같은 뜻으로 사용되었다. 하지만 "주님"과 "그리스도"는 완전하게 동일하지 않다. "그리스도"는 중보자로서의 능력을 가지신 그 기원을 회상하게 하고, 그리스도는 하나님의 기름부음을 받았기 때문에 하나님의 주권으로부터 기인되었음을 상기하게 한다. 반면 "예수"는 그리스도의 기원은 고려하지 않고 그리스도와 그의 종들과의 관계를 강조하는 이름이다(pp. 13-14).

보스는 제5문에서 "'하나님의 아들' (Son of God)이란 이름이 중보자이신 그리스도를 가리키는데 사용되었는가? 사용되었다면 어느 성구에 나타나는가?"라고 질문하고, "아들" (Son)은 가장 심오한 의미로 아버지와 아들의 영원한 본질적인 구성 관계에서 이해되어야 한다고 설명한다. 중보자 (Mediator)로서의 사역과 상관없이 삼위 하나님의 존재 (Triune Being) 안에서의 아들이라는 의미이다. 그리스도는 그리스도가 되지 않았을지라도 그는 항상 아들의 신분을 가지고 계신다. 그리스도는 삼위 하나님의 2위로 항상 아들이시다. 또한 그리스도의 아들로서의 존재는 그가 중보자가 되셨기에 의의가 있다. 사실은 그가 아들이셨기에 중보자와 보증 (Surety)으로 오실 수 있었다. 예수님이 보내심을 받고, 기름부음 받고, 복종하게 만들고, 영화롭게 되고, 유업을 받을 수 있게 하는 이 모든 것은 예수님이 아들이시기에 아버지께서 가능하게 만드신 것이다. 아들이 유업을 받게 될 것이기 때문에(시 2편; 삼하 7:14), 하나님은 아들을 미래 신적 통치의 왕 (theocratic king)으로, 중보자 (Mediator)로 부르셨다. 이런 의미에서 "하나님의 아들" (Son of God)은 메시아 (Messiah)와 동의어가 된다(막 14:61). 예수님은 "하나님의 아들"이라는 명칭을 자신에게 적용하고 그의 영원한 아들직과 연계시킴으로 자신이 인간 이상의 존재라는 것을 확실히 한다. 구약은 미래의 메시아-왕 (Messiah-King)을 하나님의 아들로 부른다(삼하 7:14)(pp. 15-17).

보스는 제6문에서 "그리스도가 스스로를 가리켜 '인자' (Son of Man)라고 칭한 이름의 의의가 무엇인가?"라고 질문하고, "인자"라는 이름은 구약 다니엘 7장에서부터 기인한다고 설명한다. 다니엘 (Daniel)은 "내가 또 밤 환상 중에 보니 '인자 같은 이'가 하늘 구름을 타고 와서 옛적부터 항상 계신 이에게 나아가 그 앞으로 인도되매 그에게 권세와 영광과 나라를 주고 모든 백성과 나라들과 다른 언어를 말하는 모든 자들이 그를 섬기게 하였으니 그의 권세는 소멸되지 아니하는 영원한 권세요 그의 나라는 멸망하지 아니할 것이니라"(단 7:13-14)라고 읽는다. 이 말씀은 메시아 (Messiah)를 예고하고 있음이 틀림없다. 메시아는 그가 거칠고 동물과 같은 세상 왕국을 반대하여 하나님의 왕국 안에 존재하게 될 진정한 인류를 대표하기 때문에 "인자" (Son of Man)라고 불린다. 그리스도는 자신을 "인자"로 부름으로 백성들이 메시아를 외형적인 왕으로 인식하려는 잘못된 개념을 바로잡아 주시는 것이다. 또한 동시에 "인자"라는 칭호는 주님의 신성 (the deity of the Lord)을 가리킴이 분명하다. "인자" (ὁ υἱὸς τοῦ ἀνθρώπου)라는 신비적인 용어 때문에 많은 사람이 오해를 할 수 있지만, 주님 (Lord)은 "인자가 세상에서 죄를 사하는 권능이 있는 줄을 너희로 알게 하려 하노라"(마 9:6)라는 말씀이나, "인자는 안식일의 주인이니라"(마 12:8)라는 말씀이나, "인자가 아버지의 영광으로 그 천사들과 함께 오리니 그때에 각 사람이 행한 대로 갚

으리라"(마 16:27)라는 말씀이나, "이 후에 인자가 권능의 우편에 앉아 있는 것과 하늘 구름을 타고 오는 것을 너희가 보리라"(마 26:64)라는 말씀을 통해 주님이 신성 (deity of the Lord)을 가지셨음을 명백히 밝힌다 (pp. 17-18).

보스는 제8문에서 "예수님이 그 이름으로 자주 불리셨으며 또한 예수님도 그 이름을 인정한 다른 이름이 있는가?"라고 질문하고, 그 답으로 보스는 "다윗의 아들" (Son of David)이란 이름을 제시한다. "다윗의 아들"이란 이름은 예수님이 다윗의 혈통에서 태어났다는 것을 지칭한다. 유대인들 사이에서 "다윗의 아들"은 메시아의 칭호로 확정된 명칭이다. 그러나 서기관들이 "다윗의 아들"이라는 개념을 예수님의 메시아적 영광을 제거한 제한된 개념으로만 이해하기 때문에 예수님께서 그들에게 "다윗의 아들"이란 개념은 동시에 "다윗의 주님"이라는 뜻이라고 상기시켜주신다. 그리고 예수님의 왕국은 지상의 다윗의 왕국보다 더 높은 차원의 왕국이라고 상기시켜주신다(p. 19).

· · ·
제3장

제3장은 위격과 본성 (Person and Natures)을 62개의 질문으로 설명한다. 보스는 제1문에서 "이런 다른 이름들을 가지신 결과로 중보자의 위격과 본성에 대해 이미 형성된 개념이 무엇인가?라고 질문하고, 네 가지로 정리한다. 첫째, 그는 진정한 하나님이시다. 이는 예수 (Jesus)라는 이름에 나타나고, 절대 주권을 가지신 주님 (Lord)이라는 이름에 나

타나며, 메시아 (Messiah)와 동등한 뜻을 가진 하나님의 아들 (Son of God)이라는 이름에 나타난다. 둘째, 그는 진정한 사람이시다. 이는 그의 인간 본성에서만 행사할 수 있는 그리스도 (Christ)라는 공적인 이름에 함축되어 있고, "인자" (Son of Man)라는 이름에 함축되어 있다. 셋째, 인성과 신성을 가지신 분으로 그리스도라는 이름에서 분명하듯 그는 세 직책 (three offices)으로 기름부음을 받으셨다. 넷째, 중보자로서의 사역을 실행함에 있어서 그는 비하의 상태 (state of humiliation)와 승귀의 상태 (state of exaltation)를 통과해야만 한다. "주님의 종" (Servant of the Lord)과 "다윗의 아들" (Son of David)이라는 이름이 이를 증거 한다(p. 20). 보스는 제4문에서 "우리가 성경으로부터 중보자 (Mediator)가 진정한 하나님이신 것을 증명할 수 있는가?"라고 질문하고, 그 답으로 아들은 주로 중보자로서 계시되었기 때문에, 중보자로서의 그의 역할을 통해 그의 영원한 아들 되심이 명백하게 드러난다고 설명한다. 대부분의 모든 증거들이 중보자로서의 아들의 신성을 증거 하는데 사용될 수 있다. 아들 자신이 중보자라고 말하는 모든 곳에서 신의 속성인 전능 (omnipotence)과, 편재 (omnipresence)와, 전지 (omniscience)를 자신에게 적용한다. 그리고 중보자는 신적 이름을 자신에게 적용하시고 신적 영광을 스스로 받으신다(p. 27).

보스는 제6문에서 "성경의 자료가 그리스도는 진정한 하나님이시요, 또한 진정한 사람이라고 가르친 사실에 무슨 질문을 할 수 있는가?"라고 질문하고, 두 가지로 정리한다. 첫째, 성경 전반에 걸쳐 피조물 (creature)과 창조주 (Creator)의 차이가 명백히 요구되는데 어떻게 그리스도는 인성 (the human)과 신성 (the divine)으로 구별되어 존재할 수 있는가라고 질문할 수 있다. 둘째, 어떻게 중보자 안에서 인성과 신성의 동시 존재가 두 위격 (two persons)이 아니고 두 중보자 (two mediators)가 아닌 것으로 규정될 수 있는가라고 질문할 수 있다(p.29). 보스는 제7문에서 "우리는 어떻게 그런 문제들을 해결할 수 있는가?"라고 질문하고, 교회는 이단들이 성경을 오해하고 왜곡하는데 대해 확고한 개념으로 대처했음을 밝힌다. 성경의 왜곡이 발생하면 그것을 바로잡으려는 적극적인 노력이 뒤따른다. 우리는 이단이 기독교 진리를 어떻게 왜곡했는지 알지 않으면 정통교회의 교리를 이해하기 힘들다. 그래서 우리는 정통 교리를 적극적으로 알아야 하지만 또한 이단의 잘못을 알아야 올바른 진리를 선명하게 이해할 수 있다(pp. 29-30). 보스는 제9문에서 "중보자에 대한 이단들의 견해를 어떻게 정리할 수 있는가?"라고 질문하고, 이단들의 특징을 간략하게 요약한다. 중보자의 신성 (deity)을 부인하는 에비온주의 (Ebionitism), 중보자의 인성 (humanity)을 부인하는 영지주의 (Gnosticism), 특별히 도케티즘 (Docetism), 중보자의 완전한 신성 (complete deity)을 부인하는 아리안주의 (Arianism), 중보자의 완전한 인성을 부인하는 아폴리나리안주의 (Apollinarism)를 들수 있고, 또한 다른 관점에서 인성과 신성을 철저하게 구분시킴으로 하나됨(단일성)을 왜곡하는 네스토리안주의 (Nestorianism), 인성과 신성을 혼합시켜 제3의 실재를 만드는 모노퍼지티즘 (monophysitism), 그리고 신성이 인성에 들어갔다 나왔다 한다는 케노시스 이론 (the doctrine of kenosis) 등을 정리한다(pp. 30-31). 그리고 보스는 제10문에서 에비온주의, 제11문에서 영지주의, 제15문에서 아리안주의, 제19문에서 네스토리안주의 등의 잘못을 좀 더 자세하게 다룬다. 보스는 이런 이단적 견해들을 다룬 다음 칼세돈 신조를 다룸으로 바른 견해를 제시한다.

보스는 제21문에서 "칼세돈 신조가 어떤 내용인가?"라고 질문한 다음 칼세돈 신조를 여기서 소개한다. 칼세돈 신조 (the Creed of Chalcedon)는 다음과 같다. "우리는 거룩한 선진들을 따라 일치된 마음으로 우리 주 예수 그리스도가 온전하신 하나님이요 온전하신 인간으로 한 분이심을 고백한다. 우리는 그가 진정한 하나님이요 진정한 사람으로 이성적인 영혼과 몸으로 구성되어 있음을 고백한다. 우리는 그의 신성과 관련하여서는 아버지와 한 본질이시며, 그의 인성과 관련하여서는 죄는 없으시되 모든 면에서 우리와 똑같은 한 본질이심을 고백한다. 우리는 그의 신성과 관련하여서는 영세 전에 아버지로부터 나셨고, 마지막 날에 우리와 우리의 구원을 위해 하나님의 어머니이신 동정녀 마리아에게서 나셨음을 고백한다. 우리는 그의 인성과 관련하여서는 한 분이시요, 같은 그리스도, 아들, 주님, 먼저 나신 자로서 두 성품 안에서 혼동 없이, 변화 없이, 구분 없이, 분리 없이 존재하시지만 두 성품의 구별이 연합 때문에 제거되지 않고 각 성품의 특성이 유지된다는 것을 고백한다. 우리는 두 성품이 한 인격 (person)과 본질(실재)에서 일치되며 두 인격으로 구분되지 않고, 그가 말씀이신 하나님이요, 주 예수 그리스도로서 한 분이신 동일한 아들이심과 먼저 나신 자이심을 고백한다. 우리는 상기의 내용을 처음부터 선지자들과 예수 그리스도 자신이 우리에게 가르치셨고 선진들의 믿음의 고백이 우리에게 전해 내려온 것을 고백한다."(pp.37-38).

보스는 제50문에서 "최근에 제시된 소위 비하교리 (Kenosis doctrine)에 무엇이 포함되었는가?"라는 질문을 하고 그 답으로 두 가지를 제시한다. 첫째, 어떤 이는 영원한 말씀 (Logos)이 자신으로부터 모든 것을 빼앗지 않으시고 오로지 상대적이요 신적인 속성들만 박탈하셨다. 따라서 한 본성만 가진 진정한 인간으로서 신-인의 발전의 과정을 가실 수 있었다. 토마시우스 (Thomasius)가 이런 주장의 대표자이다. 둘째, 다른 사람들은 더 나아가 말씀 (the Logos)이 자신으로부터 신으로서의 존재 양식을 박탈하셨을 뿐만 아니라 그의 온전한 신적 존재도 박탈하시고 모든 제약과 함께 인간이 되셨다. 그 이유는 바로 그 시점부터 자신을 완전한 신 (deity)으로 개발시키기 위해서였다. 이와 같은 사상은 게스 (Gess)가 대표적으로 주장하는 것이다(p. 77).

보스는 제51문에서 바로 전에 다룬 제50문에서 설명한 토마시우스의 비하교리에 대해 어떻게 충분히 설명할 수 있는가?라고 묻고, 그 답으로 신의 속성에 관한 토마시우스의 견해를 두 종류로 구별하여 설명한다. 토마시우스는 주장하기를 하나님 안에는 내재적 (immanent)인 속성이 있고, 상대적 (relative)인 속성이 있다고 구별하고, 내재적인 속성은 절대적인 능력, 거룩성, 절대적인 진리와 사랑이며, 예수님은 이런 속성들을 버리실 수 없었다고 주장한다. 그 이유는 이런 내재적 속성을 버리면 예수님은 그의 본질 (essence)을 상실하기 때문이라고 설명한다. 그리고 상대적인 속성은 전능 (omnipotence), 편재 (omnipresence), 전지 (omniscience)가 포함되는데 예수님은 이런 속성들을 비우셨다고 주장한다(pp. 77-78). 왜냐하면 이런 속성들은 세상을 향한 그의 관계를 표현하기 때문이라고 설명한다.

보스는 제52문에서 토마시우스가 가르친 이런 비하의 교리를 어떻게 비평할 수 있는가?라고 질문하고, 그 답으로 토마시우스의 가장 중요한 오류는 하나님의 개념을 범신론적으로 왜곡시키는 것이라고 지적한다. 보스는 토마시우스처럼 내재적 속성과 상대적 속성을 구별하여 하나님께 적용하면 우리는 하나님의 내재적 속성은 본질적인 것이요, 하나님의 상대적 속성은 비본질적인 것이며 임의적인 것으로 선언하는 것이 된다고 설명한다. 그러면 하나님의 본질은 그가 사랑을 소유하시고, 진리를 소유하시며, 능력을 소유하신 것으로만 이해된다. 다른 말로 표현하면, 하나님의 본질에 관한한 하나님은 인간과 다를 바가 없다. 왜냐하면 인간도 이 모든 속성을 소유할 수 있기 때문이라고 설명한다.(pp. 78-79). 보스는 "하나님께서 능력이 있으시고, 거룩하시며, 참 되신다"는 내재적 속성을 인간에게 똑같은 의미로 적용할 수 없다고 설명한다. 하나님은 그 내재적 속성들에서 절대적이지만 인간은 그 속성들을 하나님께 의존한 상태에서만 소유할 수 있다. 토마시우스는 신-인 (God-man)이신 예수님을 오직 외관상으로만 인간 (apparent man)으로 이해한다. 보스는 이처럼 우리가 공유적 속성에 관해서도 하나님과 사람 사이에 제거될 수 없는 차이가 존재한다는 사실을 주장해야 한다고 설명한다(p. 79). 보스는 비하교리의 비평을 정리하면서 비하교리 즉 비하기독론은 영지주의적 (gnostic)이요, 가현설적 (docetic)이며, 비하기독론은 진정한 신성도 유지할 수 없고, 진정한 인성도 이룰 수 없다(p. 79)고 정리한다. 보스는 그리스도이신 하나님은 그의 모든 절대적인 신적 속성을 자신으로부터 비우신 하나님이시요, 그리스도이신 사람은 절대적 사랑과 진리를 가지신 사람이시다. 다른 말로 표현하면 사람이신 그리스도는 우리와 똑같은 본성을 가진 사람이 아니라고 정리한다(pp. 78-80).

참고로 여기서 핫지 (Charles Hodge)가 정리한 토마시우스 (Thoma-
sius)의 견해를 소개하는 것이 유익하리라 사료된다. 토마시우스는 첫
째, 만약 영원한 아들 (the Eternal Son)이 인성을 입으신 후에 신적인 완
전과 특권을 유지한다면, 그는 사람이 되지 않으셨을 뿐만 아니라 그는
자신을 인성과 연합하지도 않은 것이다. 둘째, 만약 성육하신 순간에
그의 신성의 충만함과 완전함이 인성에게 전달되었다면, 그리스도는
인간의 존재를 소유할 수 없었다. 그의 역사적 삶은 실종되었고 그가
우리와 맺은 모든 관계의 결속과 연민은 파괴된다. 셋째, 큰 목적을 가
지고 관찰할 수 있는 유일한 방법은 하나님 자신의 능력을 박탈하는 과
정 (depotentiation)과 자아 제한의 과정을 통해 인간이 되셔야만 하는
것이었다. 즉 그는 자신이 존재의 형체를 입으심으로 시간과 공간의
제한에 굴복하셨으며, 인간 발달의 평범하고 일상적인 과정을 겪으셨
고, 인간의 삶과 죽음에 관한 죄 없는 모든 경험에 참여하신 것이다.
(Charles Hodge, *Systematic Theology*, Vol. II. London: James Clarke & Co.,
1960, p. 434). 핫지는 이렇게 토마시우스의 "비하 교리"를 세 가지로 정
리한다.

· · ·
제4장

제4장은 직책 (Offices)의 문제를 98개의 질문으로 설명한다. 보스는 제
1문에서 대속주가 얼마나 많은 직책들을 그의 본성에서 소유하셨고 지
금도 소유하고 계신가? 라고 묻고, 그의 답으로 "예언자 (prophet)의 직

책, 제사장 (priest)의 직책, 왕 (king)의 직책 셋이다."라고 답을 한다(p. 85). 보스는 제2문에서 "우리가 어떻게 이 세 직책의 구분에 도달할 수 있는가?"라고 질문하고, 그 답으로 보스는 이 구분이 임의적인 것인지 아니면 합리적인 근거가 있는지 묻고 몇 가지로 답을 제시한다. 보스는 첫째, 이 구분은 임의적인 것이 아니다. 보스는 이스라엘 안에 예언자 (prophet), 제사장 (priest), 왕 (king)의 세 직책이 있었는데 이 직책들이 그리스도에게 적용되어 그리스도가 구약의 제도를 모방하도록 한 것이 아니요, 반대로 이 직책들이 이스라엘 안에 설립된 것은 메시아가 이 세 직책들을 차지하도록 하기 위해서라고 설명한다(p. 85). 둘째, 사람이 살아가야만 하는데 필요한 세 영역이 존재한다. 그것들은 진리의 영역, 능력의 영역, 하나님을 향한 도덕적 관계의 영역이다. 보스는 죄로 인해 비정상이 된 이 세 영역을 중보자가 정상으로 회복시켜야 하는데, 진리의 영역에서 중보자는 우리의 예언자이시며, 능력의 영역에서 중보자는 우리의 왕이시며, 하나님과 우리들 사이의 도덕적 관계에서 중보자는 우리의 제사장이시다(p. 86)라고 설명한다. 셋째, 우리는 사람을 세 종류의 관계로 생각할 수 있다. 하나는 하나님으로부터 사람에게로 내려오는 것이요, 또 하나는 사람으로부터 하나님께로 올라가는 것이요, 또 하나는 사람을 그의 환경과 관계하여 생각하는 것이다. 중보자는 예언자로서 우리 앞에 하나님을 위해 서 계시고, 중보자는 제사장으로 하나님 앞에 우리를 위해 서 계시며, 그리고 중보자는 왕으로서 우리들의 환경을 향해 우리들의 유익을 위해 서 계신다(p. 86). 넷째, 믿음에는 세 방면 (sides)이 존재하는데 그것들은 지식 (knowledge), 동의 (assent), 신뢰 (trust)이다. 중보자는 믿음의 지식에 관해서는 우리의 예언자이시고, 믿음의 동의에 관해서는 우리의 왕이 되시며, 믿음의 신뢰(확신)에 관해서는 우리의 제사장이 되신다(p. 86). 다섯째, 성경 자체가 이곳저곳에서 이런 방법으로 중보자의 사역의 다른 요소들을 요약한다. 예를 들면 중보자가 하나님으로부터 우리들에게 온 지혜이시라는 점에서는 그는 우리의 예언자이시고, 우리의 의가 되신다는 점에서는 우리의 제사장이 되시며, 우리의 성화와 구속이 되신다는 점에서는 우리의 왕이 되신다(고전 1:30)(p. 86).

보스는 제6문에서 "우리는 신약성경에서 중보자가 삼중 직책을 가졌다는 사실을 보여줄 수 있는가?"라고 질문하고, 부분적으로 "기름부음 받은"(Anointed)의 뜻을 갖는 그리스도의 이름에서 찾을 수 있다고 설명한다. 곧 부분적으로 직책들이 그에게 명백하게 적용된 사실에서 찾을 수 있다는 것이다(참고, 행 2:22; 계 1:5; 3:14; 요 18:36; 엡 1:7, 20; 골 1:12-20; 빌 2:5-11; 히 7-9)(p. 88). 보스는 제7문에서 "중보자의 삼직(제사장, 선지자, 왕)이 죄의 실재(reality)와 어떻게 관계되는가?"라고 질문하고, 다음과 같이 정리한다. 죄는 마음의 어두움(darkening)이다. 죄는 양심의 죄책(guilt)이다. 죄는 내재적인 부패로서 개인적인 능력이요, 이 세상의 능력(power in the world)이다. 이 죄의 삼중 행위는 중보자의 삼중 직책과 상응된다. 그것은 우리 안에 회복되어야 할 하나님의 형상이 시작될 때 형성되는 것과 상응한다. 이것은 지식(knowledge), 의(righteousness), 그리고 거룩(holiness)으로 각각 직책들의 하나에 속해 있다(p. 88). 보스는 제11문에서 "그리스도의 예언적 직책(prophetic office)은 무엇인가?"라고 질문하고, 그리스도께서 하나님의 권위를 가진 대표자로서 그의 중보자로서의 다른 사역과 연계하여 그의 백성의 구원을 위한 하나님의 뜻을 계시하는 그의 활동이라고 설명한다(p. 91). 보스는 제14문에서 "그리스도의 제사장 직책 (priestly office)은 무엇인가?"라고 질문하고, 그 답으로 하나님 앞에서 희생과 중보를 통해 그에게 속한 모든 사람들을 위해 만족하게 하시는 하나님의 임명과 권한 부여라고 정리한다(p. 94). 보스는 제23문에서 "중보자 (Mediator)의 제사장 사역과 연관하여 전치사 '휘펠' (ὑπέρ)과 '안티' (ἀντί)의 용법에서 무엇을 끌어낼 수 있는가?"라고 질문하고, 다음과 같이 정리한다. "휘펠" (ὑπέρ)이 속격 (genitive)과 함께 사용될 때 일반적인 의미는 "..의 유익을 위해서" (for the benefit of) 혹은 "..을 위해서"이다. 그렇다면 신약성경에서 그리스도의 제사장직과 백성들과의 관계를 설명하기 위해 "휘펠" (ὑπέρ)만이 사용되었을 경우 하나님 앞에서 대속적인 방법 (substitutionary fashion)으로 그의 백성들의 죄책을 청산한 것이 아니요, 단지 그들의 유익을 위해서 무엇인가를 한 것으로만 보일 수 있다. 그러나 "휘펠" (ὑπέρ)외에 "안티" (ἀντί)가 사용되었는데 그 뜻은 항상 "..의 자리에" 혹은 "..를 대신하여" (in the place of)이다(마 20:28; 막 10:45). 분명히 "안티" (ἀντί)는 "휘펠" (ὑπέρ)을 배제하지 않는다. 그리스도가 그에게 속한 백성들을 위해 대속자 (substitute)로 자신을 주신 것은 그들의 유익을 위해서 뿐만 아니요, 그들의 죄책을 짊어지시기 위한 것으로 이해된다. 더구나 여러 곳에서 "휘펠" (ὑπέρ)은 "안티" (ἀντί)의 완벽한 의미로 사용되고 있는 것도 사실이다(참고, 고후 5:20-21; 몬 13; 고후 5:14). 그러므로 그리스도가 제사장으로서 사역한 것은 믿는 자들의 대속적인 보증 (substitutionary Surety)으로 사역한 것이다. 바로 그 이유 때문에 그리스도의 제사장 직책은 하나님 앞에서 행한 것이지 사람을 향하

106

여 한 것이 아니다(p. 100).

보스는 제32문에서 "그리스도의 제사장 직책의 근거는 무엇인가?"라고 질문하고, 그 답으로 첫째, 하나님의 자비로운 동의로 그리스도는 선택된 자들의 죄책을 자신이 책임을 지셨고, 둘째, 중보자 (Mediator) 자신이 믿는 자들의 죄책을 기꺼이 감당하셨다고 설명한다(p. 112). 보스는 제34문에서 "얼마나 많은 뜻으로 우리는 죄책이 그리스도에게 전가된 것을 말할 수 있는가?"라고 질문하고, 다음과 같이 설명한다. 첫째, 하나님의 심판에서 법정적인 의미로 이해할 수 있다. 이 사실은 그리스도가 그에게 속한 백성들을 위해 보증 (suretyship)이 되실 때 평화의 계획 (the counsel of peace)에서 이루어졌다. 그러므로 하나님의 심판에서 그는 그의 백성들의 죄책을 책임지신다. 둘째, 효과적인 의미로 이해할 수 있다. 중보자 (Mediator)가 그의 비하 상태 기간에 겪은 고난의 의미와 그 기간 동안에 하나님이 그를 순종하도록 요구하신 사실은 그리스도에게 그의 백성들의 죄책이 전가 (the imputation of guilt) 되도록 계획된 것이다(p. 112).

보스는 제45문에서 "중보자 (Mediator)가 선택된 자들의 자리에 서 있는 것은 형벌의 죄책만을 없애기 위한 것인가 혹은 그들을 위해 율법을 지키는 것도 하기 위한 것인가?"라고 질문하고, 중보자는 선택된 백성들을 위해 율법도 지키셔야 했는데, 그는 그의 수동적 순종 (passive obedience)도 하셔야 했지만, 능동적 순종 (active obedience) 역시 하셔야 했다고 설명한다(p. 127). 보스는 제46문에서 "수동적 순종이란 용어가 이런 구별 안에서 어떻게 사용되었는가?"라고 질문하고, 수동적 순종은 그리스도가 스스로 아무것도 하지 않고 단순히 받아들였다는 의미로 사용되지 않는다고 설명한다. 곧 그의 고난은 그 자체로 자의적인 활동을 포함한다. 여기 '수동' (passive)이란 용어는 "고통을 참는다" (pain-enduring)는 뜻으로 이해되어야 하는데, 그래서 그리스도의 수동적 순종에 의해 우리는 그리스도가 그의 인성 (His humanity)으로 하나님의 형벌적 의를 만족시키기 위해 고통을 참으시는 모든 고통을 가리킨다고 이해하는 것이다(p. 128). 보스는 제47문에서 "당신은 이 능동적 순종을 어떻게 정의하는가?"라고 질문하고, 능동적 순종은 그리스도가 율법을 완전하게 지키시기 위해 행하신 모든 것이며 영생의 약속이 연계되어 있는 언약의 약정을 지키시는 것이라고(p. 128) 설명한다. 보스는 제50문에서 "수동적 순종이 하나님께 받아들여질 수 있도록 하기 위해 어떤 의미에서 능동적 순종이 필요한가?"라고 질문하고, 그 답을 세 가지로 정리한다. 첫째, 능동적 순종 자체가 하나님의 아들에게는 치욕이다. 인간으로 봐서는 하나님의 율법을 지키는 것은 치욕이 아니다. 왜냐하면 율법을 지키는 것이 피조물의 신분에 합당하기 때문이다. 그러나 그리스도는 다르다. 비록 그리스도가 인성을 가지셨지만 율법을 지키는 것은 그의 위격 (Person)과 관계가 있다. 그 위격은 하나님의 아들의 위격이다. 진정으로 하나님이신 하나님의 아들은 율법을 지켜야 할 대상이 아니요, 그 자신이 모든 율법과 공의의 영원한 근거이시다. 그래서 율법을 주신 자가 율법을 지키는 것은 치욕이다. 둘째, 능동적 순종은 그리스도로 하여금 수동적 순종 안에 있는 다른 사람들을 위한 만족 (satisfaction)을 만들 수 있도록 하는데 필요한 것이다. 셋째, 능동적 순종은 수동적 순종에 양질 (quality)을 제공함으로 수동적 순종이 하나님을 기쁘시게 하는 희생이 되게 한다. 버림받은 사람들은 하나님의 징벌적 의의 심판의 대상이다. 그러므로 그들의 희생은 하나님을 기쁘시게 하는 희생으로 받아들여지지 않는다(히 10:26-27). 하지만 그리스도의 수동적 순종은 그 전체가 하나님을 기쁘게 하는 희생으로 받아들여진다. 그러므로 그리스도의 수동적 순종은 그리스도의 능동적 순종이 있을 때에만 그 효과를 나타낼 수 있다(pp. 130-131).

보스는 제52문에서 "중보자의 능동적 순종 (active obedience)이 그가 대표하는 자들의 구원을 위해 반드시 필요하다는 것을 보일 수 있는가?"라고 질문하고, 그리스도의 능동적 순종이 믿는 자들의 구속을 완성하는데 반드시 필요함을 논리적으로 잘 정리한다. 첫째, 아담 (Adam)이 일정 기간 동안 율법을 완벽하게 지켰다면 그는 상실될 수 없는 영원한 복을 누렸을 것이라는 주장에 모든 사람이 동의 할 것이다. 행위언약 (the covenant of works)이 파괴됨으로 하나님은 이 약속을 폐기하셨다. 그러나 하나님은 그 약속과 조건들을 효과 있게 하시기 위해 시내산 율법 (Sinaitic law)을 새롭게 선포하셨다. 모세 (Moses)는 "너희는 내 규례와 법도를 지키라 사람이 이를 행하면 그로 말미암아 살리라"(레 18:5)라고 말했고, 바울 (Paul)도 "율법으로 말미암는 의를 행하는 사람은 그 의로 살리라"(롬 10:5)라고 말했으며, 또한 "율법을 행하는 자는 그 가운데서 살리라"(갈 3:12)라고 분명히 말했다. 그런데 사람 편에서 이 조건을 성취한다는 것은 생각할 수조차 없는 불가능한 것이다. 그래서 하나님은 인간이 타락한 후 은혜언약을 베푸셔서 똑같은 요구와 약속이 중보자 (Mediator)에 의해 성취될 수 있도록 허락하셨다. 둘째, 하나님의 요구가 단순히 한쪽으로 제쳐놓고 성취되지 않은 채 지속될 수 없다. 언약의 요구는 율법을 완전하게 지키는 것이다. 하나님의 공의 (God's justice)는 사람 안에서 긍정적으로 또 부정적으로 실행에 옮겨져야 하며, 의로운 행위와 형벌적 의로움으로 실행되어야 한다. 만약 하나님이 중보자 (Mediator)의 수동적 순종 (passive obedience)만으로 만족하신다면, 그의 공의를 완전하게 실행하는데 무엇인가 부족한 것이다. 셋째, 이 사실은 그리스도 안에 있는 자들이 죄책과 징벌에서 면제를 받았을 뿐만 아니라 영생 (eternal life)에 이르는 권한을 가졌다는 사실에서 더 분명해진다. 넷째, 성경은 그리스도의 능동적 순종을 여러 곳에서 가르치고 그 필요성을 전제하고 있다. 성경이 성도들을 그리스도와 함께한 상속자 (coheirs with Christ)라는 사실을 가르칠 때 능동적 순종을 언급하고, 성도들이 중보자 (Mediator)의 영광에 참여한다는 사실을 가르칠 때도 능동적 순종을 언급한다(참고, 빌 2:8-9; 행 2:33; 엡 1:3; 5:25-27; 딛 3:5-6; 롬 5:19). 다섯째, 마지막으로 우리는 능동적 순종의 언급을 구약의 희생 제사들에서 찾을 수 있다. 희생 제사들은 형벌적 고난의 모형들일 뿐만 아니라 하나님께 대한 능동적 헌신이라 할 수 있다. 그래서 그리스도는 우리를 위한 제물로, 하나님께 드리는 희생으로 자신을 바쳤으며, '향기로운 제물과 희생제물'로 바치신 것이다(pp. 132-134).

보스는 제54문에서 "수동적 순종과 능동적 순종을 함께 지칭하는 가장 좋은 명칭은 무엇인가?"라고 질문하고, 용어 "만족" (satisfaction)이 수동적 순종과 능동적 순종을 포함하며, "만족"은 둘 다 강조한다고 설명한다(p. 135). 보스는 제63문에서 "그리스도의 만족이 사실상 그 본질에 있어서 '한정적' (particular)이라는 견해를 지지하기 위해 무슨 증거를 제시할 수 있는가?"라고 질문하고, 그 답을 열한 가지로 설명한다.

첫째, 그리스도의 만족(구속 성취)은 정당한 선택의 개념으로부터 나온다. 선택 (election)의 개념이 바르다면, 만족의 개념에서의 보편구원론 (universalism)은 설 자리를 잃는다. 하나님이 한정된 백성 (particular persons)을 선택하셔서 그들을 죄와 사망으로부터 구원하시기로 작정하셨다면, 다른 아무런 이유를 제기할 수 없다. 우리는 여기서 하나님의 평화 계획 (the counsel of peace)이 선택 개념 후에 다루어져야 하는 중요성을 알 수 있다. 하나님의 평화 계획은 중보자 (Mediator)가 성취한 만족 (satisfaction)에 그 근거를 두고 있다. 중보자의 만족 (satisfaction)이 "한정적"이라면, 그 이유는 중보자가 "한정된" 사람들을 위해 보증 (Surety)이 되셨기 때문이다. 그리스도가 평화의 계획에서 누구를 위해 "보증"이 되셨는가? 이 질문에 대한 답은 당연히 아버지께서 그에게 주신 모든 선택된 자들을 위해서라는 것이다. 만약 하나님의 평화의 계획이 한정적인 사람들을 위한 것이 아니라면, 보편구원론을 인정해야 하는 것이다. 그리스도는 한정적으로 선택된 사람들을 위해 "보증"이 되셨다.

둘째, 보스는 알미니안 주의 (Arminianism)와 아미랄드 주의 (Amyraldism)가 하나님의 구원 계획에 합당하지 않은 개념이라고 생각하고 정리한다. (편저자 주: 알미니안 주의 (Arminianism)는 칼빈주의에 반대해서 알미니우스 (Jacobus Arminius: 1560-1609)가 주장한 이론으로 그리스도의 구속이 사람에게 적용되는 것은 사람의 결정에 의한 것이라고 하며 사람의 역할을 강조한다. 알미니안 주의의 주요 교리는 다음과 같다. (1) 하나님의 선택이나 유기는 예상된 신앙 (foreseen faith)이나 불신앙 (unbelief)에 근거하여 정해졌다. (2) 그리스도는 모든 사람들 (all men)을 위해 죽으셨지만 오직 믿는 자만이 구원을 받는다. (3) 인간이 철저하게 타락하였으므로 믿음과 선행을 위해 하나님의 은혜가 필요하다. (4) 하나님의 이 은혜는 거절될 수 있다. (5) 진정으로 중생한 사람이 확실하게 믿음 안에서 견인할 것이라는 이론은 더 연구가 필요하다. 아미랄드 주의 (Amyraldism)는 아미랄드 (Moses Amyrald: 1596-1664)가 주장한 이론이다. 아미랄드는 도르트 회의 (Synod of Dort: 1618-1619)에서 칼빈주의 의제를 강하게 변호한 학자였다. 그런데 아미랄드는 하나님이 모든 사람을 구원하시기로 작정하셨는데 그 조건이 구원받을 믿음을 가진 자만을 위한 것이라고 주장한다. 아미랄드 주의는 하나님이 그의 선택자들에게 믿음을 갖도록 역사하시지 않으면 인간의 지능으로는 구원을 받을 수 없다고 설명한다. 아미랄드 주의를 "가정적 보편구원론" (Hypothetical Universalism)이라고 명명하는데 이는 사실상 혼란스러운 이론이다. 아미랄드는 이러한 불합리한 이론을 "이중 예정론" (double predestination)으로 설명한다. 아미랄드는 하나님이 구원할 대상은 모든 사람이라고 강조하면서, 구원받을 사람도 하나님이 작정해 두셨다는 것이다. 하지만 아미랄드 주의 (Amyraldism)의 주장은 결과적으로 알미니안 주의 (Arminianism)의 주장과 별로 다르지 않다. 그래서 보스 (Vos)는 두 이론을 함께 다루면서 정리하는 것이다.). 알미니안 주의나 아미랄드 주의는 결국 하나님이 구원의 대상에 대해 아무런 범위도 정하시지 않고, 구속을 성취하신 것으로 이해된다. 따라서 알미니안 주의는 물론 아미랄드 주의도 하나님의 구속 성취(만족)가 한정적 (particular)이 아니라는 주장으로 받아들일 수 없는 것이다.

셋째, 여기서 알미니안 주의에 대해 더 이상 말할 필요가 없다. 알미니안 주의는 명백하게 "한정적 선택" (particular election)을 받아들이지 않기 때문이다. 그런데 아미랄드 주의는 중보자 (Mediator)의 보증이 전혀 열매 없이 끝나도록 하는 불일치로 빠지게 하는 이론이다. 아미랄드 주의는 전체 계획이 붕괴되지 않도록 하나님이 한정적 선택이라는 시의적절한 수단을 강구하신 것으로 보완한다. 아미랄드 주의에 따르면 선택 (election)이 하나님의 계획의 완전 실패를 막기 위한 하나님의 최종 노력이 되는 것이다. 그런 일이 가능하다면 모든 확실성은 사라지고 지금도 구원 사역의 결과가 불확실한 것이다.

넷째, 하나님이 그리스도를 주신 것과 그리스도가 자신을 주신 것은 성경에서 최고의 사랑의 행위로 나타난다. 죄인은 바로 그 최고의 사랑으로 다른 모든 것을 그에게 주실 것이라는 사실을 알게 된다. 여기서 최고의 사랑을 개인적으로 (as personal) 이해할 것인지, 아니면 일반적으로 (as general) 이해할 것인지에 대한 질문이 제기된다. 최고의 사랑이 개인적인 본질 (personal nature)은 부족하고 인류를 사랑하는 일반적인 본질 (the nature of general love)만 있다는 견해는 불가능한 것이다. 모든 죄인은 중보자의 은사를 그를 위한 개인적인 것으로 알고 있다. 죄인들은 하나님의 사랑의 존엄 (the majesty of God's love)과 그 사랑의 개인적인 의도 (its personal intent)를 서로 연계시켜 이해한다. 성경도 "이제 내가 육체 가운데 사는 것은 나를 사랑하사 나를 위하여 자기 자신을 버리신 하나님의 아들을 믿는 믿음 안에서 사는 것이라"(갈 2:20, 개역개정)라고 말함으로 이 두 요소를 분명하게 가르친다.

다섯째, 만약 그리스도의 만족(구속 성취)이 같은 의미로 모든 사람들을 위해 획득하신 일반적인 것이라면, 그는 그를 받아들이는 사람들만을 위한 은혜의 주관적인 영향만을 확보한 것이다. 반대로 만약 은혜의 주관적인 영향이 개인적이고 모든 사람들에게 적용되지 않으면서 가치 있는 은혜의 특성을 가진다면, 그리스도는 모든 사람을 위해 획득하지 않은 어떤 것을 어떤 사람들만을 위해 성취하신 것이다. 두 가지 생각은 의심의 여지가 없다. (1) 이 주관적인 은혜는 모든 사람들을 위한 것이 아니요 단지 한정된 사람들만을 위해 확대된 것이다. (2) 주관적인 은혜는 결코 노력해서 얻은 유익이 아니요 오직 성령의 역사의 결과로 나타난 것이다. 성령은 항상 그리스도가 획득하신 선물로 제시된다. 그래서 만족 (satisfaction)의 한정적 본질은 피할 수 없는 것이다.

여섯째, 만약 지금까지 논한 만족의 본질과 만족의 대속적 특성이 옳다고 생각된다면, 그것의 제한적 범위 (limited scope)를 인정할 수밖에 없다. 보증인 (surety)은 그의 사역에 의해 실제로 구속받은 사람들, 즉, 더 이상 하나님의 진노가 그들 위에 머물지 않는 사람들을 위해서만 구속을 이룰 수 있다. 대속 (substitution)은 사람들과의 관계를 포함한다. 대속은 대속해야 할 특별한 사람이 있어야 하는 것처럼, 그가 대속해야 할 특별한 사람이 한 사람이든지 더 많은 사람이든지 마땅히 있어야 한다는 것을 뜻한다. 만약 우리가 인격적인 요소 (personal aspect)를 부인한다면, 법정적인 요소가 생략되고 우리는 성경에서 발견된 것과는 다른 만족의 이론 (theory of satisfaction)을 발명해야 한다. 성경은 법정적인 요소를 탁월하게 강조하고 있다.

일곱째, 모든 잘못된 견해는 기본적으로 이런 결론에 다다른다. 즉,

그리스도의 만족이 어떤 장애물을 제거하는데 제한적이라는 것이다. 달리 표현하면 그리스도는 실제로 모든 사람을 구원한 것이 아니요, 모든 사람이 구원을 얻을 수 있는 가능성만 열어 놓은 것이라는 주장이다. 그래서 그리스도는 구세주 (Savior)로 불려서는 안 되고, 구원을 가능하게 만든 분이라고 해야 한다. 이런 주장은 성경의 명백한 교훈을 정면으로 반대한 것이다. 성경은 인자(예수님)가 "온 것은 잃어버린 자를 찾아 구원하려 함이니라"(눅 19:10)라고 말씀하고, "이 악한 세대에서 우리를 건지시려고 우리 죄를 대속하기 위하여 자기 몸을 주셨으니"(갈 1:4)라고 가르친다. 이런 성경의 명백한 교훈을 인정하지 않고 예수님이 구원의 가능성만 (making savable)을 열어 놓으셨다고 말한다면 구원의 내용이 희생될 수밖에 없는 것이다.

여덟째, 중보자 (Mediator)의 대제사장적 사역은 총체 (whole)이고, 대제사장적 사역의 혜택을 받을 사람들을 위한 목적까지도 포함하여 다른 각 부분들은 서로 분리되지 않는다. 중보자는 일반적으로 모든 사람을 위해 중보하지 않으시고 그의 양 (sheep)만을 위해 중보하신다. 성경은 예수님이 그에게 속한 자들만을 위해 중보하심을 분명히 한다 (요 17:9, 20). 중보자의 중보는 효과를 동반한 확실한 중보이다. 보람 없이 중보하는 제사장은 진정한 제사장이 아니요 단지 탄원자에 지나지 않는다. 제사장의 사역은 흠이 없고, 그리스도가 그의 보좌에서 중보하실 때(슥 6:13), 아버지는 그의 중보를 "항상 들으신다."(요 11:42). 총체적인 대제사장적인 사역은 중보의 대상이 되는 사람의 구원을 확실하게 한다. 이 사실을 가장 합리적으로 설명한 성경 구절이 로마서 8:33-35이다. "누가 능히 하나님께서 택하신 자들을 고발하리요 의롭다 하신 이는 하나님이시니 누가 정죄하리요 죽으실 뿐 아니라 다시 살아나신 이는 그리스도 예수시니 그는 하나님 우편에 계신 자요 우리를 위하여 간구하시는 자시니라 누가 우리를 그리스도의 사랑에서 끊으리요 환난이나 곤고나 박해나 기근이나 적신이나 위험이나 칼이랴"(롬 8:33-35). 예수님의 중보는 희생의 연장선상에서만 가능하다. 다른 면으로 설명하면, 그리스도의 만족(구속 성취)이 보편적이라면 이는 보편적 중보가 뒤따를 수밖에 없다. 왜냐하면 중보 없는 만족, 피 뿌림 없는 희생은 불완전한 사역으로 아무도 유익을 얻지 못한다. 그러므로 중보자의 대제사장적인 사역은 선택받은 한정적인 사람들을 위한 것이요 그의 중보 사역 역시 같은 대상의 사람들일 수밖에 없다.

아홉째, 만약 그리스도의 만족 (the satisfaction of Christ)이 일반적인 범위 (general scope)로 적용된다면, 형벌의 죄책을 보상하는데 불일치가 발생하여 결과가 불확실하게 된다. 이 사실의 과정을 금전 거래로 설명해 보자. 한 사람이 조건이 성취되는 것을 걸고 어떤 사람의 빚을 갚았다. 이 경우 조건이 성취되지 않을 수 있는 불확실성이 남아 있다. 만약 그 조건이 성취되지 않는다면 돈을 빌려준 사람이 지불한 돈을 회수할 수도 있다. 그러나 그리스도가 믿는 자들을 위해 지불하신 죄책에 대한 보상은 확실하고 효과적이어서 이런 불일치가 존재할 수 없다. 하나님의 목적 안에서 대제사장이신 그리스도는 오직 선택된 자들을 위해서만 사역하신다.

열째, 우리 모두는 그리스도의 만족의 범위에 어떤 한정성이 있음을 받아들인다. 우리가 그리스도께서 세상의 죄를 위해 죽으셨다고 말한다면 우리는 "세상" (world)이라는 용어를 넓은 의미로 사용하지 않은 것이다. 모든 사람 (everyone)이라는 용어는 마귀와 귀신을 포함하지 않는다. 그리스도 자신의 말씀을 지키는 모든 사람은 성령을 거역해서 죄를 짓는 사람을 포함하지 않는다. 우리가 이런 점에서 하나님의 목적 (purpose of God)에 제한 (restriction)이 있음을 인정한다면, 원리적으로 선택 (election)에도 제한이 있음을 인정해야 한다. 그리스도의 만족은 성령을 거슬러 죄를 지은 사람들을 위해서도 충분할 수 있지만, 그의 선하시고 기쁘신 주권 안에서 하나님은 그렇게 예정해 두시지 않았다.

열한째, 마지막으로 성경의 여러 구절이 그리스도께서 모든 사람을 위해 죽으신 것이 아니요, 특별한 의미로 한정된 사람들만을 위해 죽으셨음을 분명히 한다. 요한복음 10:15; 11:51-52; 15:13; 에베소서 5:25; 마태복음 1:21을 참고하기 바란다(pp. 139-145).

보스는 제69문에서 "그리스도의 한정적 만족 (particular satisfaction) 이론을 반대하는 사람들이 그리스도가 잃은 자들을 위해서도 죽었다고 증명하기 위해 성경의 어떤 구절들을 사용하는가?"라고 질문하고, 그들은 로마서 14:15과 고린도전서 8:11과 베드로후서 2:1과 히브리서 10:29을 사용한다고 답을 한다(p. 151). 보스는 제70문에서 "실제로 이 구절들이 그들이 추구하는 개념을 가지고 있는가?"라고 질문하고, "아니다"라고 답을 하며 각 구절의 내용을 설명한다. 보스는 로마서 14:15 이 "선택받지 못한 자" (nonelect)에 대해 말하고 있지 않다고 분명히 한다. 바울 사도는 여기서 믿음이 강한 자가 먹는 문제로 믿음이 약한 자를 실족시켜서는 안 된다고 가르치고 있다. 그래서 바울은 "그리스도께서 대신하여 죽으신 형제를 네 음식으로 망하게 하지 말라"(롬 14:15) 라고 명령하는 것이다. 본 구절은 영원한 멸망 (eternal destruction)에 관해 말하고 있는 것이 아니요, 영적 생활의 발전을 방해하는 죄를 언급하는 것이다. 고린도전서 8:11은 믿음이 강한 자가 우상의 집에서 앉아 먹음으로 믿음이 약한 자가 그 장면을 보고 우상의 제물을 먹게 되는 잘못을 범하게 된다는 내용이다. 여기서 명확히 해야할 것은 "그 믿음이 약한 자가 멸망하나니"의 말씀을 어떻게 이해하느냐의 문제이다. 본문의 "그는 그리스도께서 위하여 죽으신 형제라"(고전 8:11)라는 말씀은 약한 자의 양심을 "상하게 하는 것"(고전 8:12)을 뜻하는 것이지, "영원히 멸망 받는 의미"로 사용된 것이 아니다. 베드로후서 2:1은 두 가지로 해석이 가능하다. 첫째 해석은 본문에 사용된 "그들을 사신 주" (τὸν ἀγοράσαντα αὐτοὺς δεσπότης)를 어떻게 해석하느냐에 달려 있다. 본문은 "그러나 백성 가운데 또한 거짓 선지자들이 일어났었나니 이와 같이 너희 중에도 거짓 선생들이 있으리라 그들은 멸망하게 할 이단을 가만히 끌어들여 자기들을 사신 주를 부인하고 임박한 멸망을 스스로 취하는 자들이라"(벧후 2:1)라고 읽는다. 첫째 해석은 본문의 "주"를 "그리스도" (Christ)가 아니요 "아버지 하나님" (God the Father)이라는 것이다. 그리고 "사신" (bought)의 뜻은 우상이나 거짓 교훈으로부터 자유함을 받은 것으로 이해한다. 그래서 거짓 선지자들의 죄는 하나님께서 진리의 빛으로 그들을 그들의 잘못으로부터 구해주셨는데 그들은 거짓 교훈으로 하나님을 부인하는 큰 죄를 범한 것이다. 그러나 둘째 해석이 더 그럴듯한 해석이다. 바울은 여기서 이단들의 관점에서 이야기하고 있다. 이단들은 그리스도가 그들을 위해 죽으셨고 그리스도가 그들을 속량 (ransom)해 주셨다고 주장하는 것이다. 그런데 그들은 그들이 고백하는 바로 그 주님을 부인한 것이다. 그들의 죄는 대단히 큰데 그 이유는 빛과 더 나은 지식에 역행해서 지은 죄이기 때문이요, 그리스도의 교회 공동체 안에서 지은 죄이기 때문이다. 그런 사람들은 쉽게 멸망에 빠지게 된다. 따라서 모든 것이 강제되지 않고 분명하다. 그러므로 우리는, 튜레틴 (Turretin)과 많은 다른 사람들이 주장하는 것처럼, "큐리오스" (κύριος)와 "데스포테스" (δεσπότης)의 차이에 관심을 둘 필요가 없다. 히브리서 10:29은 "하물며 하나님의 아들을 짓밟고 자기를 거룩하게 한 언약의 피를 부정한 것으로 여기고 은혜의 성령을 욕되게 하는 자가 당연히 받을 형벌은 얼마나 더 무겁겠느냐 너희는 생각하라"(히 10:29)라는 말씀이다. 이 말씀 역시 배도자가 된 사람들의 관점에서 이해해야 한다. 그들이 그리스도를 배척한 것은 그들이 처음에는 공개적으로 받아들였던 속량 (ransom)을 배척한 것이다. 이와 같은 행위는 주님을 고백하기 전에 주님을 조롱하는 것보다 더 악하다. 어떤 원리에 따라 살면서 그 원리를 부인하는 것은 그 악함의 정도가 더 크다. 악함이 더 커질수록 처벌도 더 무겁게 되는 것은 당연하다. 이런 경우에 이와 같은 사람들은 아직 회개한 것이 아니요 따라서 그들은 실제로 그리스도에 의해 그들의 죄가 구속된 상태가 아니다. 보스는 이상의 네 구절의 설명을 통해 그리스도의 대속은 보편적인 것이 아니요, 선택된 자들만을 위한 것임을 강조한다(pp. 151-152).

보스는 제91문에서 "그리스도 이외에 다른 사람이 우리를 위해 중보를 할 수 있는가?"라고 질문하고, 단호하게 "아니요"라고 답을 하며 설명을 덧붙인다. 보스는 로마가톨릭 교회 (Roman Catholic Church)가 소위 "성자들" (saints)에게 중보의 권한을 부여한 것은 그들에게 하나님의 속성인 전지 (omniscience)와 편재 (omnipresence)의 속성으로 옷을 입힌 것이나 다름없다고 평가한다. 그리고 보스는 성경이 성도들로 하여금 서로 기도하도록 명령하고, 히브리어의 "기도" (חְתַפַּלֵּל)에 "중보"라는 뜻이 있긴 하지만 이는 어떤 직책의 공식적인 행위를 뜻하지 않고, 서로 동등한 관계에 있는 성도 상호간에 기도하라는 의미라고 설명한다. 한 성도가 다른 성도를 위해 중보기도를 할 수 있지만 자신을 결코 하나님과 사람 사이의 중보자 (Mediator)로 생각해서는 안 된다. 중보자는 오로지 한 분뿐이며 그 만이 우리의 기도를 하나님 앞으로 가져가실 수 있고 다른 어떤 사람도 이 일을 할 수 없다(pp. 173-174). 보스는 제92문에서 "중보자의 중보의 제사장적 직책이 요한복음에 특별히 언급된 성령의 보혜사로서의 사역으로부터 구별되는 것이 무엇인가?"라고 질문하고, 그리스도의 활동과 성령의 활동 모두가 같은 용어로 명시되어 있다고 답을 하며 설명을 덧붙인다(참조, 롬 8:26-27). 바울 사도는 "성령이 말할 수 없는 탄식으로 우리를 위하여 친히 간구하시느니라" (τὸ πνεῦμα ὑπερεντυγχάνει στεναγμοῖς ἀλαλήτοις: 롬 8:26), "성령이 하나님의 뜻대로 성도를 위하여 간구하심이니라" (ὅτι κατὰ θεὸν ἐντυγχάνει ὑπὲρ ἁγίων: 롬 8:27)라고 말함으로 성령이 성도들을 위해 간구 (intercession)하신다는 사실을 분명히 한다. 그러나 그리스도의 활동과 성령의 활동에는 큰 차이가 있다. 성령의 간구는 믿는 자들의 밖에서 발생하는 간구가 아니요, 믿는 자들에 의해 자신들 안에서 형성된 간구이다. 그들은 성령으로 기도를 하거나 혹은 성령이 그들 안에서부터 기도하신다. 구원의 경륜 안에서 성령의 사역은 정확하게 성도들과 동일시되거나 성도들 안에 거하시는 것이다. 그런데 그리스도의 간구는 믿는 자들의 밖에서 일어나며 성도들의 기도와 날카롭게 구분된다. 그러므로 우리는 성령에게 (to the Holy Spirit) 기도하지 않고 그리스도에게 (to Christ) 기도하는 것이며 그리스도에 의해 (by Christ) 기도하지 않고 성령에 의해 (by the Holy Spirit) 기도하는 것이다(p. 174).

보스는 제93문에서 "중보자 (Mediator)의 왕직은 무엇을 뜻하는가?"라고 질문하고, 중보자의 왕직은 하나님을 대신하여 그의 교회를 다스리고 보호하는 그의 공적인 임명과 활동들을 뜻한다고 답을 한다(p. 175). 보스는 제94문에서 "그리스도는 그의 중보자 직책과는 상관없이 이미 왕이셨는가?"라고 질문하고, "그렇다"라고 답을 한 후 설명을 덧붙인다. 신적인 존재의 참여자로 그리스도는 영원부터 하나님에게 속한 모든 창조물을 다스릴 왕의 권한을 가지고 계셨다. 그리스도의 왕권은 그에게 속한 모든 것들을 통해 그의 진정한 신성과 함께 지속된다. 그러나 엄밀한 의미에서 우리는 그리스도의 왕권을 "왕의 직책" (munus regium: kingly office)이라고 말할 수 없다. 직책 (office)은 항상 다른 사람의 이름으로 실행되는 대리적인 권한 (delegated authority)을 전제로 하고 있기 때문이다. 신적인 왕권은 절대적이다. 따라서 우리는 "본질적인 통치" (regnum essentiale: essential rule)에 익숙해져 있고, 그리고 바로 그 옆에 "인격적인 통치" (regnum personale: personal rule)를 위치시키는데 익숙해져 있는 것이다. 그러므로 후자(인격적 통치)는 중보자의 공식적인 왕권을 뜻한다(p. 175).

보스는 제97문에서 "성경이 얼마나 많은 의미로 '천국' (kingdom of heaven)이나 혹은 '하나님 나라' (kingdom of God)라는 표현을 사용하고 있는가?"라고 질문하고, 잘 알려진 바와 같이 "천국" (βασιλεία τῶν οὐρανῶν: kingdom of heaven)이라는 명칭은 마태복음 (Matthew's Gospel)

에 자주 나타난다고 설명한다. 마가복음 (Mark)과 누가복음 (Luke)에서는 "하나님 나라" (βασιλεία τοῦ θεοῦ: kingdom of God)라는 명칭만 사용된다. "하나님 나라"라는 명칭은 요한복음과 바울서신에서도 발견된다. "하늘의" (of heaven)라는 표현은 천국의 기원이 하늘이라는 것과 통치권의 특성도 하늘적임을 가리키는데 사용된다. 왕으로 기름 부음 받은 중보자 (Mediator)는 영원부터 하늘에 계셨고, 하늘로 돌아가셨으며, 하늘이 그의 모든 활동의 중심이다. 이는 왕국의 임함은 그리스도의 임함 (the coming of Christ)과 동등하다는 뜻이다. 중보자는 이전에는 비밀리에 통치권을 가지셨는데 다윗의 후손들을 모형적인 왕들로 세워 그들을 통해 통치했기 때문에 중보자는 미래의 왕 (the future King)으로 알려졌었다. 왕국 (βασιλεία)이란 용어는 세 가지로 이해될 수 있다. 첫째, 왕국은 왕적인 가치 혹은 왕의 지배 (kingship)를 의미한다. 바울 (Paul)이 "그가 모든 통치와 모든 권세와 능력을 멸하시고 나라 (τὴν βασιλείαν)를 아버지 하나님께 바칠 때라"(고전 15:24)라고 말한 내용과 마태 (Matthew)가 "인자가 그 왕권 (ἐν τῇ βασιλείᾳ αὐτοῦ)을 가지고 오는 것을 볼 자들도 있느니라"(마 16:28)라고 말한 내용을 비교하면 왕국과 왕의 지배가 동일함이 분명해진다. 둘째, 왕국은 정당한 의미로 이해하면 광범위한 왕국의 영역 (the kingly realm)을 가지고 있다. 이 뜻은 천국으로 들어간다는 표현과 천국에서 쫓겨난다는 표현에서 드러난다. 셋째, 왕국은 왕국의 백성이 되는 사람들에게 모든 의무 (obliga-tions)와 특권 (privileges)을 제공한다. 그래서 우리가 나라를 소유할 수 있도록 하나님의 나라를 추구해야 한다고 가르친다. 마치 왕국이 보화이고 큰 가치를 소유한 보석인 것처럼 추구해야 한다고 가르친다(p. 180).

제5장

제5장은 신분 (States)의 문제를 71개의 질문으로 정리한다(pp. 183-241). 보스는 제1문에서 "신분이 무엇이며 특별히 중보자의 신분 (the states of the Mediator)을 무슨 의미로 이해해야 하는가?"라고 질문하고, 그 답으로 신분 (state)은 사람이 법정적 권한 앞에서 그 권한과의 관계를 말한다고 설명한 후 이 개념을 정확하게 이해해야 한다고 강조한다. 보스는 비교적 길게 신분과 조건의 개념을 설명한다. 우리는 자주 신분 (state)과 조건 (condition)을 교대로 사용하곤 한다. (Louis Berkhof, *A Summary of Christian Doctrine*, p. 99). 보스는 우리가 신분을 결정하는 심판자와 관계없이 신분을 말할 수 없다고 말한다. 죄 많은 우리의 조건은 우리의 신분을 결정하게 된다. 그러므로 "죄책 (guilt)은 신분이다"라고 말할 수 있고, 근본적인 의미로 이해하면 신분은 "전가된 조건" (imputed condition)이라고 말할 수 있다. 조건이 신분을 만들어 내는 것이다. 하나님이 아담을 순결하게 만드셨을 때 아담은 정직의 신분 (a state of rectitude)이라는 상태 안에 있었다. 아담이 죄를 지었을 때 그는 하나님의 심판으로 죄책의 신분 (a state of guilt)으로 옮겨진 것이다. 그러므로 신분은 조건을 객관화시킨 것이나 다름없다(p. 183). 이처럼 죄책이 신분을 결정하는 것이기 때문에 하나님은 그의 은혜로 한 사람의 신분을 그리스도가 보증 (Surety)이 되신 다른 사람에게 전달될 수 있도록 허락하신 것이다. 이와 같은 전달 행위가 발생하면 신분은 조건으로부터 구분될 뿐만 아니라 신분과 조건은 하나로 일치되지 않는 것이다.

이 경우가 그리스도가 우리들의 보증으로서의 경우이다. 그리스도의 조건과 관련하여서는, 그는 전적으로 완전하고 죄가 없으신 분이시다. 그리스도의 신분과 관련하여서는, 그는 완전하게 죄책이 있고 저주받으신 분이시다. 반대로 그가 하나님에 대해 만족을 이루심으로 얻으신 의의 신분 (the state of righteousness)은 그에게로부터 성도들에게 전달된 것이다. 그러므로 성도들은 비록 죄 많은 조건 (condition) 가운데 존재하지만 그들의 신분 (state)에 관한한 하나님 앞에서 완전히 의로운 자들로 서 있는 것이다(p. 184).

보스는 신분과 조건의 문제를 좀 더 구체적으로 설명한다. 보스는 신분이 조건으로부터 기인되기 때문에 또한 신분은 조건을 산출한다고 말한다(p. 184). 누구든지 하나님 앞에서 죄책의 신분으로 있는 사람은, 그 신분이 제거되지 않는 한, 그는 비참한 조건으로 들어가게 된다. 누구든지 하나님 앞에서 의롭게 된 신분으로 있는 사람은 구원과 영화된 조건으로 들어가게 된다. 이처럼 신분은 비록 조건과 날카롭게 구분되지만 조건처럼 사용되기도 한다. 그리스도는 죄책의 신분에만 국한된다거나 혹은 의의 신분에만 국한된다고 생각할 수 없고 두 신분 모두에게 적용되신 분이다. 보스는 이렇게 비교적 길게 신분과 조건을 설명하고 그리스도의 신분과 조건 그리고 성도들의 신분과 조건을 상세하게 설명한다(pp. 183-184).

보스는 제2문에서 "중보자에게 특별하게 적용된 '신분'을 어떻게 더 설명할 수 있는가?"라고 질문하고, 그 답으로 중보자의 신분 (state)은 그 상응하는 조건 (condition)과 함께 하나님의 공의 앞에 서 있는 신분이라고 설명한다(p. 184). 보스는 제3문에서 중보자의 "비하의 상태를 어떻게 정의하는가?"라고 질문하고, 그 답으로 비하의 상태는 하나님의 공의 앞에서 모든 비참한 조건에 상응하는 것들이 보여주는 것처럼 중보자가 죄책의 신분으로 존재하는 상태라고 정리한다(p. 184). 보스는 제4문에서 중보자의 "승귀의 상태를 어떻게 정의하는가?"라고 질문하고, 그 답으로 승귀의 상태는 하나님의 공의 앞에서 모든 영광의 조건에 상응하는 것들이 보여주는 것처럼 중보자가 의의 신분으로 존재하는 상태라고 정리한다(p. 184).

보스는 제12문에서 "빌립보서 2:7에 언급된 '종의 형체' (μορφὴ δούλου)의 표현에 의도된 의미가 무엇인가?"라고 질문하고 그 답으로 첫째, 하나님의 본질 (essence)을 의미하지 않고, 둘째, 하나님 자신의 신분이나 위치를 의미하지 않으며, 셋째, 그러나 그리스도가 본질이 외형적으로 나타난 다른 사람을 위한 계시된 양식 (mode)의 형체 (form)를 입으셨음을 뜻한다고 정리한다. 빌립보서 2:7 본문은 그리스도가 성육신하시기 전에 하나님의 형체를 소유하셨다고 가르친다. 그리스도가 성육신하시기 전에는 그의 본질 (essence)과 형체 (form)가 완전하게 동일하셨다. 그러나 성육신하심으로 그리스도는 "종의 형체" (μορφὴ δούλου)를 입으셨다. 여기서 종은 종으로서의 사람을 가리키고, 하나님과 대칭되는 형체를 뜻한다. 그리스도는 인간의 본질을 입으심으로, 모든 사람이 복종하는 형체를 소유한 것처럼, 성육신하신 로고스 (the Logos)는 신성을 함께 소유하신 분으로, 그의 형체 (form)가 그의 본질 (essence)과 전적으로 상응하는 것으로 명시할 수 없도록 만드셨다. 이제 그리스도 안에 그의 신적 본질과 동일하지 않은 어떤 것이 존재하게 되었다. 그것이 바로 그의 비하 (humiliation)이다(p. 187). 보스는 제13

문에서 "중보자의 비하의 신분의 단계들은 무엇인가?"라고 질문하고, 그 답으로 학자들의 견해가 일치하지 않음을 지적한 후에 중보자의 비하의 신분의 단계들을 첫째, 출생을 통한 성육신, 둘째, 율법에 복종, 셋째, 죽음의 고난, 넷째, 무덤에 묻히심, 다섯째, 지옥에 내려가심으로 정리한다(p. 187).

보스는 제16문에서 "성육신이 중보자에게는 비하가 아니라고 주장하는 견해는 무엇인가?"라고 질문하고, 중보자에게 성육신은 비하가 아니라고 주장하는 견해는 하나님과 사람이 본질적으로 서로 다르지 않고 유사하다는 범신론 개념 (pantheistic idea)에서부터 나온다고 설명한다. 그러나 반대로 현대 케노시스 교리 (modern kenosis doctrine)는 그 자체로 범신론의 기원을 가지고 있지만 성육신 (incarnation)을 신성 (deity)을 비우는 것으로 설명한다(p. 191). 보스는 제18문에서 "그리스도가 율법에 복종하는 것은 무슨 의미인가?"라고 질문하고, 그리스도는 그의 성육신을 시작으로 모든 수동적 순종 (passive obedience)과 능동적 순종 (active obedience)을 성취하시기 위해 자신을 저주 아래 스스로 내어놓으셨고, 하나님의 율법의 요구에 내어놓으셨다고 설명한다. 율법에 대한 복종은 성육신 후에 시작한 것이 아니요 성육신과 동시에 시작되었다. 그러나 시간 안에서 동시라는 것 (What is simultaneous)은 논리적으로 구별되었다는 뜻일 뿐이다(pp. 191-192).

보스는 제21문에서 "우리들이 죽음에 이르는 순종을 말할 때, 그것은 중보자의 영혼과 몸의 분리만을 의미하는가?"라고 질문하고, 그 답으로 "아니다"라고 하며 설명을 덧붙인다. 이 표현은 시간적인 죽음 (temporal death)뿐만 아니라 영원한 죽음 (eternal death)으로 이해되어야 한다. 그리스도는 죄 때문에 징벌을 위협받는 것을 해결하고 그의 무죄가 이 일을 가능하게 하는 범위에서 충분히 죽음을 감당해야 한다. 죽음의 의미는 세 가지로 설명할 수 있다. 첫째, 죽음은 생명의 근원 (the source of life)을 영혼 (soul)으로부터 분리시켜 영적 죽음이 되게 한다. 그리스도에게는 그런 죽음의 사상은 없다. 왜냐하면 영적 죽음의 조건이 죄가 있다는 조건이기 때문이다. 둘째, 죽음은 생명의 근원을 몸 (body)으로부터 분리시켜 영혼이 더 이상 몸과 유기적인 연결을 할 수 없게 만드는 것이다. 셋째, 죽음은 어떤 호의 (favor)나 영구적인 하나님의 가혹한 진노 (severe wrath of God)를 충분히 인식할 수 없게 만든다. 이것이 영원한 죽음 (eternal death)이요, 그리스도도 이 경험을 한 것으로 믿는다(p. 195). 보스는 제26문에서 "그리스도의 죽음이 그런 방법으로 실행되어야만 한다는 사실이 그리스도 자신의 행동에서 드러나는가?"라고 질문하고, 그 답으로 "그렇다"라고 하며 설명을 덧붙인다. 그리스도는 이런 모든 상황들이 실제 사실로 나타나지 않았고 성례 (sacraments)를 위해 적합하게 되지 않았기 때문에 나의 시간은 아직 도래하지 않았다고 명백하게 설명하셨다. 따라서 그리스도가 어떻게 죽느냐와 언제 죽느냐는 서로 적절한 관계가 있는 것이다. 그는 구체적인 시간 (particular hour)을 가지고 있었다. 십자가의 처형은 그 전에 무슨 일이 있어야 할 것과 무엇이 십자가의 처형에 속해 있는지와 함께 예고된 것이다. 그래서 그리스도가 채찍을 맞는 것(사 50:6; 53:5), 겉옷을 나누고 속옷을 제비 뽑는 것(시 22:18), 십자가상에서 수족의 찔림을 받은 것(시 22:16-17) 등이 예고된 것이다(pp. 200-201).

보스는 제29문에서 "구세주의 죽음으로 그의 신성과 그의 몸 사이에 분리가 있었는가?"라고 질문하고, 그 답으로 "아니다"라고 하며 설명을 덧붙인다. 그의 신성 (His deity)은 분리된 영혼과 매장된 몸과 연합된 상태로 있었다. 그래서 비하의 상태에서 그의 몸에 발생한 것은 중보자 (The Mediator)의 위격에도 적용되는 것이다(p. 204). 보스는 제31문에서 "비하의 마지막 단계인 '지옥에 내려가심' (the descent into hell)에 관해 의견의 일치가 있는가?"라고 질문하고, 그 답으로 "아니다"라고 말한 후 이 문제에 대해 학자들의 견해에 크게 차이가 있다고 말한다. 그리고 보스는 두 가지 점에서 차이가 나타난다고 말하고 두 가지를 설명한다. 첫째, 사도신경 (the Apostles' Creed)에 언급된 대로 "지옥에 내려가심"의 의미가 실제로 중보자가 마귀의 장소, 불택자들의 장소로 내려갔다고 이해하느냐 아니면 그 의미를 덜 실제적으로 이해하느냐의 문제이며, 둘째, 이 문제와 관련하여 "지옥에 내려가심"을 승귀의 상태 (the state of exaltation)에 비견되는 비하의 상태 (the state of humiliation)로 생각하느냐 아니면 "지옥에 내려감"은 비하 후, 승귀 전의 중간기 상태 (intermediate state)로 생각하느냐가 문제이다. 보스는 이렇게 "지옥에 내려가심"을 어떻게 접근하는지에 따라 견해가 달라질 수 있음을 확인한다(p. 205). 보스는 제36문에서 "성경 자체가 '지옥에 내려가는 것'을 가르치는가?"라고 질문하고, 그 답을 "아니다"라고 말한 후 그 내용을 구체적으로 설명한다. 보스는 "지옥에 내려가심" (the descent into hell)의 표현은 에베소서 4:9의 "올라가셨다 하였은즉 땅 아래 낮은 곳으로 내리셨던 것이 아니면 무엇이냐"에서 유추될 수 있다고 말한다. 보스는 에베소서 4:9의 의미를 이해하려면 바로 전에 인용된 시편 68:18(엡 4:8에서 인용)과 비교하지 않으면 안 된다고 설명한다. 보스는 시편 68:18의 여호와가 높은 곳으로 올라가시는 것은 주님의 승천을 표상하며, 여호와가 시온 (Zion)에서부터 내려오셔서 대적과 싸우시는 투쟁은 하나의 표상 (type)으로 그 원형 (antitype)은 중보자께서 죄와 사망과 어두움의 권세와 투쟁하시는 것이다. 여호와가 전리품들을 나누어 주신 것은 그리스도께서 획득하신 선물로 성령의 은사를 교회에 나누어 주신 것을 뜻한다(p. 209). 이 말씀은 중보자께서 영광스런 승리의 열매 없이 하늘에 올라가지 않으셨다는 뜻이다. "올라가셨다"(엡 4:9)는 "땅 아래 낮은 곳으로 내리셨던 것이 아니면 무엇이냐"(엡 4:9)와 연계하여 이해하여야 한다. "올라가신"분이 바로 "하늘 위에 오르신 자니 이는 만물을 충만하게 하시려"(엡 4:10)는 분이다. 중보자가 승천하심으로 소유하신 은사들의 충만은 그의 비하의 깊이에 따라 측정된다. 그가 땅 아래 낮은 곳으로 내려오셨기 때문에 모든 하늘 위로 올라가실 수 있었다. 여기서 우리는 사도가 사용한 "땅 아래 낮은 곳"이 그리스도의 비하를 뜻하고 있음을 알 수 있다. "땅 아래 낮은 곳"은 두 측면이 있다. 보이는 면 (visible side)은 살아 있는 사람들이 걷고 생활하는 곳이요, 보이지 않는 면 (invisible side)은 죽은 자들이 누워있는 무덤이다. 그리스도는 땅의 보이지 않는 낮은 부분까지 내려가셨다. 그는 지옥에 내려가신 것이 아니요, 땅의 낮은 부분인 무덤까지 내려가신 것이다(p. 210). 성경의 어느 곳에서도 중보자가 마귀의 장소, 불택자의 장소, 즉 지옥에 실제로 내려가셨다는 교훈은 없다(pp. 209-211).

보스는 제43문에서 "중보자 (the Mediator)의 승귀가 그의 비하 (His humiliation)에 연계되었다는 것은 무슨 뜻인가?"라고 질문하고, 이 연계는 법적인 결과를 가져오는 연결이라고 답을 한다. 그리스도는 개인으로서의 중보자가 아니요, 그의 백성들의 머리 (the Head of the members)로서 공적인 신분으로서의 중보자이시다. 따라서 그리스도는 그 자신이 그의 공적의 열매들 (the fruits of His merits)을 마땅히 받아야 한다. 그리고 그가 그 자신을 위해 고난 당하지 않았기 때문에 또한 그 자신을 위해 영광 받지 않으셨다(p. 218). 보스는 제47문에서 "그리스도의 승귀가 얼마나 많은 의의를 가지고 있는가?"라고 질문하고, 세 가지로 그 답을 정리한다. 첫째, 그리스도의 승귀는 선포적 (declarative)인 뜻을 가지고 있다. 이 선포적 의의는 모든 단계 (all stages)에서 다 사실이다. 둘째, 그리스도의 승귀는 모본적 (exemplary)인 뜻을 가지고 있다. 이 모본적 의의는 부활과 승천이라는 처음 두 단계에서 나타난다. 그리스도의 승귀는 주님의 몸인 백성들을 위해 앞으로 그들이 어떻게 될 것이라는 본 (example)으로서의 역할을 한다. 셋째, 그리스도의 승귀는 수단이 된다 (instrumental)는 의미를 가지고 있다. 이 수단의 역할은 그것들이 그리스도의 몸의 완전한 영화 (the complete glorification)를 위해 수단으로 사용되기 때문에 모든 단계에서 다 적용된다(p. 220).

보스는 제50문에서 "주님의 부활체의 본질에 관해 어떤 교훈을 더 배울 수 있는가?"라고 질문하고, "배울 수 있다"라고 답하며 설명을 덧붙인다. 바울 사도는 고린도전서 15:42-49에서 모든 부활체의 본질에 대해 말하고 있다. 부활체 (resurrection body)는 "썩지 않고" (ἐν ἀφθαρσίᾳ), "영광스러우며" (ἐν δόξῃ), "강하고" (ἐν δυνάμει) "신령한 것" (πνευμα-τικόν)이다. 여기서는 일차적으로 신자들의 부활체에 대해 언급하지만, 신자들의 부활체는 그리스도의 영광의 몸의 형체(the glorified body of Christ)와 같게 될 것이다(참조, 빌 3:21). 부활체와 대칭이 되는 현재의 몸은 매장될 때 "썩을 것" (ἐν φθορᾷ)이며, "욕된 것" (ἐν ἀτιμίᾳ)이며, "약한 것" (ἐν ἀσθενείᾳ)으로 묘사된다. 그리고 부활체를 묘사하는 네 번째인 "신령한 몸" (σῶμα πνευματικόν)은 매장되기 이전의 생명과 대칭이되는데 그 몸은 성도들의 현재의 몸인 "육의 몸" (σῶμα ψυχικόν)을 가리킨다. "육의 몸이 있은즉 또 영의 몸도 있느니라"(고전 15:44). 바울 사도가 전하고자 하는 의미를 바로 이해하기 위해서는 바울이 제시한 대칭을 눈여겨볼 필요가 있다. 바울은 "신령한 몸" (spiritual body)의 대칭으로 "육체적인 몸" (fleshly body)을 사용하지 않고, "육의 몸" (natural body)을 사용했다. "육체적인 몸"은 소유자에게 죄가 되는 몸이지만, "육의 몸"은 죄의 몸이 아니다. "육체적인 몸"은 그 자체 안에 죽음의 씨 (the seed of death)를 가지고 있다. "육의 몸"은 그 자체로 아직 죽어야 할몸이 아니다. 그래서 "육의 몸"은 죽도록 되어있는 것이다. 이 사건과일치하는 것은 "첫 사람 아담은 생령 (εἰς ψυκὴν ζῶσαν)이 되었다 함과같이 마지막 아담은 살려 주는 영이 되었나니"(고전 15:45)의 말씀처럼"육의 몸" (natural body)은 그 기원이 죄의 등장과 함께 한 것이 아니요, 그 기원 (origin)이 창조 (creation)와 함께 한 것이다. 이 사실의 참조는창세기 2:7인 "여호와 하나님이 땅의 흙으로 사람을 지으시고 생기를 그 코에 불어넣으시니 사람이 생령이 되니라"(창 2:7)의 말씀에서 찾을수 있다. 그러면 명백하게 세 가지 몸이 가능한데 그것들은 "육의 몸" (natural body), "육체적인 몸" (fleshly body), 그리고 "신령한 몸" (spiritual body)이다. "육 (psuchikon)의 몸"은 인간이 죄를 짓자마자 "육체적인 몸"이 된다. "육체적인 몸"은 죽은 자들의 부활 때 "신령한 몸"이 된다.

아직 남아 있는 질문은 바울 사도가 왜 아담 (Adam)이 소유한 몸과 그리스도 (Christ)의 부활의 몸을 "육의" (natural)라는 용어와 "영의" (spiritual)라는 용어를 사용하여 구별시켰느냐는 것이다. "육의 몸"(참고, psychical)은 인간의 영혼으로부터, 즉 프쉬케 (*psuchē*)로부터 그 유기적인 생명을 받는다. 그래서 확실한 생명 (life)을 소유하지만 아직도 불변하거나 변경할 수 없는 생명이 아니요, 항상 영생의 원리인 하나님의 성령의 내주에 의존되어 있는 것이다. 이제 아담 (Adam)이 성실한 상태(타락 이전)에서는 그는 변경할 수 없고 영원한 생명을 그의 몸과 그의 영혼에 조금은 소유하고 있었다. 그런 상태에서 그의 "육의 몸"이 구성되어 있었다. 그리스도 (Christ)도 그의 부활 전에는 같은 "육의 몸"을 소유했고, 그 안에서 죽음의 씨 (the seed of death)를 지니고 다니셨고, 거기에서 "육의 몸"의 모양 (likeness)을 받으신 것이다. 대조적으로, 그의 부활 후에는 예수님의 인성 (human nature)은 주어진 특권으로가 아닌 자기 자신의 소유로 성령의 충만한 생기를 나누어 갖게 된 것이다. 성령은 충만하게 그리스도에게 주어졌고 그 안에 거주하시게 되었다. 이와 관련하여 그리스도의 몸은 흔들리지 않고 썩을 수 없는 생명을 받으신 것이다. 그의 몸은 성령의 능력으로 가득하게 채워졌고 그렇게 하여 몸의 구성에 사용된 물질은 더 높은 질 (higher quality)을 받음으로 물질의 상태로 남아 있긴 하지만 더 이상 "혈과 육" (flesh and blood)으로 불릴 수 없게 되었다. 무형의 몸 (immaterial body)이라는 표현은 형용사와 명사가 잘못 합성된 표현으로 라틴어 (Latin)로 *contradictio in adjecto* (contradiction in the adjective)라고 말할 수 있다. "신령한 몸" (spiritual body)이 가능한 개념이다. "신령한 몸"이 "혈과 육"일 수 없다는 교훈은 "형제들아 내가 이것을 말하노니 혈과 육은 하나님 나라를 이어 받을 수 없고 또한 썩는 것은 썩지 아니하는 것을 유업으로 받지 못하느니라"(고전 15:50)의 말씀이 분명히 한다. 아담 (Adam)의 몸으로 구성된 "혈과 육"은 부패와 파멸의 유혹에 약하지만, 그렇다고 부패의 길을 가야 한다고 말하는 것과는 전혀 다르다. 여기서 "부패할 수 있는 것" (corruptible)은 "더 이상 부패하지 않는 것," 즉 완전히 "부패할 수 없는 것" (incorruptible)과는 상반된 대조이다. 더 나아가 그리스도의 몸의 이 영적인 존재의 결과로 그는 "살려 주는 영" (Life-giving Spirit)이신 것이다(고전 15:45). 그리스도는 영생의 능력을 소유하심으로 다른 사람들에게 생명을 주실 수 있고 신자들의 몸의 부활을 보장하시는 것이다. 아담 (Adam)은 생령 (living soul)이라 불릴 수밖에 없고 다른 사람들에게 생명을 전할 수 없다. 그리스도는 생명을 다른 사람들에게 전할 수 있기 때문에 그는 "살려 주는 영"이신 것이다.

여기서 설명한 것이 바르다는 것은 바울 사도가 "그러나 먼저는 신령한 사람이 아니요 육의 사람이요 그 다음에 신령한 사람이니라"(고전 15:46)라고 더 첨가한 설명에서 나타난다. 하나님의 질서 속에서는 부패할 수 있는 몸이 먼저 오고, 그리고 두 번째로 더 이상 부패의 유혹에 빠지지 않는 몸이 뒤따르는 것이다. 아담 (Adam)은 처음부터 불변의 상태나 영생의 상태로 처해질 수 없었다. 아담은 비록 완전하게 창조되었고, 그런 존재로 있는 것이 잘못된 것이 아니요, 그 안에 어떤 죽음의 원리가 없었지만, 그는 행위언약을 지켜야 하는 조건이 붙어있는 그의 축복의 확증과 완성을 기다려야만 했다. 그가 시험을 통과했더라면 그는 한 사람 (one person) 안에서 첫째와 둘째 아담 (Adam)이 되었을 것이다. 그러나 원리는 분명하다. 육의 사람이 먼저요, 그리고 신령한

133

사람이 뒤따른다. 그런데 아담 (Adam)이 타락함으로 그리스도가 둘째 아담 (the second Adam)으로 들어오신 것이다. 그리고 아담이 망쳐놓은 것을 회복시키는 것 이외에 그는 아담이 실패한 곳에서 영광스럽게 임무를 완성하신 것이다. 그는 조상 (progenitor)이 되셔서 신령한 사람들의 언약의 머리가 되시며, 자연적인 질서 (natural order)의 근거 위에 세워져야만 하는 만물의 가장 높은 질서가 되신다. 그리스도인들은 그들이 창조 (creation) 때에 첫 아담 (Adam)의 형상을 입은 것같이 재창조 (re-creation) 때에 그리스도의 형상 (image)을 입는다. "첫 사람은 땅에서 났으니 흙에 속한 자 (ἐκ γῆς χοϊκός)이거니와 둘째 사람은 하늘에서 나셨느니라"(고전 15:47)의 말씀이 이를 증거한다. 아담의 몸 (Adam's body)이 땅에서 취해져 성령에 의해 아직 "신령한 몸" (spiritual body)으로 만들어지지 않은 만큼 아담의 몸은 땅의 물질의 특질에 참여하고 있다. 이는 자연적으로 변화가 가능한 것이다. 아담의 몸은 외적인 불안한 영향이, 만약 그런 불안한 영향이 있을 경우, 아무런 결과도 얻지 못하는 그런 몸은 아니다. 아담의 몸은 외부적 영향을 받는 몸이다. 그런데 부활하신 구세주 (the resurrected Savior)의 완성된 영화의 상태의 몸은 다르다. 그 몸은 성령의 능력인 하늘의 능력이 영향을 미쳤기 때문에 부패할 수가 없다. 그러므로 둘째 사람 (the second man)은 하늘에서 (ἐκ οὐρανοῦ) 나셨다. 왜냐하면 여기 지상에서는 모든 것이 움직이고 변하기 쉽지만, 하늘은 결코 변할 수 없고 움직일 수 없는 것들의 영역이기 때문이다.

우리들은 여기서 "육의" (ψυχικός)와 "신령한" (πνευματικός)의 대조에 관해 언급한 것과 고린도전서 2:14에서 도덕적 의미로 사용된 프쉬

키코스 (ψυχικός)(unspiritual)를 혼동해서는 안 된다. "육에 속한 사람은 하나님의 성령의 일들을 받지 아니하나니 이는 그것들이 그에게는 어리석게 보임이요"(고전 2:14)의 말씀이 분명한 구분을 해 준다. 여기서 "육에 속한"이라는 개념은 그 자체로 우리가 지금까지 설명한 성경 구절에서는 나타나지 않은 죄 많은 특성 (the characteristic of sinfulness)을 포함하고 있다(pp. 225-228).

보스는 제53문에서 "중보자의 부활에 있어서 능동적인 원인은 누구인가?"라고 질문하고, 일반적으로 중보자의 부활을 고안한 분은 하나님이라고 생각된다고 설명한다. 바울 사도 (the Apostle Paul)는 "아버지의 영광으로 말미암아 그리스도를 죽은 자 가운데서 살리심과 같이"(롬 6:4)라고 말하고, 누가 (Luke)는 "하나님이 죽은 자 가운데서 그를 살리신지라"(행 13:30)라고 기록한다. 에베소서 1:19-20에 의하면 죄인들은 하나님이 그리스도를 죽은 자 가운데서 살리실 때 그리스도에게 작용하신 같은 신적 능력으로 마땅히 거듭나야 한다. 선언적으로 의롭게 하는 행위처럼 중보자의 부활은 위반된 율법을 유지시키시고 회복된 율법을 선포하시는 아버지 하나님의 행위임에 틀림없다. 또한 새로운 생명의 능력으로 가득 찬 그리스도의 인성의 영혼 (the human spirit of Christ)이 그의 몸에 역사하여 중보자 (Mediator)의 몸을 움직이게 하고 살아나게 하셨기 때문에 중보자의 부활이 그리스도의 사역 (work of Christ)이라고 보아도 타당하다. 요한 (John) 사도는 "너희가 이 성전을 헐라 내가 사흘 동안에 일으키리라"(요 2:19)라고 말하고, "나는 버릴 권세도 있고 다시 얻을 권세도 있으니"(요 10:18)라고 말함으로 그리스도가 자신의 부활에 기여할 역할이 있었음을 분명히 한다. 또한 성령 (the

Holy Spirit)이 생명의 사역을 창조의 영역에서는 물론 재창조의 영역에서도 실행하시기 때문에 온전한 영원한 생명을 인성 (human nature)에 부어 넣으시는 일을 하신다. 그러므로 삼위일체 (the divine Trinity) 하나님의 모든 위격이 중보자의 부활의 원인 (cause)이라고 할 수 있다. 바울 사도는 아버지께서 성령을 통하셔서 중보자의 부활을 실행하셨다 (롬 8:11)고 말함으로 성부 (God the Father), 성자(Son of God), 성령 (the Holy Spirit)이 중보자의 부활에 모두 참여하신 것을 밝힌다(pp. 229-230).

보스는 제54문에서 "중보자의 부활이 그의 신성의 증거를 포함하고 있는가?"라고 질문하고, "그렇다"라고 답하며 설명을 덧붙인다. 아버지는 그를 죽은 자 가운데서 부활시키시므로 그의 신성을 포함한 중보자직 (Mediatorship)을 인치신 것이다. 중보자이신 그리스도는 "성결의 영으로는 죽은 자들 가운데서 부활하사 능력으로 하나님의 아들로 선포되신 것이다"(롬 1:4). 보통 사람은 사망에 의해 삼켜지지만 반대로 그리스도는 오히려 사망을 삼키고 사망을 이김으로 그의 신성은 반박할 수 없이 확실한 것이다(p. 230). 보스는 제61문에서 "그리스도의 승귀의 제3의 단계란 무엇인가?"라고 질문하고, 그리스도의 승귀의 제3단계는 하나님 우편에 앉아 계신 존재의 기간을 가리킨다고 설명한다. 좀 더 적극적으로 표현하자면 그리스도의 승귀의 제3단계는 그가 스스로 하나님의 우편을 취하신 단계이다(p. 234). 보스는 제63문에서 "그리스도의 승귀는 하나님이 행사하신 사역인가 혹은 중보자가 스스로 높아지셨는가?"라고 질문하고, 우리는 양쪽 다 옳다고 말할 수 있다고 답을 한다. 아버지 (Father)는 이 위치를 자연적으로 확보하고 계신다. 그리스도에게 양도된 온전한 능력은 공식적인 것이었다. 성경은 아버지가 "그를 오른손으로 높이사 임금과 구주로 삼으셨느니라"(행 5:31)라고 가르친다. 중보자 (Mediator)는 적극적으로 하나님 우편에 앉으셔서 그 능력과 영예를 취하셨다. 그리스도는 언약 (covenant)에 의해 이 승귀를 차지할 수 있게 되었다. 시편 (Psalm)의 "내게 구하라 내가 이방 나라를 네 유업으로 주리니 네 소유가 땅끝까지 이르리로다"(시 2:8)의 말씀이나, 이사야 (Isaiah)의 "그러므로 내가 그에게 존귀한 자와 함께 몫을 받게 하며 강한 자와 함께 탈취한 것을 나누게 하리니 이는 그가 자기 영혼을 버려 사망에 이르게 하며"(사 53:12)라는 말씀이 이를 증언한다(p. 235).

보스는 제65문에서 "하나님의 우편에 앉으셨다'는 표현이 어떤 의도로 사용되었는가?"라고 질문하고, 그 답을 비교적 자세하게 설명한다. 첫째, "하나님 우편"은 비유적 의미로 이해해야지 문자적 의미로 이해해서는 안 된다. 둘째, 하나님의 비유적 말씀은 사람이 일반적으로 생각하는 것 이상의 깊은 의미를 가지고 있다. 사람이 하나님의 형상이라는 점에서 "하나님의 우편"은 하나님 안에 무엇인가 그 뜻이 있음을 시사해 준다. 하나님의 우편이 하나님 안에 모형 (ectype)으로 존재한다(p. 236). 셋째, "우편"은 능력(힘)이 나오는 위치이다. 하나님은 사람이 오른손으로 가장 자연적인 능력을 행사하도록 정하셨다. 그러므로 "하나님 우편에 앉은 것" (sitting at the right hand of God)은 하나님의 신적인 능력과 권세에 가장 가까운 위치에서 그 능력과 권세를 행사할 수 있다는 뜻이다. 그러므로 그리스도가 "하나님 우편에 앉으신 것"은 하나님의 권세와 능력이 그리스도에게 주어졌다는 뜻이다(참조, 사

41:10, 45:1)(p. 236). 넷째, 왕의 탁월성이 그의 능력에 있는 것처럼, 우편은 존귀의 상징이요, 영광의 상징이며, 덕목의 상징이다(참조, 창 48:13; 왕상 2:19; 시 80:17; 전 10:2; 마 20:20-21, 25:34; 엡 1:20-22; 히 1:3-4). 다섯째, "하나님의 우편에 앉았다"는 표현은 특별한 의의를 가지고 있다. "앉아 있는 것"은 "서 있는 것"과 대비된다. 섬기는 사람은 그가 섬기는 사람의 앞에 서 있다(참조, 왕상 10:8, 22:19; 사 6:2; 슥 6:13; 히 1:3, 10:11; 살후 2:4). 여섯째, 대속주가 하나님 우편에 앉으셨다는 것은 왕국의 능력만을 독점적으로 소유했다는 뜻이 아니요, 대속주의 영광스러운 중보(intercession)가 시작된 시점을 가리키는 것이다. 대속주의 승귀의 단계는 능력의 왕국과 제사장적 중재가 서로 침투되기 시작한 것을 가리킨다(참조, 시 110편). 일곱째, 마지막으로 "앉아 있는 것"은 법정적인 의미(judicial significance)를 가지고 있다(참조, 시 9:4; 욜 3:12; 마 19:28). (pp. 236-238). 보스 (Vos)는 이처럼 "하나님 우편"의 의미를 비교적 자세하게 설명하면서 "하나님 우편"은 장소를 가리키지 않고, 영광과 존귀와 능력을 소유하게 되신 것을 비유적으로 사용한 것임을 잘 설명한다. 그런데 성경에는 대속주가 "하나님 우편에 앉으신 것"으로만 묘사되지 않고, "하나님 우편에 서신 것"(행 7:55-56)으로도 묘사되고 있다. 그래서 보스는 이 구절의 의미도 다음 질문에서 설명한다(pp. 235-238).

보스는 제66문에서 스데반 (Stephen)이 "인자가 하나님 우편에 서신 것을 보노라(행 7:56)라고 말했는데 그 의미는 무엇인가?"라고 질문하고, 그 답으로 이 표현은 하나님의 우편에 앉는 것과 전혀 상충되지 않는다고 정리한다. 우리는 성경 어디에서도 부활하신 주님이 움직일 수 없고 변화될 수 없다고 말한 것을 찾을 수 없다. "하나님 우편에 서신 것"은 도우시고, 보호하시고, 영원한 처소로 받아들이기 위해 준비되어 있다는 것을 표현하고 있다(참조, 미 5:3; 시 94:16; 창 19:1)(p. 238). 보스는 제68문에서 "중보자 (Mediator)의 승귀가 그가 하나님 우편에 앉으신 것으로 끝났는가?"라고 질문하고, 그 답으로 "아니요"라고 함으로 끝나지 않았음을 단호하게 말한다. 승귀의 가장 높은 단계는 이 세대에서는 이루어질 수 없고, 단지 세대의 끝 (the end of the ages)에 이루어질 것이다. 그래서 바울 (Paul)은 그리스도께서 "이 세상뿐 아니라 오는 세상에 일컫는 모든 이름 위에 뛰어나게 하시고"(엡 1:21)라고 말한 것이다. 중보자의 승귀는 이 세대의 끝에 마지막 심판을 위해 재림하실 때 가장 높은 경지에 다다를 것이다(p. 239). 보스는 제71문에서 "중보자 (Mediator)의 이 최종 승귀가 그의 양성 모두에 적용이 되는가?"라고 질문하고, 그의 양성 (both natures)이 함께 사역한다고 답한다. 그의 인성에 따라서는 그의 모습이 피조물들에게 인지될 수 있도록 공개적으로 나타난다. 그의 신성에 따라서는 그는 그의 전지 (omniscience)와 전능 (omnipotence)으로 심판의 선언을 하신다. 이와 같은 가장 높고 가장 영광스러운 심판의 행위는 아버지를 대신하여 행하는 공적인 중보 행위로 남아있다. 요한 (John) 사도는 "인자됨으로 말미암아 심판하는 권한을 주셨느니라"(요 5:27)라고 말하고, 누가 (Luke)는 "이는 정하신 사람으로 하여금 천하를 공의로 심판할 날을 작정하시고 이에 그를 죽은 자 가운데서 다시 살리신 것으로 모든 사람에게 믿을만한 증거를 주셨음이니라"(행 17:31)라고 설명한다(p. 241).

제4권

구원론

Geerhardus Vos, "Soteriology," *Reformed Dogmatics*, Vol. 4. Trans. and Ed. by
Richard B. Gaffin, Jr. with Kim Batteau, Harry Boonstra, Annemie Godbehere,
Allan Janssen. Bellingham, WA: Lexham Press, 2015.

제4권은 구원론 (Soteriology)을 다루는데 전체 6장으로 구성되어 있다. 제1장은 구원서정, 제2장은 중생과 소명, 제3장은 회심, 제4장은 믿음, 제5장은 칭의, 제6장은 성화로 구성되어 있다. 구원론에 대한 질문은 전체 274개이다.

• • •
 제1장

제1장은 구원서정 (The Ordo Salutis)을 28개의 질문으로 정리한다. 보스는 제1문에서 "구원의 서정 (order of salvation)이란 표현을 무슨 의미로 이해할 수 있는가?"라는 질문을 하고, 그 답을 설명한다. 보스는 그리스도께서 획득하신 구원에 여러 행위와 단계들이 있는데 선택받은 자가 그것들을 주관적으로 자신의 것으로 적용시키는 것이라고 설명한다. 성경은 구원 (salvation)을 구원하는 행위와 구원 받는 행위의 이중 의미로 사용한다. 구원하는 행위는 구원을 주관적으로 적용하는 것보다 그 범위가 넓다. 구원 받는 행위는 그 범위가 좁고 실제로 구원론 (soteriology)이란 명제로 이해된다. 보스는 여기서 "구원의 서정"에 관

한 기본적인 것을 설명하고 제2문에서 더 자세하게 설명한다(p. 1). 보스는 제2문에서 "구원의 서정이란 용어에 무엇이 더 포함되었는가?라고 질문하고, 그 답으로 그리스도께서 성취하신 구원을 성도들에게 주관적으로 적용하는 것은 단번에 발생하지 않고 임의적으로도 발생하지 않는다고 설명한다. 만약 하나님이 구원을 선택받은 자들에게 단번에 적용한다면 각각의 선택받은 자는 한 순간 영광의 하늘로 들어가야 할 것이다. 즉, 선택 받은 자가 그리스도를 믿으면 그 즉시 하나님 나라로 옮겨져야 한다는 뜻이다. 하나님은 그런 변화가 선택자들의 구원에 발생하지 않도록 계획하셨다. 반면 구원의 적용과 또한 창조의 다른 각 분야에 순서 (order)와 바른 질서 (regularity)가 존재한다. 그래서 성경은 구원 적용의 순서의 차례를 제시하고 있다(롬 8:28-30). 동시에 이 순서는 하나님의 목적이 개인에게 적용되는 가장 좋은 주관적인 적용이지만 축복됨을 갈망하는 피조물의 만족에 제한 받지 않는다. 만약 그렇게 계획하셨다면 순서의 적용이 서서히 적용되는데 문제가 있고 또 하나님의 자녀들이 인내를 배워야 하는 목적이 상실되기 때문에 문제가 있다(pp. 1-2). 보스는 제8문에서 "구원의 서정의 각 단계에 관해 무슨 질문을 할 수 있는가"라고 질문하고 다섯 가지의 질문으로 그 답을 제시한다. 첫째, 하나님의 한정적(선택적)인 행위가 법정적인 행위인가 아니면 주관적인 은혜를 실행하는 행위인가? 둘째, 만약 후자 즉 주관적인 행위를 실행하는 행위라면, 그 행위가 의식의 범위 안에서 일어나는 행위인가, 무의식의 범위에서 일어나는 행위인가? 셋째, 그 행위의 목적이 옛 사람 (old man)을 제거하는 것인가 아니면 새 사람 (new man)의 삶을 가져오는 행위인가? 넷째, 그 행위가 긴 발전의 시작점에서 있으면서 위기를 창출하는 행위인가 아니면 그 행위가 일련의 긴 비슷한 행위들을 포함하는가? 다섯째, 그 행위가 하나님에 의해 직접적으로 실행되는 행위인가 아니면 하나님께서 간접적으로 사역하시는 행위인가? 보스는 구원의 서정을 다룰 때 이런 다섯 가지의 질문을 염두에 두고 접근해야 한다고 설명한다(p. 8).

보스는 제10문에서 "우리가 은혜의 한정적 행위를 다루기 전 일반적으로 어떤 요점들을 다루어야 하는가?"라고 질문하고, 그 답을 네가지로 설명한다. 첫째, 자연의 영역에서 이 은혜의 작용과 성령의 사역의 관계를 다루어야 한다. 둘째, 은혜의 특별한 작용과 일반 은혜 (gratia communis)의 관계를 다루어야 한다. 셋째, 특별한 은혜와 성경의 관계를 다루어야 한다. 넷째, 특별한 은혜와 중보자의 위격 (the person of the Mediator)과 성령의 위격 (the person of the Holy Spirit)의 관계를 다루어야 한다(pp. 10-11). 보스는 제12문에서 "일반 은혜(은총)의 작용과 성령의 특별한 은혜의 관계는 무엇인가?"라고 질문하고, 우리가 일반 은혜와 특별 은혜의 관계를 바로 이해하기 위해서는 자연의 영역 (the sphere of nature)에서 계시의 영역 (the sphere of revelation)으로 옮겨가야 한다고 설명한다. 하나님의 진리의 선포와 성령의 영감은 자연의 범위를 뛰어넘는다. 하지만 진리는 자연적인 형태로 주어진다. 글로쓰인 말씀으로 그 말씀은 자연적인 귀로 들을 수 있고 자연적인 눈으로볼 수 있다. 그러나 진리가 이런 외적인 모양으로 사역하는 것은 진리의 진정한 목적도 아니요 최고의 목적도 아니다. 진리의 진정한 목적은 성령의 초자연적인 사역이 동반할 때에만 이룰 수 있다. 이는 아무도 의심할 수 없다. 중요한 질문은 "어떻게" (how) 이룰 수 있느냐는 것이다. 성령의 역사가 사람에게 단순하게 적용된다면 죄로 가득하고 하나님께 적대적인 영혼은 반대하게 될 것이다. 그런데 성령의 사역은 모든 사람에게 강한 정도로 역사하거나 혹은 약한 정도로 역사하게 된다. 그러면 그것은 오직 선택받은 자만 참여할 수 있는 특별은총(은혜)(special grace)으로부터 날카롭게 구별되게 된다. 그 구별은 용어 자체의 의미에서도 나타나는데 그것은 "특별은총 혹은 한정된 은총"(special or particular grace)에 비교되는 일반 은총(은혜)(common grace)이라고 불린다. 일반은총과 특별은총의 구분을 좀 더 명쾌하게 구별할 필요를 느낀다. 첫째, 일반 은혜(은총)은 인간의 본질에 아무런 변화도 일으키지 못한 반면 특별 은혜(은총)은 인간의 본질에 변화를 일으킨다. 둘째, 일반 은혜는 사람의 양심에 작용하는 진리의 영향을 수용하는데 제한적이다. 일반 은혜는 사람의 의지에 동기를 부여하고 이미 존재하는 성향을 사용하여 설복하는 일을 하지만, 사람 안에 새로운 습관을 창조하지는 못한다. 일반 은혜(은총)은 사람 안에 이미 존재하는 외적인 선(external good)을 발전시킬 수는 있지만 그것으로부터 영적인 선(spiritually good)은 생산할 수가 없다. 일반 은혜는 "외적인 의의 씨"(seed of external righteousness)를 발아시킬 수는 있지만 "중생의 씨"(the seed of regeneration)를 심을 능력은 없다. 셋째, 이런 방법으로 사역하는 일반 은혜는 거절될 수도 있다. 일반 은혜는 개인의 동기를 향해 외부에서 작용하기 때문에, 중생하지 않은 본성은 이 모든 동기들을 무효화 시키고 일반 은혜를 무력하게 만들 가능성이 항상 존재한다. 효과적인 은혜(efficacious grace)는 다르다. 효과적인 은혜는 본질적으로 악한 의지에 동기를 부여하여 선행을 하도록 하지 않고, 본성의 가장 깊은 곳에서부터 본성을 반대하는 방법으로가 아닌 본성을 재창조하는 방법으로 본성을 변형시킨다. 그래서 일반 은혜(은총)는 저항 받을 수 있지만 효과적인 은혜(은총)는 저항 받을 수 없다(pp. 12-13). 보스는 제17문에서 "일반 은혜(은총)의 효과가 오로지 선택받은 자에게만 작용하는 중생시키는 은혜 (regenerating grace)와 전혀 관계가 없는가?"라고 질문하고, "그렇지 않다"라고 답을 함으로 서로 관계가 있음을 인정한다. 어떤 사람이 그가 중생하기 전에 일반 은총으로 진리에 대한 특별한 통찰력을 받았다면, 비록 구원의 방법과는 다르지만 그 열매는 상실되지 않는다. 구원하는 은혜가 우리에게 임할 때 이미 우리 안에 존재하는 "모든 옛것"(all the old)에 새로운 가치를 부여한다. 그래서 중생 후에 옛것은 예전처럼 사역하지 않고 새로운 빛과 온전한 새로운 재질로 바뀌진다. 구원하는 믿음의 지식은 어떤 사람이 중생하기 전에 획득한 역사적 지식과 직결되어 있지만, 믿음 안에서 중생한 사람이 중생하지 않은 사람과 구원하는 믿음의 지식을 아는 방법이 본질적으로 다르다(p. 14).

보스는 제19문에서 "특별 은혜(은총)와 성경의 관계는 무엇인가?"라고 질문하고, 우선 서로 간 밀접한 관계가 있다고 말하며 설명을 덧붙인다. 사람의 본성이 하나님에 대한 지식 없이 그리고 의식적으로 하나님과 관계없이 재창조될 수는 없다. 사람은 합리적인 존재이기 때문에 그의 의식 선상에서 영향을 미칠 은혜의 작용 이외에 마땅히 진리에 대한 객관적 지식이 있어야만 한다. 그 법칙은 하나님의 구원하시는 은혜(은총)는 하나님의 말씀인 성경과 함께 역사하신다는 것이다. 이는 자연 출산과 같다. 하나님은 어린 아이들을 잉태시키고 태어나게 하시는데 빛도 없고, 공기도 없고, 음식도 없는 세상으로 태어나는 것을 허용하시지 않는다. 마찬가지로 하나님은 그들의 의식에 꼭 필요한 내용을 제공할 수 있는 하나님의 말씀 없이 그의 자녀들을 중생시키지 않는다.

이 말은 중생시키는 은혜가 오로지 말씀을 통한 중재로 발생한다는 것을 함축하지 않는다. 그렇게 주장하면 결국 구원하는 은혜(은총) 와 일반 은혜(은총)를 혼동하는 것과 같은 결론에 이르게 된다. 중생 (regeneration)은 말씀 없이 발생하지는 않지만 말씀은 효과적인 원인으로 존재하지 않는다. 공기와 빛과 음식은 어린 아이의 태어남을 위해 꼭 필요한 조건이지만, 아무도 그것들이 아이의 태어남을 위한 충분한 능동적인 원인이라고 주장하지 않는다. 아이는 아버지와 어머니의 역할이 없으면 태어날 수 없다. 하지만 창조주의자들은 부모가 제2의 원인으로서 자녀에게 영혼 (soul)을 준다고 믿지 않는다. 영혼을 창조하는 것은 "자연의 왕국" (the kingdom of nature) 안에서 전능하신 하나님의 특권이다. 영혼을 재창조하는 것은 "은혜의 왕국" (the kingdom of grace)에서 전능하신 하나님의 주권적인 사역이다. 자녀들의 중생을 고려할 때 하나님은 말씀 (Word)으로부터 독립적이라는 사실이 확실하다. 어린 나이에 죽어 천국에 들어간 사람은 하나님의 구원하시는 은혜를 확실히 체험하지만 하나님의 말씀의 직접적인 사역이 있었다고 말할 수 없다(pp. 15-16).

보스는 제26문에서 "특별한 은혜의 사역을 받는 사람들과 그리스도 사이의 결속 (bond)에 어떤 이름을 부여할 수 있는가?"라고 질문하고, 그 답으로 이 결속은 신비적 연합 (mystical union)이라고 말한다. 보스 (Vos)는 이 결속이 신비적 연합이라는 이름을 가진 이유는 그 결속이

의식의 범위 밑에서 이루어지기 때문이다. 그 결속은 교제나 혹은 생각의 교환으로 구성되어 있지 않고 이해할 수 없는 삶의 교제이지만 그 결속은 실재인 것이다(p. 21). 보스는 제27문에서 "일반적으로 그리스도와의 이 연합 (this union with Christ)의 의의는 무엇인가?"라고 질문하고, 그리스도와의 연합은 중보자 (Mediator) 자신이 머리로서 중보자의 영광스러운 몸 (glorious body)을 형성하는 것을 돕는 것이라고 설명한다. 구세주가 중보자로서 성도들의 보증 (surety)이 되셔서 결코 분리될 수 없는 그들과의 교제 안에서 그들과 함께 사는 것은 중보자의 영광이다. 그러나 이런 생각에서 중요한 것은 이 연합이 그리스도를 위해 갖는 의의가 아니라, 믿는 자 안에서 발생한 은혜의 사역을 위한 의미이다. 더 정확히 표현하여 질문하면 "왜 은혜가 그리스도로부터 나오며 그리고 오로지 그리스도와의 연합된 시점부터 죄인들에게 사역하느냐?"라는 문제이다. 이 질문에 대한 답을 하는 과정에서 우리는 대단히 잘못된 개념 (a great misconception)으로부터 보호를 받을 필요가 있다. 많은 사람들은 중보자와의 결속 (the bond with the Mediator)이 하나님께서 그리스도의 공로를 죄인인 개인에게 유익하도록 허용하시는 법률적 근거 (legal basis)라고 제안한다. 논리의 전개는 다음과 같다. 그리스도는 죄를 위해 만족을 이루셨고, 영생을 획득하셨다. 그러나 이 모든 것이 그리스도가 나(신자)의 밖에 존재하는 남 (stranger)으로 계시는 한 나를 도울 수도 없고 나를 위해 유효하지도 않다. 하나님은 중보자가 나에게 남 (stranger)으로 남아 계시는 동안은 중보자가 행하신 것을 근거로 나를 의롭다고 선언하실 수 없다. 그런 의의 선포는 정당할 수가 없다. 그래서 하나님은 그리스도와 내 영혼 사이의 진정한 교제

(real fellowship)가 존재하도록 분명히 하셨다. 하나님은 내 안에 그리스도를 심어주시고, 이제 나의 실제적인 조건(그리스도가 내 안에 계심)과 일치하기 때문에 나를 의롭다고 선포하신다. 진정으로 나는 이 심어주심 (this implanting)에 의해 진정으로 그리스도의 몸 (Christ's body)의 한 멤버가 되었다. 그래서 내가 그 몸의 유기적인 멤버가 되었기 때문에 그 몸의 의가 이제 나에게 전가된 것이다. 그러므로 그리스도와의 연합 (Union with Christ)은 죄인들의 칭의를 위해 긴요한 법률적 근거라고 생각된다.

이런 논리 (this reasoning)는 좋은 것처럼 보이고, 그 논리의 매력 때문에 많은 사람들을 잘못 인도한다. 이 논리가 좋게 보이지만, 이것은 기독교 구원 교리의 근본적인 요소인 "무상 전가에 의한 칭의의 요소" (the element of justification by free imputation)를 왜곡하는 것이다. 칭의는 성경에서 항상 또 어디서나 우리가 의롭게 된 조건의 실제 존재를 근거로 해서가 아니요, 우리의 조건과는 상반되지만 하나님의 은혜로 우신 전가를 근거로 한 하나님의 선포이다. 우리가 불의한 상태에 있는 동안 하나님의 심판은 우리를 사면하신 것이다. 칭의는 역설(패러독스)이다. 그래서 옛날 신학자들은 우리가 죄인으로 있을 때, 신을 부정하는 상태로 있을 때, 우리가 의롭게 되었다는 명제 (proposition)를 바른 것으로 지지한 것이다. 하나님의 칭의는 죄인에 관련해서는 공의의 행위 (act of justice)가 아니요, 은혜의 행위 (act of grace)인 것이다. 그렇다면 만약 우리가 신비적인 연합 (mystical union)을 통해서 그리스도 안에 실존 (being in Christ)하는 것을 근거로 칭의가 이루어진다고 받아들이면, 칭의는 사실상의 실재의 조건을 생각하면서 그것을 단지 선포하는 것에 지나지 않고, 은혜의 요소는 상실되고 마는 것이다.

따라서 의도된 제안은 마땅히 받아들일 수 없고, 어디에 오류가 있는지 찾아내는데 노력을 기울여야 한다. 이런 제안은 하나님의 공의 안에서의 은혜와 죄인의 생활에서의 은혜의 관계를 바꾸어 놓는 것이다. 이 제안은 하나님의 공의 안에서의 은혜 (grace in the justice of God)를 죄인의 생활에서의 은혜 (grace in the life of the sinner)에 의존하게 만드는 것이다. 그렇게 될 수는 없다. 법률적인 관계로 설명하면, 그리스도 (Christ) 안에 있는 것이 먼저요, 바로 그로부터 중보자 (Mediator) 안에 있는 것이 뒤따른다. 신비적 연합 (mystical union)은 내가 하나님 앞에서 의롭게 나타나는 근거가 아니요, 하나님의 칭의로부터 (from God's justification) 나에게 전달된 선물인 것이다. 우리가 달리 논리를 전개하면, 우리는 모르는 사이 원 (circle)을 빙빙 돌고 있는 셈이 되는 것이다. 만약 신비적 연합 (mystical union)에 뒤따르는 모든 은혜의 행위들 (the actions of grace)이 이 연합을 근거로 나의 것이 된다면 다음의 질문은 계속되어야 한다. 즉, 어떤 근거로 내가 신비적 연합에서 그리스도 자신과 공유하게 되는가? 라는 질문이다. 만약 내가 그리스도 안에 있지 않는 한, 어떠한 은혜도 그리스도의 공로를 근거로 해서 나에게 적용될 수 없다는 것이 사실이라면, 어떻게 내가 그리스도 안에 심기어질 (implanted) 가능성이 있는가? 그리스도 안에 "심어지는 것" (This implanting)은 그리스도 안에서의 실존 (being in Christ)을 근거로는 발생할 수 없다. 왜냐하면 "심어지는 것"이 정확하게 그리스도 안에 있도록 만드는 것이기 때문이다. 그래서 우리는 "심어지는 것"이 임박한 칭의를 예상하는 방법으로 발생하는 것이라고 말해야만 한다. 분명한 논리의 원 (circle)은 우리들이 "그리스도 안에 존재하는 것" (being in Christ)을 근거로 칭의를 얻게 되었고, "칭의를 근거" (the basis of justification)로 "그리스도 안에 존재" (being in Christ)하게 되었다는 것이다.

어떤 사람이 중생 (regeneration)은 오로지 믿음 (faith)의 역할이 있을 때 발생할 수 있다고 주장하면, 이는 잘못된 개념 (misconception)에 의존되어 있는 것이다. 왜냐하면 믿음이 먼저 우리를 그리스도에게 연합시키고, 오직 그리스도로부터 중생을 포함한 은혜의 선물들이 오는 것이기 때문이다. 우리들은 단지 믿음이 어디에서부터 나오느냐고 질문할 필요가 있다. 만약 믿음이 그리스도로부터 나온다면 우리는 원리적으로 (성도가 누리는) 모든 주관적인 은혜 (all subjective grace)가 "그리스도 안에 존재하는 것" (being in Him)에 의존되어 있다는 논제를 폐기해야만 한다.

문제의 바른 개념은 다음과 같다. 모든 은혜의 법률적 근거 (the legal basis)는 하나님의 심판에 의해 (신자들이) 그리스도 안에 존재한다고 간주하는데 있다. 하나님의 공의 안에서 이 실제 관계는 죄인이 믿을 때 죄인의 의식에 반영된다. 왜냐하면 죄인은 믿음으로 그 자신 안에는 의로움이 없다는 것을 인정하고, 하나님 앞에서 의롭다고 인정받는 그 의로움은 전가 (imputation)에 의해 그에게 전달되는 것을 인정하기 때문이다. 이제 법정적인 문제와 관련해서는 이런 설명으로 만족할 수 있다. "그리스도와 믿는 자들의 생명 연합" (life-union between Christ and believers)의 효과 없이도, 하나님은 그의 의를 믿는 자들에게 전수하실 수 있다. 그렇게 되면, 전가 (imputation)는 오직 의식 (consciousness) 안에서만 나타나게 된다. 은혜는 신자들의 삶의 깊은 곳에 영향을 미치는 그 인침 (its imprint) 없이 오직 의식에 나타난 은혜로서만 드러날 수 있다. 그러나 하나님은 다른 방법으로 역사하신다. 하나님은 의 (righteousness)가 전수되었고 그리고, 결과적으로, 은혜의 각 은사가 그리스도 때문에 주어졌다는 의식의 승인을 받는데서 머무르지 않으신다. 이 효과를 강화하기 위해 하나님은 모든 은혜가 실제적으로 그리스도로부터 나오도록 만드시고 중보자 (Mediator)와 믿는 자들 (believers) 사이에 생명의 결속 (life-bond)을 설립하신다. 율법적 교제는 필연적인 교제 안에 그 자체를 반영한다. 죄인이 받는 모든 것은 살아계신 그리스도로부터 흘러나온다. 그 결과는 죄인이 그가 그리스도 때문에 모든 것을 받을 것이라는 생각을 알뿐만 아니라 어떻게 모든 것이 그리스도로부터 나오게 되었는지를 삶 가운데서 경험하게 된다. 성도는 중생되었고, 의롭게 되었고, 거룩하게 되었고, 영화롭게 되었지만, 이 모든 것은 중보자 (Mediator)와의 밀접한 결속 안에 있는 것이다.

그러나 하나님은 신자들이 위대한 몸의 멤버로서 이것들에 대한 권한을 가졌다는 환상 (illusion)에 머물러 있게 하시지 않고, 하나님의 이 준비 (this arrangement of God)는 신자들이 개인적으로는 그것들에 대한 권한이 없고, 이 권한은 그리스도에 의해 획득되었으며, 마치 은사들 (gifts)이 그리스도로부터 그에게 전달된 것처럼 그 권한은 하나님의 심판에서 그에게 전달되었음을 계속적으로 상기하도록 돕는다. 그러므로 우리는 정확하게 반대의 결과에 도달하게 되었다. 신비적 연합 (the mystical union)은 무상의 전가 (free imputation)의 개념을 제거하기 위해 결정된 것이 아니요, 올바로 작용하는 이 개념의 기억을 유지하도록 하기 위한 것이다. 만약 은혜의 은사들이 (신비적 연합 없이) 직접 분배된다면, 그것들의 진정한 기원에 대한 의식 (the consciousness of their real origin)은 쉽게 상실되게 될 것이다. 이제 그 가능성은 없어졌다. 그리스도로부터 생명을 받는 것은 순간순간 마다 생명이 그리스도에 의해 획득된 것임을 상기하는 것이다.

기독교인을 위해 올바로 이해된 신비적 연합의 교리 (the doctrine of the unio mystica)는 행위 구원을 반대하는 가장 좋은 보호막이 된다. 신비적 연합은 행위언약 (the covenant of works)을 은혜언약 (the covenant of grace)안에 끌어들여 다시 죄인에게 자신을 위해 어떤 공로를 쌓게 만드는 것은 어리석고 불필요한 것이라는 사실을 보여준다. 모든 자아 공로 개념 (all self-meriting)은 자신의 공로를 세우는 일에 별도의 근원 (separate fountain)이 존재한다는 개념을 받아들인다. 만약 아담 (Adam)이 영생을 위해 공로를 세웠다면, 그는 그 자신 안에 생명의 근원을 가지고 있었을 것이다. 이제 반대로 그 근원이 그리스도 안에 있다면, 아무도 공로가 그리스도 안에 있다는 것을 의심할 수 없을 것이다. 행위 구원의 체계를 가진 로마가톨릭 교회에는 신비적 연합을 위한 자리가 없다(pp. 21-24).

보스 (Vos)는 성도들과 그리스도와의 연합의 의의 문제(제27문)를 길게 설명한다. 그러나 보스의 논리 전개는 독자들이 정신 차리고 읽지 않으면 혼란에 빠질 위험이 있다. 그래서 여기서 본 필자가 간략하게 정리하여 독자들의 이해를 돕고자 한다. 보스는 신자들이 의롭다 인정함을 받는 것이나 은혜의 선물을 소유할 수 있게 된 것은 신자들이 믿음으로 (by faith) 그리스도와 신비적 연합 (mystical union)을 이룬 상태이기 때문에 가능하다고 말한다. 이 신비적 연합 때문에 그리스도의 공로가 성도(죄인)들에게 전수 될 수 있으며, 그리스도가 이루신 영생이 성도들에게 전수 될 수 있게 된 것이다. 그러나 중요한 것은 비록 신자들이 그리스도와 연합되었지만 신자들은 실존적으로 또는 개인적으로 의인이 된 것이 아니요 비록 신자들은 죄가 있지만 하나님이 신비적 연합을 근거로 그리스도의 의와 영생과 모든 은혜의 선물들을 신자들에게 전가 (imputation)시켜 주심으로 신자들이 그 모든 선물들을 받게 되었다는 것이다. 그래서 보스는 하나님의 칭의의 행위는 신자들이 실제로는 죄인들인데 바로 그 죄인들을 의롭다고 인정하시는 행위이기 때문에 하나님의 공의의 행위가 아니요, 은혜의 행위라고 설명하는 것이다. 그래서 신비적 연합 (mystical union)은 하나님의 칭의로부터 (from God's justification) 신자들에게 전달된 하나의 선물이라고 말하는 것이다. 보스가 중생 (regeneration)이 신자들의 믿음 (faith)에 근거하여 생긴다는 이론이 잘못된 개념이라고 말하는 이유는 신자들의 믿음이 신자들을 그리스도와 연합시키고 그 연합으로부터 중생이 신자들에게 선물로 전달되기 때문이다. 신자가 중생되고, 의롭게 되고, 거룩하게 되고, 영화롭게 된 이 모든 것이 신자와 그리스도와의 신비적 연합 때문에 가능한 것이다. 보스는 성도들의 구원과 관련하여 "행위 언약"은 잘못된 교리요 "은혜언약"이 올바른 교리라는 사실도 "신비적 연합"을 적용하면 명백해진다고 설명한다. 보스는 제27문의 "성도들과 그리스도와의 연합의 의의 문제"를 신자들과 그리스도와의 신비적 연합으로 푼다(참조, pp. 21-24).

제2장은 중생과 소명 (Regeneration and Calling)을 38개의 질문으로 설명한다. 보스는 제1문에서 "중생이 무엇인가?"라고 질문하고, 그 답으로 중생은 성령 하나님이 죄 많은 본성 (nature)을 즉시로 재창조하셔서 그리스도의 몸 안에 심어주시는 것이라고 정리한다(p. 29). 보스는 제2문에서 "중생이 법정적인 것인가 아니면 새롭게 창조하는 행위인가?"라고 질문하고 중생은 새롭게 창조하는 행위라고 말한다. 중생으로 조건 (condition)이 변화된 것이 아니요 사람의 신분 (state)이 변화된 것이다(p. 29) 보스는 제3문에서 "중생이 의식의 범위 안에서 발생하는가 아니면 의식의 범위 밖에서 발생하는가?"라고 질문하고, 중생은 의식의 범위 밖에서 발생한다고 답한다. 중생은 의식의 범위 안에서 발생하는 것으로부터 전적으로 독립적이다. 그래서 중생은 의식이 활동하지 않는 곳에서도 효과를 나타낼 수 있다(p. 29). 보스는 제4문에서 "중생이 천천히 진행되는 과정인가 아니면 즉각적인 행위인가?"라고 질문하고, 중생은 즉각적인 행위로 은혜 안에서 긴 발전을 위한 기초가 된다고 설명한다(p. 29). 보스는 제5문에서 "중생은 옛 사람 (the old)을 제거하는데 관심을 갖는가 혹은 새 사람 (the new)을 살리는데 관심을 갖는가?"라고 질문하고, 중생은 둘 다 포함한다고 답을 한다. 그러나 우리는 새 사람을 살리는 것이 더 탁월하다고 올바르게 주장할 수 있다(p. 29). 보스는 제6문에서 "중생은 하나님의 간접적인 행위인가 혹은 직접적인 행위인가?"라고 질문하고, 중생 (regeneration)은 엄밀한 의미에서 직접적인 행위라고 답을 한다. 어떤 도구도 중생의 사역을 위해 동원되지

않았다(p. 30).

보스는 제7문에서 "성경에서 중생 (regeneration)을 어떤 용어로 묘사하는가?"라고 질문하고, 몇 가지로 그 답을 설명한다. 첫째, 첫 번째 용어는 "사람이 거듭난다" (γεννηθῆναι ἄνωθεν)(요 3:3, 7), "물과 성령으로 난다" (γεννηθῆναι ἐξ ὕδατος καὶ πνεύματος)(요 3:5), "성령의 새롭게 하심" (παλιγγενεσία)(딛 3:5), "우리를 거듭나게 하사" (ἀναγεννηθῆναι)(벧전 1:3, 23), "그에게서 난 줄을 알리라" (ἐκ θεοῦ γεννηθῆναι)(요일 2:29; 3:9; 4:7; 5:1, 4, 18) 등이다. (1) "거듭난다" (γεννηθῆναι)라는 용어가 나타나는 곳마다 이 용어는 수동적인 의미로 사용되었다. 문자적으로 이 용어는 "다시 태어났다" (to be generated)는 뜻을 가지고 있다. 이 용어가 수동적인 의미로 사용된 이유는 하나님의 행위를 강조하기 위해서이다. (2) "위로부터 거듭난다" (ἄνωθεν γεννηθῆναι)라는 의미는 마이어 (Meyer)와 다른 사람들이 주장하는 것처럼 장소 개념이 들어 있는 "위로부터 거듭난다"라는 뜻이 아니다. 물론 "아노센" (ἄνωθεν)이라는 용어는 장소성의 뜻을 가지고 있지만 본 문맥은 장소성을 말하고 있지 않다. 문맥은 "위로부터"를 "두 번째"로 바꾸어 설명한다(요 3:4). 니고데모 (Nicodemus)는 "아노센"을 장소로 이해하지 않고, "두 번째" 혹은 "다시"로 이해했다. (3) 중생은 처음 출생의 반복처럼 이해되어야 한다. 자연적인 출생 (In natural birth)은 사람이 그의 아버지와 어머니로부터 부패한 본성을 가진 몸체를 받는다는 것이다. 요한 (John) 사도는 "육으로 난 것은 육이요"(요 3:6)라고 말하고, "혈통으로나 육정으로나 사람의 뜻으로 나지 아니하고"(요 1:13)라고 설명한다. 중생 (In regeneration)은 영적인 본성을 받는다. 자연적인 출생은 영혼의 본질의 창조와 인격체의 형성과 연결되어 있다. 반면 중생은 본질이 다른 것에 의해 제거되거나 교체되지 않고 같은 인격체로서 이전 상태와 똑같이 존재한다. (4) 중생은 "물과 성령으로" (ἐξ ὕδατος καὶ πνεύματος) 출생하는 것이다. 이는 세례 (baptism)를 가리킨다. 성례적인 방법으로 말하자면 물과 성령은 세례를 가리키는 표지 (sign)인 것이다. 세례는 죄를 씻어 깨끗하게 한다는 의미와 순수하고 새로운 것을 심는다는 의미라는 두 가지의 뜻을 가지고 있다. "물"과 "성령"은 하나님의 재창조 사역의 두 국면, 즉 "옛것을 제거하고" "새것을 심는" 두 국면을 의미한다. 에스겔 (Ezekiel)은 "맑은 물을 너희에게 뿌려서 너희로 정결하게 하되 곧 너희 모든 더러운 것에서와 모든 우상 숭배에서 너희를 정결하게 할 것이며 또 새 영을 너희 속에 두고 새 마음을 너희에게 주되 너희 육신에서 굳은 마음을 제거하고 부드러운 마음을 줄 것이며 또 내 영을 너희 속에 두어 너희로 내 율례를 행하게 하리니 너희가 내 규례를 지켜 행할지라"(겔 36:25-27)라고 말함으로 "물"과 "성령"을 대칭시켜 설명한다. 요한복음에서 "물과 성령"(요 3:5)을 사용할 때 정관사를 붙이지 않은 것은 "물"과 "성령"의 일반적인 특징으로 세례를 설명하기 원해서이다. 물 (water)은 깨끗하게 하는 요소요, 성령 (the Spirit)은 생명을 생산하는 분이시다. (5) 디도서 (Titus)에도 같은 개념이 나타난다. 세례는 욕조 (bath)와 같아서 사람이 그 욕조로부터 깨끗하게 되고 새롭게 되어 나타난다. 그래서 중생의 사역은 두 국면, 즉 씻는 것과 새롭게 하는 것의 두 국면을 가지고 있다. 성령은 이를 효과 있게 만드시는 분이시다. 성령은 주 예수 그리스도로 말미암아 우리에게 풍성하게 임하셨다(딛 3:6). 디도가 사용한 "중생" (παλιγγενεσία)은 사람에게 발생한 것에 더 강조를 둔다. 즉 그것은 문자적으로 "중생" (regeneration)을 뜻한다.

따라서 우리는 중생이 (1) 독점적으로 하나님의 행위임과 (2) 본성 (nature)을 새롭게 하는 것임과 (3) 옛 생명을 제거하고 새 생명을 심는 두 국면의 행위임과 (4) 성령께서 이 새 생명을 창조하신 것임과 (5) 성령이 그리스도로부터 그리고 그리스도와 함께 사역하시는 행위임을 믿는다.

둘째, 바울 (Paul)도 여러 가지 용어로 중생을 분명하게 표현한다. 바울은 "할례나 무할례가 아무것도 아니로되 오직 새로 지으심을 받는 것만이 중요하니라"(갈 6:15)의 말씀 중 "새로 지으심" (καινὴ κτίσις)의 표현이나, "그런즉 누구든지 그리스도 안에 있으면 새로운 피조물이라"(고후 5:17)의 말씀 중 "새로운 피조물" (καινὴ κτίσις)이라는 표현이나, "선한 일을 위하여 그리스도 안에서 지으심을 받았다"(엡 2:10)의 말씀 중 "지으심을 받았다"의 표현이나, "그리스도와 함께 살리셨고"(엡 2:5)의 표현이나, "새 생명 가운데서 행하게 하려 함이라"(롬 6:4)의 표현이나, "그리스도 예수 안에 있는 생명의 성령의 법"(롬 8:2)이라는 표현 등은 중생을 설명하는 표현들이다.

여기서도 우리는 같은 결론에 다다른다. (1) 중생은 하나님의 직접적인 사역으로 사람은 완전히 수동적 위치에서 "새로운 피조물" (καινὴ κτίσις)이다. (2) 중생의 효과는 본성 (nature)을 새롭게 하는 것이다. (3) 중생은 두 국면이 있는데 옛 사람 (the old man)을 매장하고 새 사람 (the new man)을 살리는 것이다. (4) 성령이 새로운 생명을 창조하시는 분이시다. (5) 성령께서 그리스도와 함께 중생의 사역을 하신다.

셋째, 우리는 중생이 마음 (heart)을 새롭게 하는 것으로 묘사되는 성구들을 주목할 필요가 있다. "하나님이여 내 속에 정한 마음을 창조하시고 내 안에 정직한 영을 새롭게 하소서"(시 51:10), "내가 그들에게 한 마음을 주고 그 속에 새 영을 주며 그 몸에서 돌 같은 마음을 제거하고 살처럼 부드러운 마음을 주어"(겔 11:19) 와 같은 말씀에서 "마음"이 어떤 의미로 사용되었는지 밝히는 것이 중요하다. 성경적인 의미로 "마음" (heart: καρδία)은 "영혼" (soul: ψυχή)이나 "영" (spirit: πνεῦμα)과 대조적으로 사용된다. 마음은 우리들의 영적인 삶에서 발생하는 모든 방향과 기질 (predisposition)을 나타내는 우리들의 본성 (nature), 즉, 우리들의 존재의 중심을 결정하는 힘의 자리 (the seat of the potency)이다. 그래서 마음은 자아의식보다 더 깊은 것이다. 마음의 의미는 "모든 지킬 만한 것 중에 더욱 네 마음을 지키라 생명의 근원이 이에서 남이니라"(잠 4:23)의 말씀에서 분명해진다. "우리에게 주신 성령으로 말미암아 하나님의 사랑이 우리 마음에 부은 바 됨이니"(롬 5:5)의 말씀과 다음에 열거된 성경 구절들은 "마음"의 의미를 이해하는데 도움을 준다(참조, 롬 5:2; 눅 6:45; 8:15; 16:15; 딤전 1:5; 히 3:12; 10:22; 마 5:8; 15:8; 막 7:21).

이제 중생 (regeneration)의 교리에 있어서 중요한 것은 중생이 마음 (heart)을 새롭게 하는 것이라는 것이다. "수건이 그 마음을 덮었도다" (고후 3:15)의 말씀이나, "우리 마음에 비추셨느니라"(고후 4:6)의 말씀이나, "너희 마음에 떠오르기까지"(벧후 1:19)의 말씀이나, "사람이 마음으로 믿어 의에 이르고"(롬 10:10)의 말씀이나, "주께서 너희 마음을 인도하여 하나님의 사랑과 그리스도의 인내에 들어가게 하시기를 원하노라"(살후 3:5)의 말씀 등은 하나님께서 사람을 새롭게 하시되 사람의 중심에서 주변으로 역사하시고, 마음을 중생시키셔서, 원리적으로 사람

160

의 본성을 뒤집어 놓으심으로 옛 본성 (the old nature)을 대항해서 사역할 수 있도록 만드신다는 것을 가르친다(pp. 30-33).

보스는 제10문에서 "당신이 외적 소명을 어떻게 정의할 수 있는가?"라고 질문하고, 외적 소명 (external calling)은 일반적으로 말씀 선포를 통해 죄인들에게 복음 (the gospel)을 제시하는 것으로 이해할 수 있다고 답을 한다(p. 38). 보스는 제11문에서 "반대로, 내적 소명 혹은 효과적인 소명은 어떻게 정의될 수 있는가?"라고 질문하고, 내적 소명 (internal calling)은 그 자신의 의식 속에서 하나님으로부터 소외된 상태에서 하나님과 교제하는 상태로 선택된 죄인을 옮기는 것으로 이는 외적 말씀의 수단을 통해 성령께서 내적으로 적용하는 것이라고 정리한다(p. 39). 보스는 제12문에서 "우리가 어떻게 내적 소명과 중생을 서로 연결시킬 수 있는가?"라고 질문하고, 세 가지로 정리한다. 첫째, 만약 부르시는 분이 하나님이라고 생각한다면, 중생은 소명의 결과이다. 소명은 부르시는 행위를 뜻하는데 그것은 하나님이 하시는 것이며 죄인을 품으시는 것이다. 둘째, 만약 우리가 부르심을 받았다면, 그것은 중생의 결과 (the effect of regeneration)이다. 우리의 귀가 먼저 중생에 의해 열리고 부르시는 하나님의 음성을 인식할 수 있기 때문이다. 따라서 소명은 부르심 받은 것을 뜻하며 자신이 부르심을 받은 사실을 알게 된다. 셋째, 만약 우리가 이 문제를 전반적으로 생각하면, 우리는 마땅히 소명이 처음부터 끝까지 중생을 포함한다고 생각한다. 소명은 하나님의 의식에 관심을 두느냐 혹은 부르심을 받은 죄인의 의식에 관심을 두느냐에 따라 앞서기도 하고 뒤따르기도 한다. 그리고 앞서고 뒤따르는 것은 엄격하게 시간적인 의미로 이해할 수 없다(p. 39).

보스는 제15문에서 "누가 중생의 저자인가?"라고 질문하고, 세 가지로 답을 한다. 첫째, 중생은 고귀한 방법에 의한 하나님 아버지의 작품이다. 베드로 (Peter)가 "우리 주 예수 그리스도의 아버지 하나님을 찬송하리로다 그의 많으신 긍휼대로 예수 그리스도를 죽은 자 가운데서 부활하게 하심으로 말미암아 우리를 거듭나게 하사 산 소망이 있게 하시며"(벧전 1:3; 참조, 약 1:18; 엡 2:5; 요일 5:1, 4, 18)라고 한 말이 이를 증언한다. 둘째, 아들이 하나의 방법 이상으로 중생과 연계되어 있다. (1) 아들은 (성도가 누리는) 모든 주관적인 은혜 (all subjective grace)를 베푸시는 성령을 확보하셨고 그리고 중생 또한 확보하셨다(롬 5:18). (2) 아들은 신자들이 중생으로 멤버가 된 몸의 머리 (the head)이시다. 아들은 그들 안에 내주하시며 그의 생명을 그들 안에서 표현하신다(갈 2:20). (3) 아들은 신자들이 중생으로 변화된 형상 (the image)이시다. 신자들은 계속적으로 아들의 형상을 입을 것이다(고전 15:49; 갈 4:19). 셋째, 성령은, 그가 일반적으로 그리스도의 신비적 몸 (the mystical body of Christ)을 조직하심과 같이, 아버지와 아들을 위해 죄인의 마음속에 중생을 효과 있게 하시는 분이시다. 보스는 이처럼 중생의 저자가 성부, 성자, 성령 하나님이시라고 정리한다(pp. 40-41).

보스는 제16문에서 "중생이 하나님의 간접적인 행위인가, 직접적인 행위인가? 중생은 어떤 도구(수단)에 의해 오는가, 그렇지 않은가?"라고 질문하고, 하나님은 죄인을 중생시키는데 어떤 종류의 도구 (any kind of instrument)도 사용하시지 않는다고 답한다. 새로운 것을 창조하시는데 어떤 도구도 사용되지 않았다. 하나님은 항상 이미 존재하는 것에 변화를 가하셨다. 외과수술용 도구를 사용하여 몸의 병든 부분을 도려

낼 수는 있지만 어떤 고차원적인 도구도 죽은 몸 (dead body)에 생명 (life)을 제공할 수는 없다(p. 41). 보스는 제22문에서 "베드로전서 1:23 이 말씀이 중생의 도구인 것을 가르치지 않는가?"라고 질문하고, 이런 해석은 진리의 외형만 본 해석이라고 답을 한다. 베드로전서 1:23은 "너희가 거듭난 것은 썩어질 씨로 된 것이 아니요 썩지 아니할 씨로 된 것이니 살아 있고 항상 있는 하나님의 말씀으로 되었느니라" (ἀναγε-γεννημένοι οὐκ ἐκ σπορᾶς φθαρτῆς ἀλλὰ ἀφθάρτου διὰ λόγου ζῶντος θεοῦ καὶ μένοντος)(벧전 1:23)라고 읽는다. 우리는 여기서 구별된 두 가지를 주목하여야 한다. 첫째, "썩지 아니할 씨로부터" (from which: out of)라는 표현과, 둘째, "하나님의 말씀으로 되었느니라" (whereby; through)라는 표현이다. 주목해야 할 부분은 "씨로부터" (from which)가 "말씀으로" (whereby)가 아니라는 점이다. 밭 (field)에 비치는 빛 (light)과 밭을 따뜻하게 하는 햇빛 (sunshine)은 그 밭에 묻혀, 빛과 햇빛의 영향으로 발아하고, 싹을 내는 씨 (seed)가 아니다. 베드로 (Peter)도 햇빛과 씨 (sunshine and seed)를 동일시하지 않는다. 베드로전서 1:3에 의하면 베드로는 죽은 자들로부터의 그리스도의 부활을 중생의 도구적 원인으로 본 것이다. 그러므로 "씨" (seed)는 성령에 의해 우리 안에 심겨진 그리스도로부터 온 생명의 씨인 것이다. 이 씨는 그리스도의 영원히 거하시는 생명을 전수받은 것이기 때문에 불멸의 씨요 부패할 수 없는 것이다. 이런 관점으로 보면 베드로전서 1:23의 말씀은 많이 잘못 사용되었지만 사실 이 성경 구절은 성경말씀을 통해 중생이 발생한다는 것을 지지하지 않는다(p. 44).

보스는 제33문에서 "중생이 사람의 감정적인 생활의 재창조를 하는지 설명할 수 있는가?"라고 질문하고, 그 답으로 성경은 신자들이 그리스도 예수 안에서 말로 표현할 수 없는 영광스러운 즐거움을 가지고 있음을 가르친다고 설명한다(벤전 1:8). 중생을 통해 하나님과 그의 의를 바라고 갈망하는 (hunger and thirst) 한 생명이 존재하게 된다. 바라고 갈망하는 것은 의지 (will)의 경향이 아니라 감정을 동반한 것이다. 자연적인 배고픔과 목마름은 육체적 느낌을 만들어내고, 영적인 배고픔과 목마름은 영적인 느낌을 만들어 낸다(시 42:1-2; 63:1-2). 중생한 사람의 특성으로 영적인 슬픔이 언급된다(마 5:4; 시 34:18; 사 66:2)(p. 51). 보스는 제39문에서 "중생이 거절될 수 있는가, 즉 사람이 중생을 거절하고 없었던 것처럼 만들 수 있는가?"라고 질문하고, 중생은 거절할 수 없다고 답한다. 중생이 거절될 수 없다는 뜻은 중생이 모든 저항보다 더 힘이 있어서 그렇다는 것이 아니요, 저항한다는 생각 자체가 맞지 않는 질문이기 때문이다. 중생은 저항할 수 있는 대상을 붙들고 그 대상을 변화시키기 때문이다(p. 57).

제3장

제3장은 회심 (Conversion)에 관해 18개의 질문으로 설명한다. 보스는 제1문에서 "성경에서 회심의 개념을 위해 사용된 무슨 단어가 있는가?"라고 질문하고, 첫째로 그리고 가장 중요한 용어는 메타노이아 (μετάνοια)라고 답을 한다. 그 단어에게 속한 동사는 메타노에인 (μετανοεῖν)이다. 두 용어 모두 전치사 메타 (μετά)와 명사 누스 (voῦς)로 구성되어 있다.

그러므로 "메타노이아"는 마음 (voûç)의 변화, 개조를 뜻한다. 이제 마음의 뜻이 무엇인지를 확인할 필요가 있다. 마음 (nous)은 라틴어 (Lat-in)로 "알다" (noscere), 영어 (English)로 "알다" (to know), 그리고 헬라어 (Greek)로 "알다" (γινώσκειν)와 관련이 있다. "안다"라는 사실은 이미 우리들의 의식적인 생활 (conscious life)과 관련을 가지고 있다. 회심 (conversion)은 우리들의 의식 속에 발생한 변화이다. 우리가 마음의 개념을 지적으로 그리고 이론적으로 접근하면 좁은 의미에 머무르게 되지만 마음의 뜻은 훨씬 넓다. 마음 (nous)은 양심 (συνείδησις), 도덕적 의식 (moral consciousness)과 동의어이다. 바울 (Paul)은 "그들의 마음 (voûç)과 양심 (συνείδησις)이 더러운지라"(딛 1:15)라고 쓰면서 두 용어를 함께 사용한다. 사람이 그의 마음을 변화시킨다는 것은 단순히 새로운 지식을 얻고, 새로운 개념을 얻고, 새로운 의식의 내용을 얻는 것 이상의 뜻을 가지고 있다. 그의 의식적인 생활의 방향과 질 (quality)이 변화된 것이다. 이전에 그의 모든 사고와 노력이 하나님을 떠나서 움직이고 다른 무엇이 중심 (center)에 서 있었지만, 이제는 완전히 바꾸어져서 하나님 주변에서 그리고 하나님을 위해서 움직인다. 그리고 하나님이 그 중심에 서 계신다. 그러나 회심 (metanoia)은 출발점과 도착점을 강조하지 않고 변화 (change)와 반전 (reversal)을 강조한다.

메타노이아 (회심)라는 용어로 표현된 변화는 더 나아가 첫째로, 지적인 생활 (intellectual life) 즉 이론적인 의식과 관련을 갖는다. 회개하지 않은 의식 (the unconverted consciousness)은 이 세상의 잘못된 개념들에 얽히어 있다. 그런 사람에게는 하나님의 진리 (God's truth)가 최고의 실재가 아니다. 그의 사상의 연속은 하나님 주변으로 움직이지 않는다. 회심 (Conversion)을 통해 그것이 달라진다. 생각하는 것에 관한 한 의식 (consciousness)은 죄 많은 세상적인 독립성을 상실하고 하나님의 지혜에 의존하게 된다. 이런 점에서 회심은 중생자의 믿음과 일치한다. 영적이 된 그의 믿음은 전적으로 하나님의 증거로 향하게 된다. 영적인 믿음의 지식은 넓은 의미로 회심의 표현 (the manifestation of conversion)에 본질적으로 속한다. 믿음은 회심의 한 부분이다. 둘째로, 메타노이아는 결코 지적 의식의 한계에 머물러 있지 않는다. 의지 (will)의 생활의 의식은 회심에 참여한다. 회개하지 않은 의식적인 의지는 하나님을 거역하고 자아를 추구하려는 충동을 가지고 있다. 회개한 사람의 의식적인 의지는 하나님을 향해 적극적인 충동이 있고 자신으로부터는 멀어지려는 충동이 있다. 의지 (the will)가 먼저 하나님으로부터 멀어졌지만 이제는 하나님에게로 회심되었다. 의지가 믿음에 관련하여 이제는 하나님께로 돌아섰다. 참조할 말씀은 "너의 이 악함을 회개하고 주께 기도하라"(행 8:22)의 말씀과 "죽은 행실을 회개함과 하나님께 대한 신앙"(히 6:1)이라는 말씀이다. 셋째로, 회심 (Conversion)은 감정 (emotion)의 생활에도 연장된다. 회개하지 않은 사람을 위해서는 하나님의 영적인 일들이 메마른 사막 (arid desert)이다. 회개한 사람들에게는 그것들이 생생한 즐거움의 근원이 된다. 넷째로, 회심 (메타노이아)은 이 세 요점에서 이전 조건 (former condition)에 대해 의식적인 반대를 포함한다. 회심했다는 것은 지식 (intellect)과 의지 (will)와 감정 (emotion)에 대하여 의식의 한 방향 (one direction of consciousness)으로부터 다른 방향으로 간다는 것을 뜻하지 않는다. 이런 일을 하는데 있어서 동시에 지식, 의지, 감정의 새로운 방향 안에서 이전 방향에 대한 의식적인 반감 (aversion)이 존재한다. 메타노이아는 긍정적인 면과 부정적인 면을 가지고 있다. 새로운 지식은 회개한 사람에게 나타나지만 동시에 그는 그의 옛 지식이 어리석었고 무지했음을 의식으로 알고 있다.

그러므로 회심 (Conversion)은 되돌아보고 바라다본다. 그것들이 기능하는 가운데 하나님을 향해 이제 돌아선 새로운 자격 (new capacity)은 하나님으로부터 멀리 떨어진 이전의 행위들에 대해 의식인 방법으로 되돌아보게 된다. 이것이 회심에서 믿음의 요소 (element of faith)임과 함께 회개의 요소 (element of repentance)이기도 하다. 회개는 깊이 자리 잡은 진정한 지식과 하나님에 대한 이전의 관계에 대해 강한 반감과 적극적인 증오를 포함한다. 바울 (Paul)의 "내가 지금 기뻐함은 너희로 근심하게 한 까닭이 아니요 도리어 너희가 근심함으로 회개함에 이른 까닭이라 너희가 하나님의 뜻대로 근심하게 된 것은 우리에게서 아무 해도 받지 않게 하려 함이라 하나님의 뜻대로 하는 근심은 후회할 것이 없는 구원에 이르게 하는 회개를 이루는 것이요 세상 근심은 사망을 이루는 것이니라"(고후 7:9-10)라는 말씀과 누가 (Luke)의 "만일 하루에 일곱 번이라도 네게 죄를 짓고 일곱 번 네게 돌아와 내가 회개하노라 하거든 너는 용서하라"(눅 17:4)라고 하신 말씀을 참조하라(pp. 58-60).

보스는 제2문에서 "무슨 다른 용어가 성경에서 '회심'을 위해 사용되었는가?"라고 질문하고, 다른 용어는 신약성경의 사도행전 15:3에서 오로지 한 번 나타난 용어인 "에피스트로페" (ἐπιστροφή)라고 답을 한다. 반면에 동사인 "에피스트레페인" (ἐπιστρέφειν)은 훨씬 더 자주 사용되고 "회심한다"라는 뜻을 가진 "메타노에인"(μετανοῖν) 보다 더 넓은 의미로 사용된다. "에피스트레페인"은 의식적인 생활에서 방향의 변화에 강조를 할 뿐만 아니라, 새로운 관계가 이 변화를 통해서 온다는 사실도 강조한다. 그래서 "에피스트레페인"은 "메타노에인"과 함께 사용되기도 한다. 사도행전 3:19은 "너희가 회개하고 (μετανοῖν) 돌이켜 (ἐπιστρέφειν) 너희 죄 없이 함을 받으라"(행 3:19)라고 쓰며 두 용어를 함께 사용한다. "메타노에인"은 가끔 회심 (repentance)만을 위해 사용되지만, "에피스트레페인"은 믿음 (faith)을 포함하여 사용된다. 회개 (metavnoia)와 믿음 (faith)은 함께 언급될 수 있지만, "돌이킴" (ἐπιστρο-φή)과 믿음 (faith)은 함께 사용되지 않는다. "하나님께 대한 회개와 우리 주 예수 그리스도께 때한 믿음을 증언한 것이라"(행 20:21)의 말씀은 "회개"와 "믿음"을 함께 사용한다. 이 두 용어 "돌이킴" (ἐπιστροφή)과 회개 (μετάνοια)가 구별이 되는데 "에피스트로페"는 믿음의 긍정적인 방향에 더 초점을 맞추는가 하면, "메타노이아"는 회개의 회고적 태도에 더 초점을 맞춘다(p. 61).

보스는 제7문에서 "지금까지 발견한 것에 따라 어떻게 회심을 가장 잘 묘사할 수 있는가?"라고 질문하고, 그 답으로 믿음의 능동적인 면과 수동적인 면을 설명한다. 믿음은 능동적인 것인데 하나님께서 중생한 사람을 그의 믿음과 회개를 통해 하나님 자신에게 의식적으로 돌아서게 만드는 행위이다. 믿음은 수동적인 것인데 하나님의 은혜로 중생한 사람이 믿음과 회개를 함으로 의식적으로 하나님께 돌아서는 행위이다(p. 63). 보스는 제8문에서 "회개가 법정적 영역에서 발생하는 것인가 아니면 성질을 재창조하는 은혜의 영역에서 발생하는 것인가?"라고 질문하고, 그 답으로 엄밀하게 말하면 회개는 재창조의 은혜의 영역에 속한다고 말한다. 회개는 사람의 신분 (state)을 변화시키는 것이 아니요, 조건 (condition)을 변화시키는 것이다. 그러나 회개를 통해 죄인이 멸망에 처해 있는 존재라는 인식을 갖게 되며 그로 인해 믿음을 갖게 되고 그런 변화를 통해 칭의에 이르게 된다. 그런 점에서 회개는 법정적 영역에서 발생하는 것과 연관을 가지고 있다(p. 63). 보스는 제9문에서 "회개가 의식의 영역 밖에서 발생하는 은혜의 행위인가 아니면 의식의 영역 안에서 발생하는 은혜의 행위인가?"라고 질문하고, 그 답으로 우리가 회개라는 용어 메타노이아 (metanoia)에서 발견한 것처럼 회개는 의식의 영역 밖에서 발생하지 않고 의식의 영역 안에서 발생한다고 설명한다. 물론 삶의 새로운 원리로부터 의식적인 행위로 전환하는데 전환기가 있다. 그러므로 회개의 처음 시작은 의식의 영역 밖에서 시작한다. 그러나 하나님의 전체 사역으로서 회개는 사람의 의식에 반영된다(p. 63).

보스는 제12문에서 "회심 (conversion)이 전적으로 하나님의 사역인가, 혹은 사람도 회심에 적극적인가?"라고 질문하고, 회심의 경우, 사람은 그 자신이 돌아서도록 즉, 의식적으로 죄로부터 돌아서고 하나님을 향해 돌아서도록 하나님의 은혜에 의해 빚어지는 대상이라고 답을 한다. 그러나 여기서 능동적인 사람은 중생한 사람이지 옛사람이거나 자연인이 아니라고 덧붙인다. 보스 (Vos)는 회심에서 하나님의 역할도 있고 또 사람의 역할도 있다고 설명한다(p. 65). 보스는 제15문에서 "누가 회심의 저자인가?"라고 질문하고, 사도행전 11:18이 가르친 대로 하나님 (God)이 저자라고 답을 한다. 사도행전의 "하나님께서 이방인에게도 생명 얻는 회개 (μετάνοιαν)를 주셨도다 하니라"(행 11:18)라는 말씀은 회심(회개)이 하나님의 선물 (a gift of God)임을 분명히 한다. 바울 (Paul) 사도는 "하나님이 그들에게 회개 (μετάνοιαν)함을 주사 진리를 알게 하실까 하며"(딤후 2:25)의 말씀을 통해 역시 회개가 하나님의 선물임을 확인한다(p. 69).

보스는 제17문에서 "회개라는 단어는 항상 성경에서 같은 의미로 사용되었는가?"라고 질문하고, 그 답으로 "아니다"라고 말하며 네 가지의 설명을 덧붙인다. 첫째, 회개라는 용어는 종교적 개념 밖에서 국가의 전망을 변화시키는데 사용되었다. 예를 들면 요나 (Jonah)의 설교로 니느웨 (Nineveh)가 회개하였다(욘 3:10; 마 12:41). 둘째, 불경건한 사람이 중생을 받지 못한 상태에서 그의 외형적인 삶을 덕스러운 삶으로 변화시킬 수 있다(시 7:12; 렘 18:11). 셋째, 한 성도가 열매 없는 삶을 살다가 그런 삶에서부터 새로운 신앙에로 변화될 수 있다(계 2:5; 약 5:19-20). 넷째, 중생한 사람이 생애 처음으로 회개와 믿음을 행사할 수 있게 된다. 이것이 우리가 여기서 논의하는 회개이다(p. 70). 보스는 제18문에서 "회심이 절대적으로 필요한가?"라고 질문하고, 구원받은 사람은 누구나 그의 죄들에 대한 진정한 지식에 이르러야 하고, 중보자 (Mediator)의 공로를 믿음으로 감사해야 한다고 설명한다. 만약 그 사람이 어른 (adult)이 되어 중생했다면 그는 의식적으로 하나님과 불화의 삶을 산 것을 안다. 그러므로 이 의식의 전환 (about-face)이 그의 삶 속에서 반드시 날카롭게 표시되어야 하며, 이런 경우 "회심" (conversion)이라 불리는 중대 국면을 보게 된다. 그러나 어린아이 (children)가 분별력 (discernment)을 행사하기 전 중생할 수 있는 가능성이 있다. 그것이 어떤 범위로 발생하는지에 대해서는 판단할 수 없다. 성경은 선지자 예레미야 (Prophet Jeremiah)와 세례 요한 (John the Baptist)의 두 가지 예만 제공할 뿐이다. 어린아이가 중생할 경우 하나님과 불화의 삶을 산 의식적 상태에서 하나님께로 회개하는 의식적 상태로 옮겨질 필요는 없다. 그러나 어린아이 때 중생했으면 그는 자라나면서 하나님께 회개하는 삶을 이미 살고 있는 것이다. 그래서 젊은이들 중에는 회심의 정확한 시간을 지적할 수 없는 경우가 있다. 그리고 회고해 보면 그들은 항상 회개하는 마음으로 그리고 믿는 마음으로 하나님을 위해 살고 있었다고 기억된다. 보스 (Vos)는 이렇게 회심 (conversion)이 반드시 필요함을 확인하면서 어른 (adult)의 경우와 어린아이 (children)의 경우로 나누어서 설명한다(pp. 70-71).

제4장

제4장은 믿음 (Faith)에 관해 87개의 질문을 사용하여 설명한다. 보스는 제1문에서 "믿음을 논의하면서 무슨 순서를 따라야 하는가?"라고 질문하고, 그 답으로 세 가지 순서를 제시한다. 첫째, 믿음은 신구약 성경이 사용하는 성경적 이름이다. 둘째, 믿음의 심리학적 본질 (nature)을 주목하여야 한다. 우리는 무엇이 영혼의 행위로서의 믿음인가를 논의해야 한다. 이 질문은 심리학에서뿐만 아니라 신학적 적용에도 복잡한 내용이다. 셋째, 구원의 서정과 관계하여 믿음의 구원론적인 의미를 주목해야 한다. 성경은 일반적인 믿음만 말하지 않고 믿음이 구원하는

믿음으로서의 대단히 특별한 위치를 차지하고 있음을 말한다(p. 72).
보스는 제4문에서 "우리가 여러 가지 정의로부터 찾아낸 믿음의 개념
에 어떤 요소가 속하는가?"라고 질문하고 네 가지로 답을 한다. 첫째,
믿음은 그것이 다른 사람의 증언을 수용한다는 의미에서 지적인 행위
이다. 둘째, 믿음은 지적인 행위 이상이 될 수 있다. 믿음은 신뢰 (trust)
로 자신을 다른 사람에게 의지하는 것으로서 심오한 도덕적 행위라고
할 수 있다. 셋째, 그런 의미에서 믿음은 수동적인 형태가 아니라 능동
적이요 역동적인 형태를 가지고 있다. 넷째, 신뢰로서 믿음은 다소간
안전의 개념과 함께 한다. 믿음은 확실성을 추구할 뿐만 아니라 또한
확실성을 발견하고 확실성을 산출한다(pp. 74-75). 보스는 제5문에서
"신약에서 '믿음' (faith)과 '믿는 것' (believing)을 위해 사용된 용어로는
어떤 것들이 있는가?"라고 질문하고, "피스티스" (πίστις)와 "피스튜에
인" (πιστεύειν)이 있는데 그 용어들은 "설복한다" (πείθειν), "설복당한
다" (πείθεσθαι), "신뢰한다" (πεποιθέναι)와 관련이 있다고 답한다(p.
75). 보스는 제6문에서 "고전 헬라어 (Classical Greek)에서 '믿음' (πίστις)
이 가진 두 가지 의미는 무엇인가?"라고 질문하고, 두 가지로 그 답을
정리한다. 첫째, 고전 헬라어에서 믿음은 자신의 연구에 의지한 지식
(knowledge)과는 달리, 사람을 신뢰 (trust)하는 것을 근거로 한 확신
(conviction)을 뜻한다. 플라톤 (Plato)은 믿음 (πίστις: faith)을 지식
(ἐπιστήμη: knowledge)의 반대 개념으로 설정했다. 신들의 존재에 대한
확신을 믿음 (faith)으로 불렀다. 둘째, 고전 헬라어에서 믿음은 조금 전
언급한 확신의 근거가 된 신뢰 (trust)자체를 뜻한다. 그런 신뢰는 어떤
사람이 신실하다는 지적인 확신 이상의 개념이다. 신뢰 (trust)는 믿는

172

대상인 그 사람과의 개인적인 관계를 가지고 있으며, 삶을 서로 나누며, 자신을 버리고 상대방에게 자신을 의존할 수 있는 것을 전제로 한다(p. 75).

보스 (Vos)는 제11문에서 "신약의 언어적 용법에 관한 연구에 대해 우리들이 얻은 결과는 무엇인가?"라고 질문하고, 신약에 따르면 "믿는 것" (believing)은 다음을 포함한다고 답을 정리한다. 첫째, "믿는 것"은 접촉하는 사람에 대한 선행적인 신뢰 (antecedent trust)를 포함한다 (πιστεύειν τινί). 둘째, "믿는 것"은 그 사람이 우리에게 전하는 증언 (τεστιμονψ)을 진실로 생각하는 것을 포함한다 (πιστεύειν τι). 셋째, "믿는 것"은 그 사람의 증언이 우리의 삶에 영향을 미치는 관계에서 그 사람을 계속적으로 신뢰하는 것을 포함한다 (πιστεύειν εἰς τινα, ἔν τινι, ἐπί τινα)(p. 82). 보스는 제12문에서 "피스티스 (πίστις)라는 용어가 신약에서 믿음 (faith)이외의 다른 뜻으로 발견된 예가 있는가?"라고 질문하고, "그렇다"라고 답을 한 후, 피스티스는 "진실성" 혹은 "성실성" (faithfulness), "견고성" 혹은 "불변성" (steadfastness), "신뢰성" (trustworthiness)의 뜻을 가졌다고 설명한다. 성경의 예는 "어떤 자들이 믿지 아니하였으면 어찌하리요 그 믿지 아니함이 하나님의 미쁘심 (πίστιν τοῦ θεοῦ)을 폐하겠느냐"(롬 3:3)의 말씀과 "네가 죽도록 충성하라 (γίνου πιστὸς ἄχρι θανάτου) 그리하면 내가 생명의 관을 네게 주리라"(계 2:10)의 말씀에서 찾을 수 있다(p. 83).

보스는 제22문에서 "우리가 지금까지 언급한 근거로 우리는 일반적으로 믿음을 어떻게 정의할 수 있는가?"라고 질문하고, 믿음은 우리 자신을 의지하지 않고 다른 사람의 증언을 진실로 받아들이는 것이라고 설명한다(p. 89).

보스는 제34문에서 "우리가 어느 정도로 믿음의 지식이 구원하는 믿음을 앞선다고 말할 수 있는가?"라고 질문하고, 그 답을 다음과 같이 정리한다. 넓은 의미의 믿음과 좁은 의미의 믿음의 구분에 대해 이미 언급했다. 좁은 의미로 구원하는 믿음의 대상이 "주 그리스도, 중보자" (Lord Christ, Mediator)이시라는 것에 대해서는 모두 동의한다. 그리스도를 믿는 것은 그가 하나님 앞에서 우리를 의롭게 만드셨다는 것이다. 반대로 우리의 죄에 대한 지식 즉 우리가 영원히 저주받아 마땅하다는 영적인 지식은 넓은 의미의 믿음에 속한다. 죄에 대한 어느 정도의 의식은 "의롭게 하는 믿음" (justifying faith)을 행사하기 위해서는 반드시 필요하다. 그러나 의롭게 하는 믿음이 그 본질적인 부분으로 이 죄에 대한 지식을 포함한다고 생각하는 것은 분명히 잘못된 것이다. 의롭게 하는 믿음의 한 부분인 지식은 그리스도, 곧 중보자 (Christ, the Mediator)에게 초점을 맞춘다. "의롭게 하는 믿음"은 죄의 지식 (the knowledge of sin)의 영향 하에서 중보자에게 초점을 맞추지만, 죄의 지식이 의롭게 하는 믿음의 한 부분은 아니다. 의롭게 하고 구원하는 믿음은 위험 (danger)을 보지 않고 구세주 (Savior)를 본다. 물론 구세주를 바라보는 것은 계속적으로 위험을 바라보는 것과 서로 교체된다. 그러므로 우리는 죄의 의식 (consciousness of sin)이 반드시 필요한 요구사항으로 구원하는 믿음 (saving faith)을 선행한다고 말할 수 있지만 죄의 의식이 그 자체로 믿음의 지식에 속하지는 않는다(pp. 100-101).

보스는 제38문에서 "성경에서 동의 (assent)가 본질적인 부분으로 믿음에 속한다는 것을 보일 수 있는가?"라고 질문하고, 요한복음 3:33

의 말씀을 인용하여 답을 한다. "그의 증언을 받는 자는 하나님이 참되시다는 것을 인쳤느니라"의 말씀에서 "받는다" (λαμβάνειν)라는 동사는 문자적으로 "어떤 것을 얻기 위해 갈망 한다" (to long for something in order to take it)라는 뜻으로 사용되었다. 이 용어는 동의 (assent)의 더 능동적인 편을 표현한 것이다. 그것은 받는 것 이상의 뜻을 가지고 있다 (p. 103). 보스는 제44문에서 "믿음의 유형 (types of faith)이 몇 가지로 구분되는가?"라고 질문하고, 믿음의 유형을 두 가지로 정리한다. 첫째, 믿음의 유형 중 하나는 "믿어지는 믿음의 내용" (the content of faith; quae creditur)이다. 그 유형 중 하나는 "개신교의 믿음" (the Protestant faith)과 같은 것이다. 문제는 성경이 이런 의미로 "믿음"을 사용했느냐는 것이다. 성경은 이 개념과 비슷한 의미로 "믿음"을 사용한다(참조, 유 3, 20; 딤전 1:4, 19; 2:7; 3:9; 4:1, 6; 5:8; 6:10, 21). 둘째, 믿음의 유형 중 다른 하나는 "사람이 믿는 믿음의 행위" (faith with which one believes: qua creditur)이다. 이 믿음의 행위는 (1) 역사적 믿음 (historical faith), (2) 잠정적인 믿음 (temporary faith), (3) 이적을 믿는 믿음 (faith in miracles), (4) 구원하는 믿음 (saving faith)으로 구분된다(pp. 106-107).

보스는 제60문에서 "이 구원하는 믿음 (saving faith)을 어떻게 정의할 수 있는가?"라고 질문하고, 가장 좋은 정의는 하이델베르크 요리문답 21번의 내용이라고 소개한 후 그 내용을 답으로 적는다. "참 믿음은 하나님이 그의 말씀으로 우리에게 계시해 주신 것이 참된 것이라고 생각하는 확실한 지식일 뿐만 아니라, 성령이 복음으로 마음에 역사하셔서 다른 사람들뿐만 아니라 나에게도 죄의 용서와 영원한 의로움과 구원이 순전한 은혜로, 그리스도의 공로 때문에 하나님에 의해 주어졌다고 믿는 확실한 신뢰이다."(p. 112). 보스는 제67문에서 "구원하는 믿음이 얼마나 많은 부분들로 구성되어 있는가?"라고 질문하고, 그 답으로 지식 (knowledge), 동의 (assent), 신뢰 (trust)의 세 부분으로 구성되었다고 말한다(p. 115). 보스는 제75문에서 "믿음의 이 신뢰의 대상은 무엇인가?"라고 질문하고, 신뢰의 대상은 광범한 의미에서 중보자 (Mediator)라고 답을 한다. 신뢰의 대상은 하나님께서 잃어버린 죄인들의 구원을 위한 구속적 사역 (mediatorial work)을 위해 정하시고, 그 목적을 위해 복음의 약속으로 제시된 중보자 (Mediator)이시다. (참조, Owen의 The Doctrine of Justification by Faith, chapter 1)(p. 125). 보스는 제83문에서 "믿음 (faith)은 행동인가, 행위인가?"라고 질문하고, "그렇다" (Yes)라고 답을 한 후 설명을 덧붙인다. 비록 우리가 믿음을 아직 발전되지 않은 원리 (principle) 혹은 기질 (disposition)이라고 말할 수 있지만, 믿음 (faith)은 일반적으로 영혼 (soul)의 활동으로 제시된다. 그러나 죄인을 의롭게 하는데 있어서, 믿음은, 비록 행위 (act)이지만, 행동의 특성 (the quality of a deed)으로 나타나지 않는다. 항의파 (Remonstrants)들은 믿음을 행동의 특성으로 주장한다. 개혁주의자들 (The Reformed)은 어떤 경우에도 행동으로서의 믿음 (faith as a deed)이 우리를 의롭게 할 수 있는 능력 (power)을 가지지 않았다고 말한다. 왜냐하면 죽기 전의 인간 영혼의 모든 행동들처럼 행동으로의 믿음도 죄로 인해 더럽혀졌고 그 자체로 중보자 (Mediator)의 의로움을 필요로 하기 때문이다(p. 131).

보스는 제84문에서 "누가 믿음의 저자인가?"라고 질문하고, 두 가지로 그 답을 한다. 첫째, 믿음의 저자는 하나님 (God)으로, 죄인을 그리스도에게 이끄시는 아버지 (Father)이시다(요 6:44). 그리스도를 위하여 은혜를 주신 것은 그를 믿을 뿐만 아니라 그를 위하여 고난도 받게 하려 하심이라(빌 1:29). 에베소서 2:8은 "너희는 그 은혜에 의하여 믿음으로 말미암아 구원을 받았으니 이것은 너희에게서 난 것이 아니요 하나님의 선물이라"(엡 2:8)라는 말씀에서 믿음 (faith)이 "하나님의 선물"이라고 분명히 밝힌다. 어떤 사람이 에베소서 2:8의 "이것은" (τοῦτο)이 "믿음"을 가리키지 않는다고 주장할 수 있고, 그 주장은 가능하기는 하지만 본문의 "이것은"은 선행된 모든 것 즉, "구원"과 "믿음"을 가리킨다고 해석할 수 있다. 그렇게 해석할 경우 "이것은"은 "믿음으로 말미암아 구원을 받았으니"를 가리킨다고 생각할 수 있다. 골로새서 2:12의 "하나님의 역사를 믿음 (faith)으로 말미암아 그 안에서 함께 일으키심을 받았느니라"(골 2:12)의 말씀에서 "믿음"이 "구원"과 연계된 것을 확인해 준다. 둘째, 믿음의 저자는 성령 하나님 (God the Holy Spirit)이시다. 고린도전서 12:3은 "성령으로 아니하고는 누구든지 예수를 주시라 할 수 없느니라"(고전 12:3)라고 읽는다. 성령 하나님이 믿음을 주시는 저자이시다(pp. 131-132). 보스는 제87문에서 "믿음의 씨앗 (seed)과 믿음의 성질 (disposition) 사이의 차이점이 무엇인가?"라고 질문하고, 그 답으로 "믿음의 씨앗"은 중생 때에 주어짐으로 개발되지 않은 잠재력으로서의 믿음이라고 설명한다. 반면에 "믿음의 성질"은 믿음의 행위에 의해 발전되는 경향이다. 그러므로 어른들에게는 그들이 중생하면 "믿음의 씨앗"이 곧바로 "믿음의 성질"이 된다. 그러나 어린 아이들에게는 다르게 나타난다. 어린 아이가 분별력이 생기기 전에 사망하고 그들이 언약의 자녀들이라면 그들은 중생으로 "믿음의 씨앗"을 받았다고 말할 수 있지만, 그들에게 "믿음의 성질"을 적용하지는 않는다(p. 132).

제5장은 칭의 (Justification)에 관해 44개의 질문으로 정리한다. 보스는
제1문에서 "칭의의 개념을 위해 성경에서 무슨 용어들이 사용되었으며
이 용법으로부터 이 칭의의 교리를 위해 무엇을 찾아낼 수 있는가?"라
고 질문하고, 신구약의 성경 구절을 사용하여 답을 한다. 첫째, 히브리
어 용어 *hitsdiq* (הִצְדִּיק)는 대부분의 경우 "어떤 사람의 신분 (status)이 의
의 요구에 합치한다는 것을 법정적으로 선언한다"는 뜻이다(출 23:7; 신
25:1; 사 5:23)(p. 133). 그러나 다른 성경에서 "나의 의로운 종이 자기 지
식으로 많은 사람을 의롭게 하며 또 그들의 죄악을 친히 담당하리로
다"(사 53:11)라고 말한 것처럼, 칭의의 용어는 단순히 "의롭다고 선언하
는 것"이상의 의미도 가지고 있다. 이 말씀은 의롭게 선언할 수 있도록
하는데 가능한 모든 필요한 것들을 마련한다는 뜻도 가지고 있다. 주의
종 (The Servant of the Lord)이 그가 보증되심으로 의롭게 하시는 일을
하신다(p. 134). 둘째, 칭의를 위한 신약의 용어는 디카이운 (*dikaioon*:
δικαιοῦν)으로 "공적인 선언을 통해 의가 발생하게 하는 것"이라는 의
미로 사용되었고, 또는 "의롭다 혹은 바르다고 선언 하는 것"의 뜻으로
사용되었다(눅 7:29; 10:29; 마 12:37). 성경 밖의 헬라어에서는 디카이운
(*dikaioon*)이 어떤 사람에게 평결을 선언할 때 좋은 의미뿐만 아니라 나
쁜 의미로도 사용되었다. 그러나 신약에서는 디카이운 (*dikaioon*)이 전
적으로 좋은 의미의 평결을 선언하는데 사용되었고, 정죄하여 징벌하는
나쁜 의미로는 사용되지 않았다. 칠십인경 (LXX)도 디카이운 (*dikaioon*)
이 신약과 같은 용례로 사용되었다(pp. 133-136). 보스는 제3문에서 "칭

의 (justification)라는 용어 자체가 성경에 나타나는가?"라고 질문하고 "그렇다"라고 답을 한 후 디카이오시스 (dikaiosis: δικαίωσις)가 로마서 4:25과 5:18에 나타난다고 설명한다. "예수는 우리가 범죄한 것 때문에 내줌이 되고 또한 우리를 의롭다 하시기 위하여 살아나셨느니라"(롬 4:25). "그런즉 한 범죄로 많은 사람이 정죄에 이른 것같이 한 의로운 행위로 말미암아 많은 사람이 의롭다 하심을 받아 생명에 이르렀느니라"(롬 5:18)(pp. 136-137).

보스는 제5문에서 "칭의가 법적인 신분 (judicial state)을 설명하는 것인가 아니면 사람의 조건 (condition of man)을 설명하는 것인가?"라고 질문하고, 그 답으로 칭의는 법적인 신분에 관한 것이라고 설명한다. 어떤 사람이 칭의를 받을 때 그 사람의 조건 (condition)이 변화되지 않는다. 왜냐하면 하나님이 그 변화를 칭의와 분리할 수 없는 관계로 설정해 두셨기 때문에 그것은 칭의 전에 나타나거나 칭의 후에 나타날 수 있다. 그러나 칭의 자체는 변화로 구성되어 있지 않다. 이처럼 칭의 (justification)는 철저하게 중생 (regeneration)과 성화 (sanctification)와는 구별된 것이다. 이 차이를 잘 이해하기 위해 하나님과 사람 사이의 두 관계를 이해할 필요가 있다. 첫째, 하나의 관계는 하나님께 대한 유사성 (similarity)의 관계이다. 사람은 하나님의 형상을 입은 (image-bearer) 존재이다. 좁은 의미로 사람은 거룩 (holy)하고, 완전히 선 (good)한 하나님의 형상을 소유한 것이다. 둘째, 또 하나의 관계는 하나님께 대한 복종 (subordination)의 관계이다. 사람은 하나님을 향한 의무를 가지고 있으며 무엇인가 빚을 진 상태이다. 사람의 전체적인 도덕적 조건은 하나님의 요구에 복종하도록 되어 있다. 중생 (regeneration)과 성화

(sanctification)는 하나님께 대한 유사성 (similarity)의 관계에 속하고, 칭
의 (justification)는 하나님께 대한 복종 (subordination)의 관계에 속한다.

우리는 의 (righteousness)가 하나님의 심판에 의한 도덕적 선으로부
터 유래한다는 사실에 주목할 필요가 있다. 판사에 의해 계산된 사람
의 조건 (one's condition)은 그 사람의 법적 신분 (person's judicial state)을
산출한다. 오염 (pollution)은 그것이 하나님의 심판을 통과하기 때문에
죄책 (guilt)이 되는 것이다. 만약 아담 (Adam)이 죄를 짓지 않은 상태로
남아 있었고 시련 (probation)의 명령을 지켰다면, 하나님은 그를 의롭
다고 칭했을 것이다. 반대로 아담이 죄를 지었을 때, 아담은 정직의 신
분 (state of rectitude)에서 파멸의 신분 (state of damnation)으로 옮긴 이
죄의 뒤를 따른 하나님의 정죄를 받았다(pp. 137-138). 보스는 제6문에
서 "결과적으로 당신은 칭의를 어떻게 묘사할 수 있는가?"라고 질문하
고, 칭의 (justification)는 그리스도의 공로를 근거로, 하나님에 의해 죄
인에게 전가 (impute)된 죄인의 의로운 신분을 법적으로 확정하는 것이
라고 설명한다(p. 138).

보스는 제7문에서 "이 칭의가 성화로부터 구별되는 요점들을 지적
할 수 있는가?"라고 질문하고, 몇 가지로 정리하여 설명한다. 첫째, 성
화는 죄의 오염을 없애고 선천적인 성질인 선한 것으로 대치시킨다.
성화 (sanctification)는 우리 안에 하나님의 형상에 일치하도록 우리를
회복시킨다. 칭의 (justification)는 죄책을 없애고 하나님과의 관계에서
죄책을 영원한 생명에 대한 권한으로 대치시킨다. 성화 (sanctification)
는 죄의 오염을 없애고, 칭의 (justification)는 죄책을 없앤다는 일반적인
설명은 정확하지만, 온전한 것은 아니다. 왜냐하면 문제의 절반 (half)

만 고려했기 때문이다. 성화와 칭의 둘 다 남은 절반, 즉 긍정적인 면을 가지고 있기 때문이다. 악 (evil)을 없앤다는 것은 그 악의 자리에 선 (good)이 주어졌다고 말할 수는 없다. 마찬가지로, 죄책을 폐지했다는 것은 온전한 권한들을 모두 제공했다는 뜻이 아니다. 둘째, 성화 (sanctification)는 우리 안에서 (within us) 발생한 것이지만, 칭의 (justification)는 우리와 관계하여 우리 밖에서 (outside relative to us) 발생한 것이다. 성화는 사람의 존재를 변화시키는 행위이다. 그러므로 성화는 우리의 존재 안에서 간섭하여 (성도의) 주관적인 변화를 일으키게 해야만 한다. 칭의는 법적인 말씀으로 사람의 신분 (one's status)을 변화시키는 선언이다. 그러므로 칭의는 우리들의 존재 (being)에 영향을 미치지 않고, 우리들의 신분이나 지위 (standing)에 영향을 미친다. 칭의는 우리 안에서 발생하지 않고 하나님의 재판정 안의 하나님의 면전에서 발생한다. 셋째, 중생과 함께 시작한 성화 (sanctification)는 먼저 사람의 무의식적인 부분 (the unconscious part of man)과 관계가 있다. 성화는 먼저 사람의 마음 (heart)과 성질 (disposition)을 바꾸고 거기서부터 그의 사상들 (thoughts), 언어들 (words), 사역 (works)으로 옮겨 변화시킨다. 하나님의 재판정에서 발생한 칭의 (justification)는 사람의 의식 (consciousness)을 겨냥하는 의도가 있다. 우리는 넓은 의미에서 칭의를 그렇게 말할 수는 있지만 칭의가 우리들의 의식 속에서 일어난다고 말하고 있는 것은 아니다. 우리는 단지 하나님의 재판정 안에서의 칭의는 사람의 의식에 의해 인식되도록 의도되었다는 것을 말하는 것이다. 그것은 이미 선포 (declaration)로서의 칭의의 특성에서 나타난다. 말씀 없는 행위는 무의식적인 생활에 적용될 수 있지만, 판단이 존재하는 말씀이 있는 행위는 의식 안에서 그 의의를 찾아야 한다. 이처럼 칭의 (justification)는 사람의 의식에 소개되도록 의도되었으며 그가 이해할 수 있도록 의도된 것이다. 넷째, 성화 (sanctification)는 현재의 삶에서 결코 온전히 완성될 수 없는 느린 과정이라 할 수 있다. 반대로 칭의 (justification)는 단번에 발생하고 완성된다. 성화는 역행될 수 있지만, 칭의는 역행될 수 없다. 일단 선언되면 칭의는 영원히 확보된 것이다. 다섯째, 성화와 칭의는 그 원인 (cause)에 있어서 다르다. 공로적인 원인 (meriting cause)은 그리스도의 공로라는 점에서는 같지만, 다른 점은 효과적인 원인 (effecting cause)에서 차이가 난다는 것이다. 하나님 아버지 (God the Father)가 심판자로서 신적 심판정에서 칭의의 선고를 선포하신다. 성령 하나님 (God the Holy Spirit)은 우리들을 성화시키는 분으로서 우리 안에 주관적인 거룩 (subjective holiness)을 이루어 가신다(pp. 138-140).

보스는 제10문에서 "칭의가 하나님의 심판정 (in foro divino)에서 일어난다는 것을 보일 수 있는가?"라고 질문하고, 이는 성경에서 사용한 표현을 통해 확실하게 나타난다고 설명한다. 예를 들면 갈라디아서 3:11의 "하나님 앞에서" (παρὰ τῷ θεῷ)와 로마서 3:20의 "그의 앞에" (ἐνώπιον αὐτοῦ)서의 표현은 칭의가 하나님의 심판정에서 발생함을 가르친다. 이 표현들은 하나님 앞, 즉 그의 얼굴 앞에, 보좌에 앉으신 심판주 앞에 서 있는 것을 포함하는 것이다(p. 144). 보스는 제13문에서 "칭의가 중보자 (Mediator)의 수동적 순종 (passive obedience)뿐만 아니라 능동적 순종 (active obedience)에도 의존 되었다는 것을 모든 사람이 동의하는가?"라고 질문하고, 그 답으로 "아니다"라고 답을 한 후 어떤 사람들은 예수님의 능동적 순종을 부인한다고 설명한다. 자연적으로 그리스도의 만족 (Christ's satisfaction)의 한 부분으로 "능동적 순종"을 부인하는 사람들은 당연히 죄인에게 능동적 순종을 적용하는 것을 부인한다. 그래서 그들은 한편으로 기울은 불완전한 칭의의 교리를 발전시킨다. 이런 현상이 피스카토르 (Piscator)에게서와 그를 따르는 모든 신학자들에게서 발생한다. 여기서 그리스도의 만족 (그리스도의 구속 성취)의 교리를 의논함에 있어서 잘못된 개념을 다시 논할 필요는 없지만 적절한 변화를 가해서 그 개념들을 활용할 것이다. 주요한 요점은 바로 이 문제라고 할 수 있다. 피스카토르와 같은 학자들의 문제는 우리가 영생의 권한을 확보하고 있다는 의미에서 우리는 부정적인 (negative) 면에서 "의롭지 않은 존재가 아닌"(not-being-unrighteous) 사람이고, 긍정적 (positive) 면에서 "의로운 존재"(being-righteous)인데 이 사실을 적절하게 구분하지 못하는 데에 있다.(편저자 주: 죄인이 칭의를 받으면 그의 신분은 아직도 "의롭지 않은 존재가 아닌" (negative not-being-unrighteous) 사람이라고 불릴 수 있지만, 다른 측면에서 보면 죄인이 칭의를 받으면 그의 신분은 온전히 의로운 사람 (positive being-righteous)이라고 할 수 있는데 예수님의 능동적 순종을 부인하는 사람들은 이 두 구분을 제대로 이해하지 못하고 있다고 보스(Vos)는 지적하고 있다.) 예수님의 능동적 순종을 부인하는 사람들은 하나님이 어떤 사람의 죄를 용서하시면, 그는 그것으로 자동적으로 영생을 소유하는 사람의 위치를 확보한 것은 아니라고 주장한다. 이렇게 주장하는 사람들의 주장을 정리해 보면 어떤 사람이 죄책으로 정죄 받은 것과 어떤 사람이 온전히 의롭게 되었다는 이 극단적인 두 사이에서 제 삼의 상태를 생각해 볼 수 있는 것이다. 그들은 하나님이 그리스도의 공로 때문에 사람들을 그들의 죄책으로부터 용서하실 수 있었고, 더 나아가 그들과 새로운 언약 관계로 들어가서 그들로 하여금 그들 스스로를 위해 영생을 얻도록 하실 수 있었다고 생각하는 것이다. 이런 관점으로 접근하는 그들의 칭의 개념은 성경이 가르치는 칭의 개념과는 다르다. 칭의 (justification)는 단순히 죄인의 삶의 책 (life's book)의 새로운 페이지를 열어 그를 그곳에 두심으로 잠시 동안 그 페이지가 백지 상태로 있고 그 백지 위에 그의 새로운 공적 (new merits)을 기록하도록 하시는 하나님의 행위가 아니다. 하나님에 의해 모든 페이지가 단번에 공개되었다. 모든 페이지에 있는 그를 괴롭히는 죄의 기록 (handwriting of sin)이 지워졌다(참조, 골 2:14). 그리고 영생의 약속 (the promise of life)이 그 자리에 기록되었다(p. 153).

보스는 제19문에서 "신자가 일단 의롭게 된 후에 그의 신분 (state)에 관한 바른 견해가 무엇인가?"라고 질문하고, 그 답으로 칭의를 받으면 과거, 현재, 미래의 모든 죄를 즉시로 용서 받는다고 설명한다. 칭의를 받으면 징벌에 대한 책임과 율법의 저주에서부터 즉시로 용서를 받는다. 그런데 죄의 의식 (consciousness)이 성도 안에서 일어날 때, 칭의를 양심에 새롭게 적용하는 일이 계속되어야만 한다. 이런 면에서 우리는 칭의가 반복적이라고 말할 수 있다. 그러나 뒤따라오는 모든 죄책의 용서는 처음 칭의 안에 포함되어 있다(p. 159). 보스는 제32문에서 "전가된 의의 교리가 반율법주의 (antinomianism)에 길을 터 준다는 것이 사실 인가?"라고 질문하고, 두 가지로 그 답을 정리한다. 첫째, 전가된 의의 교리가 반율법주의에 길을 터 준 것이 "아니다"라고 답한다. 왜냐하면 중보자의 공적의 전가 (the imputation of the merits of the Mediator)는 우리 밖에 남아 있는 어떤 것이 아니요, 우리들의 주관적인 재창조 (subjective re-creation)를 결과로서 소유하게 된다. 그래서 칭의 (justi-fication)는 법적인 의미에서 우리들의 성화 (sanctification)의 뿌리가 된다. 칭의가 있는 곳에 성화도 존재한다. 둘째, 시간적인 순서로 말하면 중생 (regeneration)은 칭의 (justification)전에 회심 (conversion)과 함께 나타난다. 아무도 중생되지 않고 새로운 생명의 원리를 받지 않은 상태에서 하나님 앞에서 의롭게 서 있다고 말할 수는 없다. 이 사실은 칭의에 관한 그의 확신은 모든 일에서 하나님의 영광을 찾는 이 새로운 원리에 의해 지배됨을 알려주는 것이다. 바울 (Paul)은 "내가 율법으로 말미암아 율법에 대하여 죽었나니 이는 하나님에 대하여 살려 함이라"(갈 2:19)라고 가르친다(p. 172).

보스는 제36문에서 "우리가 의롭다 인정함을 받는 우리들의 의가 성경에서 '하나님의 의'라고 부르는 것이 사실 아닌가?"라고 질문하고, 그 답으로 "그렇다"라고 말한다. 이 표현은 성경에 여러 차례 나타나는데 "복음에는 하나님의 의가 나타나서 믿음으로 믿음에 이르게 하나니"(롬 1:17)와 "예수 그리스도를 믿음으로 말미암아 모든 믿는 자에게 미치는 하나님의 의니 차별이 없느니라"(롬 3:22) 등의 구절에서 나타난다. 본문의 "하나님의 의"를 목적격적 소유격 (objective genitive)으로 취급하여 신자가 하나님으로부터 받은 의라는 의미로 이해할 수 있고, 주격적 소유격 (subjective genitive)으로 취급하여 하나님이 마련하시고 주신 의라는 의미로 이해할 수 있다. 가장 적합한 해석은 주격적 소유격으로 받아 하나님이 마련해 주신 의로 해석하는 것이다. 그러므로 하나님의 의는 믿음으로 하나님으로부터 받은 의를 뜻한다(p. 175). 보스는 제41문에서 "항의파 (Remonstrants)들이 주장하는 것처럼 성경이 어느 곳에서도 그리스도의 의의 전가를 가르치지 않는다는 주장이 옳은가?"라고 질문하고, "그렇지 않다" (No)라고 대답한 후 성경의 몇 구절을 들어 설명한다. 빌립보서 3:9의 말씀은 여러 가지 표현으로 죄인이 소유하고 있는 의는 자신의 의 (his own righteousness)가 아니요 그리스도의 의 (the righteousness of Christ)라고 가르친다. 로마서 3:25-26도 같은 교훈을 전한다. 로마서 4:5의 "그의 믿음을 의로 여기시나니"(롬 4:5)의 말씀은 믿음의 본질과 연계하여 고려할 때 의의 전가 (the imputation of the righteousness)는 자신의 공로로 세운 의를 전가 받은 것이 아니요, 그리스도의 의를 전가 받은 것이다(p. 178). 보스는 제44문에서 "믿음의 의식적인 행위 (conscious activity of faith)에 도달하지 못하는 사람이 어떻게 의롭다 인정함을 받을 수 있는가; 예를 들면, 어릴 때 죽은 믿는 부모의 자녀들이 어떻게 의롭다 인정함을 받을 수 있는가?"라고 질문하고, 그 답으로 그런 사람의 경우 우리는 하나님의 의롭다 하시는 행위가 믿음의 씨앗이 심어진 즉시 즉, 중생한 즉시 뒤따른다고 추정해야한다. 그러나 성경은 그런 칭의에 대해 명확하게 표현하지 않는다. 왜냐하면 칭의는 구원의 서정 (ordo salutis)의 의식적인 쪽 (conscious side)에 속하기 때문이다. 어릴 때 죽은 아이들의 이 세상에서의 삶에는 의식의 생각은 존재하지 않는다(p. 181).

· · ·

제6장

제6장은 성화 (Sanctification)에 대해 58개의 질문으로 정리한다. 보스

는 제1문에서 "성화의 개념을 위해 무슨 헬라어 용어들이 사용되었는가?"라고 질문하고, 주로 다섯 개의 용어가 있는데 서로 간 차이도 있지만 비슷한 의미도 있다고 설명한다. 그 다섯 개의 용어들은 "히에로스" (ἱερός), "호시오스" (ὅσιος), "셈노스" (σεμνός), "하기오스" (ἅγιος), "하그노스" (ἀγνός)이다(p. 182). 보스는 제2문에서 "이 다섯 개의 용어 중 신약에서 가장 자주 사용되는 용어는 어떤 것인가?"라고 질문하고, 자주 사용된 용어는 "하기오스" (ἅγιος)라고 답한다. 그런데 바로 이 용어 "하기오스"는 세속적인 헬라어 (secular Greek)에서는 다섯 개의 용어 중 가장 자주 사용되지 않은 용어이다. 이렇게 익숙하지 않은 용어가 신약성경에서 가장 친숙하게 된 데에는 특별한 이유가 있을 것임에 틀림없다(p. 182). 보스는 제4문에서 "이상에서 언급된 헬라어 용어들의 뜻의 주요 요소는 무엇인가?"라고 질문하고, 용어들의 주요 요소는 장엄함 (sublimity), 거룩함 (sacredness), 존엄성 (venerability)이라고 설명한다. 반면 이 용어들 속에는 성경에서 강조되는 도덕적인 요소가 결핍되어 있다(p. 183).

보스는 제5문에서 "이미 언급된 다섯 개의 용어들의 일반적인 의미는 무엇인가?"라고 질문하고, 언급된 다섯 개의 용어를 자세하게 설명한다. 첫째, "호시오스" (ὅσιος)는 신의 권한이나 인간의 권한으로 확보한 모든 헌신의 종류를 표현할 때 사용된다. 종교적인 의미로만 독점적으로 사용되지 않는다. "호시오스"는 구약의 "카도쉬" (קָדוֹשׁ)를 번역하는데 사용되지 않았다. 신약에서는 "거룩한 (ὁσίους) 손을 들어"(딤전 2:8), "신중하며 의로우며 거룩하며 (ὅσιον)절제하며"(딛 1:8), "주의 거룩한 (ὅσιόν)자로 썩음을 당하지 않게 하실 것임이로다"(행 2:27), "성결

(ἐν ὁσιότητι)과 의로 두려움 없이 섬기게 하리라"(눅 1:75), "오직 주만 거룩 (μόνος ὅσιος)하시니이다"(계 15:4; 16:5)등의 구절에서 사용되었다. 둘째, "셈노스" (σεμνός)는 존경 (reverence)과 경외 (awe)를 표현할 때 사용하는 용어이다. "셈노스"는 사람의 명예를 가리킬 때도 사용된다. 이 용어는 칠십인경 (LXX)에는 나타나지 않으며, 신약에는 네 곳에서 나타난다. "무엇에든지 참되며 무엇에든지 경건 (σεμνά)하며"(빌 4:8) (참조, 딤전 3:8, 11; 딛 2:2)의 구절에 사용된 용어이다. "셈노스"는 성경에서 하나님에 대해서는 사용되지 않았다. 셋째, "히에로스" (ἱερός)는 신들 (gods)과 연관되어 높여진 용어이다. "히에로스"는 신들에게 속한 것이다. 그러나 이 용어는 신들 자체에 관해서는 사용되지 않았다. "히에로스"는 성경 헬라어에 자주 나타나지 않는다. "히에로스"는 나팔 (trumpets)을 묘사할 때 사용되었으며(수 6:8), 또한 성소 (sanctuary)를 묘사할 때 사용되었다(겔 28:18; 참조, 겔 27:6). 신약에서는 "토 히에론" (τὸ ἱερον)이 성전과 성전에 속한 모든 것을 가리킨다. 성경을 묘사할 때도 "히에로스"가 사용된다(딤후 3:15). 그러므로 "히에로스"의 뜻은 전적으로 도덕적인 특성이 없는 외적 (external)인 것이다. 넷째, "하기오스" (ἅγιος)는 헬라인들이 신들 (gods)이나 사람을 위해 사용하지 않았다. "하기오스"는 종교적인 경배의 대상을 뜻한다. 칠십인경 (LXX)은 구약의 "카도쉬" (קָדוֹשׁ)를 "하기오스"로 번역했다. "하기오스"는 여러 새로운 용어의 근거가 되었다. 예를 들면 "하기오스" (ἅγιος)로부터 "하기오테스" (ἁγιότης), "하기오쉬네" (ἁγιωσύνη), "하기아제인" (ἁγιάζειν), "하기아스모스" (ἁγιασμός), "하기아스테리온" (ἁγιαστήριον), "카타기아제인" (καταγιάζειν) 등의 용어들이 생겨났다. 다섯째, "하그노스"

188

(ἀγνός)는 헬라인들이 신들 (gods)이나 사람을 위해 사용하였다. 하나님의 경우는 제사와 함께 숭배 (venerated with sacrifices)되어야만 하는 것이다. 사람의 경우는 성별하다 (consecrated)는 뜻으로 사용되었다. 그러나 이 용어는 신약에서 "정숙한" (chaste) 혹은 "순수한" (pure)이라는 특별한 의미를 획득하게 되었다(예를 들면, 고후 11:2; 딛 2:5; 벧전 3:2) (pp. 183-184).

보스는 제9문에서 "거룩 (holiness)의 개념이 완전히 한정되지 않은 단순한 구별 (separation)인가 아니면 첨가된 한정과 함께 사용되는 용어인가?라고 질문하고, 거룩은 한정의 개념과 함께 사용되는 용어라고 답을 한다. 구별된 어떤 것이 어떤 것을 거룩하게 만들지 않는다. 어떤 것이 거룩하게 되는 이유는 그것이 하나님과 하나님의 용도 (God and His use)를 위해 구별되었기 때문이다(p. 184). 보스는 제11문에서 "하나님에 대해 말하면서 어떻게 '성별하다'(set apart)를 하나님에게 사용할 수 있는가?"라고 질문하고, 그 답으로, 피조물과 관계하여 성별되는 개념은 두 순간에 나타나는 것인데, 그 두 순간은 "기원의 시점" (a point of origin/a terminus a quo)과 "마지막 시점" (an end point/a terminus ad quem)이라고 설명한다. 무엇이든지 거룩한 것은 거룩하지 않은 세상으로부터 성별된 것이고 하나님께 헌신된 것이다. 하나님은 불경스럽고 거룩하지 않은 것으로부터 성별되셨다. 이런 방법으로 용어의 뜻을 변경시키지 않으면서 "거룩" (holiness)이 하나님과 피조물들에게 함께 적용될 수 있다(p. 185). 보스는 제13문에서 "이 하나님의 거룩에 무엇이 포함되었는가?"라고 질문하고, 두 가지로 답을 한다. 첫째, 하나님의 거룩에 포함된 것은 하나님이 자신을 최고의 도덕적 선으로 사랑하신 것이다. 둘째, 하나님의 거룩에 포함된 것은 하나님이 모든 악으로부터 멀리하신다는 것이다. 실제로 하나님 안에서 거룩은 추상적인 의미의 세상으로부터의 구별이 아닌 실제 세상으로부터 구별되는 것이다. 거룩은 더럽고 죄 많은 세상으로부터의 구별이다. 그러므로 이 구별은 긍정적인 원리로부터 나왔는데 그 이유는 하나님이 자신을 최고의 선 (the highest good)으로 사랑하시고 찾으시기 때문이다(p. 186).

보스는 제15문에서 "'하기오스' (ἅγιος)라는 용어가 신약에서 무슨 뜻으로 나타나는가?"라고 질문하고, 네 가지로 정리한다. 첫째, 구약으로부터 인용되는 몇 개의 예를 제외하고 우리는 "하기오스"가 하나님에 대해 사용된 예는 일반적으로 사도 요한에 의해서만 사용된 것을 발견한다(요 17:11; 계 6:10; 요일 2:20). 둘째, 이 사실에 대한 이유는 멀리 가서 찾을 필요가 없다. 신약에서 "거룩"이라는 이름을 주신 것은 성령 하나님 (the Spirit of God)이시다. 이는 구약 성경에서는 몇 번 정도 나타난 예이다(참조, 시 51:11; 사 63:10-11). 성령을 통해 하나님은 그의 백성을 성화시키신다. 왜냐하면 성령은 거룩한 삼위 안의 한 위 (person in the Holy Trinity)로서 그의 사역을 통해 모든 것이 하나님을 향하게 되도록 만든다. 그 이유로 성령은 거룩한 성령 (Holy Spirit)으로 불린다(참조, 딛 3:5의 "성령의 새롭게 하심"의 표현과 살후 2:13의 "성령의 거룩하게 하심"의 표현을 참조하시기 바람). 셋째, 거룩은 공적인 의미 (in an official sense)로 특별한 봉사를 위해 구별된 사람을 위해 사용된다. "거룩한 선지자"(눅 1:70), "거룩한 사도들"(엡 3:5), "하나님의 거룩한 사람들"(벧후 1:21, 참조, 개역개정은 "성령의 감동하심을 받은 사람들"로 처리했음), "거룩한 언약"(눅 1:72), "거룩한 성경"(롬 1:2), "율법은 거룩하고 계명도 거룩하고"(롬 7:12) 등을 참조하라. 넷째, 거룩은 도덕적 의미로 사용되었다. "오직 너희를 부르신 거룩한 이처럼 너희도 모든 행실에 거룩한 자가 되라 기록되었으되 내가 거룩하니 너희도 거룩할지어다 하셨느니라"(벧전 1:15-16). "곧 창세 전에 그리스도 안에서 우리를 택하사 우리로 사랑 안에서 그 앞에 거룩하고 흠이 없게 하시려고"(엡 1:4; 참조, 5:27; 골 1:22). 이 마지막에 언급된 거룩이 성화의 교리 (the doctrine of sanctification)에서 사용된 거룩이다(pp. 187-188).

보스는 제18문에서 "헬라어 '하기오테스' (ἁγιότης)라는 용어의 뜻이 무엇인가?"라고 질문하고, 그 답으로 "거룩"은 본래적인 속성이라고 설명한다. "하기오테스"는 히브리서 12:10의 "오직 하나님은 우리의 유익을 위하여 그의 거룩하심에 참여하게 하시느니라"에 나타나는데, 이처럼 이 용어는 사람과 하나님의 속성으로 사용되었다(p. 189). 보스는 제19문에서 "'하기오쉬네' (ἁγιωσύνη)의 뜻이 무엇인가?"라고 질문하고, 이 용어는 "하그노스" (ἁγνός)에서부터 직접 기인된 용어이기 때문에 "거룩" (holiness)이라는 뜻을 가지고 있다고 설명한다. 어떤 사람은 "하기오쉬네"가 "하기오오" (ἁγιόω) 혹은 "하기아죠" (ἁγιάζω)로부터 기인된 것으로 보고, 그 용어에 "성화" (sanctification)(행위로서)의 능동적 의미를 부여하려 하지만 증명할 길은 없다. 데살로니가전서 3:13에서는 이 용어가 사람에게 적용되었다. 로마서 1:3의 "성결의 영으로는 (κατὰ πνεῦμα ἁγιωσύνης) 죽은 자들 가운데서 부활하사 능력으로 하나님의 아들로 선포되셨으니"의 말씀은 해석하기가 어려운 말씀이다. 여기 본문에서는 "하기오쉬네"가 숭배 받아야 할 성령 (Spiritus summe venerandus)으로서 주님 (Lord)의 신성을 뜻하는 것으로 보인다(p. 189). 보스는 제21문에서 "용어 '하기아스모스' (ἁγιασμός)의 뜻은 무엇인가?"라고 질문하고, "하기아스모스"는 성화 (sanctification)를 뜻하며 정상적인 헬라어에서 "성화"라는 뜻으로 사용된다고 설명한다. 여기서 대두된 질문은 이 용어가 능동적으로 사용되었느냐 혹은 수동적으로 사용되었느냐 라는 것이다. 즉, "하기아스모스"가 성화의 행위를 뜻하는가 혹은 거룩하게 만들어진다는 뜻인가를 밝히는 것이다. 두 의미 모두 사용된다. 능동적인 (active) 의미로는 "하나님의 뜻은 이것이니 너희의 거룩함 (ὁ ἁγιασμὸς ὑμῶν)이라 곧 음란을 버리고"(살전 4:3)의 말씀과 "처음부터 너희를 택하사 성령의 거룩하게 하심 (ἐν ἁγιασμῷ πνεύματος)과 진리를 믿음으로 구원을 받게 하심이니"(살후 2:13)(참조, 벧전 1:2)의 말씀에 나타나고, 반대로 수동적인 (passive) 의미로는 "이제는 너희 지체를 의에게 종으로 내주어 거룩함에 (εἰς ἁγιασμόν) 이르라"(롬 6:19)의 말씀과 다른 몇 구절에 나타난다(p. 191).

보스는 제22문에서 "어떻게 성화를 정의할 수 있는가?"라고 질문하고, 성화는 "하나님의 은혜로운 사역으로 성령의 직접적인 작용에 의해 의롭게 된 성도가 단계적으로(혹은 차츰) 그의 전체의 본성이 새롭게 되는 것이라고 설명한다. 그래서 그리스도가 그 안에 형성이 되고, 그는 선한 일을 하면서 하나님을 위하여 사는 것이라"고 정의한다(p. 191). 보스는 제25문에서 "성화가 법정적 분야에서 발생한 어떤 것인가 혹은 사람의 성질의 주관적인 변화와 관계가 있는가?"라고 질문하고, 그 답으로 사람의 성질의 변화와 관계가 있다고 말한다. 이 부분은 성화와 칭의의 구분을 설명할 때 자세하게 다루었음을 밝혀둔다(p. 192). 보스는 제26문에서 "성화가 성도의 삶의 의식적 수준 (conscious level)에서

192

발생하는가 아니면 의식적인 수준보다 더 깊은 곳에서 발생하는가?"라고 질문하고, 그 질문의 답으로 성화는 성도의 삶의 의식적인 수준보다 더 깊은 곳에서 발생하며 중생한 영혼의 성품과 경향을 변화하도록 그 뿌리에 작용하여 그것들을 성별시킨다고 설명한다(p. 192). 보스는 제27문에서 "성화가 간접적인 사역인가 직접적인 사역인가?"라고 질문하고, 성화가 의식의 수준보다 더 깊은 곳에서 발생함으로 성화는 일차적으로 직접적인 사역이라 할 수 있다. 그러나 성화의 표명을 위해 하나님이 어떤 수단을 사용하신 것과 연계되었다는 사실은 인정할 수밖에 없다(p. 192). 보스는 제28문에서 "하나님 자신이 성화의 사역을 하시는가, 혹은 사람이 성화의 사역을 하는가?"라고 질문하고, 하나님이 성화의 저자 (the author of sanctification)이시고 사람은 아니다 라고 답을 하고 설명을 덧붙인다. 사람은 오로지 소위 자유의지 (free will)의 제안자로 유지될 뿐이다. 그러나 여기서도 주목해야 할 것은 이 성화의 외적 표명은 신자가 성화된 수단으로부터 떨어져 있는 것이 아니라는 점이다(p. 192).

보스는 제30문에서 "칭의와 성화의 관계는 무엇인가?"라고 질문하고, 그 답을 4가지로 정리한다. 첫째, 칭의는 성화보다 먼저 발생한다. 그런데 은혜언약 (the covenant of grace) 안에서의 순서는 행위 언약 (the covenant of works) 안에서의 순서와 구별된다. 아담 (Adam)은 행위 언약 안에서 그의 특성이나 경향이 완전하게 거룩하였다. 아담은 완전하게 성화된 사람이다. 이 완전한 거룩을 근거로 아담은 의롭다 인정함 (righteousness)을 받는다. 타락하기 전 아담의 조건 (condition)은 그의 신분 (state)을 밝히고 있다. 행위 언약 안에서는 성화가 먼저요 칭의가 뒤따른다. 그런데 은혜언약에서는 이 순서가 뒤바뀌어 칭의가 먼저요 성화가 뒤따른다. 죄인은 믿음으로 먼저 의의 신분 (the state of righteousness)을 얻는다. 죄인들은 이제 이 의의 신분을 받았기에 성화의 사역을 통해 거룩에로 나아간다. 행위 언약 안에서 아담의 신분 (state)은 확보되지 않았지만, 은혜언약 안에서 죄인들의 신분 (state)은 확보된 것이다. 둘째, 성화의 법적인 근거는 칭의에 있다. 성화는 마땅히 열매로 생각되어야 한다. 성화는 하나님께서 우리에게 요구하시는 것이지만 그러나 우리는 아직도 만들어 낼 수 없고 단지 그리스도의 공로로 하나님의 은혜에 의해 우리 안에서 만들어지는 것이다. 이런 의미로 성화는 그리스도의 고난과 그의 피에 한번 이상 연결되어 있다고 생각할 수 있다. 셋째, 칭의는 우리의 성화로는 영생의 권한을 소유할 수 없다는 것을 확실하게 한다. 성화는 법률적 영역 밖에 존재한다. 이 부분은 칭의에 속한 영역이다. 넷째, 칭의는 철저하게 우리의 존재 밖에 (outside of our being) 존재한다. 그래서 칭의는 성화의 특별한 사역과 경쟁의 관계에 있지 않다. 하나님 앞에서 의롭게 서는 것(칭의)만으로는 충분하지 않고, 성도는 하나님 앞에서 거룩하게 되어야(성화) 한다 (pp. 193-194). 보스는 제31문에서 "중생과 성화 사이의 연결점은 무엇이며 차이점은 무엇인가?"라고 질문하고, 두 가지로 답을 한다. 첫째, 중생은 단번에 갑자기 발생한다. 사람이 어느 정도 중생했다고 말할 수 없다. 그 사람이 중생했거나 중생하지 않았거나 둘 중의 하나이다. 그러나 성화는 지속적으로 발생하며 성화에는 단계가 있다. 둘째, 그러나 중생은 성화의 시작이다. 우리의 본성을 성화시키는 일은 하나님께서 중생으로 우리 안에 형성하신 삶의 새로운 원리와 연계하여 발생한다(p. 194). 보스는 제32문에서 "최초의 회심과 성화의 사이에 무슨 관계가 있는가?"라고 질문하고, 계속되는 회심을 성화의 새로운 표명이라 부르는 것처럼, 회심 (conversion)은 성화 (sanctification)가 외적으로 나타나는 처음 표명이라고 설명한다(p. 194).

보스는 제34문에서 "성화를 이루는데 초자연적인 활동이 있다는 것과 모든 것이 도덕적 활동을 통해서 발생하지 않는다는 것을 성경을 통해서 증명할 수 있는 것인가?"라고 질문하고, 네 가지로 답을 정리한다. 첫째, 이는 성화 (sanctification)가 속사람 (the inner man)에게 발생한다는 구절들이 명백하게 가르치고 있다. 예를 들면, "그의 영광의 풍성함을 따라 그의 성령으로 말미암아 너희 속사람을 능력으로 강건하게 하시오며 믿음으로 말미암아 그리스도께서 너희 마음에 계시게 하시옵고 너희가 사랑 가운데서 뿌리가 박히고 터가 굳어져서"(엡 3:16-17)의 말씀이나, "그의 영광의 힘을 따라 모든 능력으로 능하게 하시며"(골 1:11)의 말씀이 이를 증거 한다. 둘째, 성화가 현저하게 신적인 사역임을 강조하는 구절들이 가르치고 있다. 예를 들면, "평강의 하나님이 친히 너희를 온전히 거룩하게 하시고"(살전 5:23)의 말씀이나, "평강의 하나님이 모든 선한 일에 너희를 온전하게 하사 자기 뜻을 행하게 하시고 그 앞에 즐거운 것을 예수 그리스도로 말미암아 우리 가운데서 이루시기를 원하노라"(히 13:20-21)의 말씀 등이 이를 가르친다. 셋째, 성도들의 성화가 그리스도와의 생명 연합의 열매 (fruit of life-union with Christ)로 나타나는 사실에서도 나타난다. 그런 이유로 성화는 우리가 성화를 외적인 행위와 연계시키는 것보다도 더 깊은 의미를 가지고 있다. 구세주는 그가 포도나무요 우리는 가지이기 때문에 그를 떠나서는 우리가 아무것도 할 수 없다고 말씀하신다(요 15:5). 그 관계는 우선적으로 유기적 (organic)이요, 도덕적 (moral)인 것이 아니다. 그런 유기적 관계로 성화를 직접적으로 설명하는 여러 구절들이 있다(엡 2:20-22; 5:28-32; 갈 2:20). 넷째, 성화 (sanctification)가 우선적으로 은혜의 외부적인 수단 (the external means of grace)에 의해 이루어진 것이 아니요, 마음 안에서 사역하시는 성령 (the Holy Spirit)에 의해 이루어진 것이라는 사실이 이를 확증하고 있다. 그래서 성령을 은혜 (grace)의 성령, 기쁨 (joy)의 성령, 사랑 (love)의 성령, 믿음 (faith)의 성령, 등으로 부르고, 일반적으로 기독교인들의 덕목들을 성령의 열매라고 부른다(참조, 갈 5:22-23)(pp. 196-197).

보스는 제37문에서 "성화가 얼마나 많은 부분들로 구성되었는가?"라고 질문하고, 그 답으로 두 가지를 제시한다. 성화는 옛 사람 (old man)을 죽이는 일로 하나님께서 우리의 죄로 인해 오염되고 부패한 본성을 점차 없애는 것이요, 또한 새 사람 (new man)을 살리는 일로 타락한 본성이 그리스도 안에서 하나님의 형상으로 더욱 더 새롭게 되는 것이다(pp. 198-199). 보스는 제44문에서 "성화가 이 생애에서 완전하게 이루어져서 죄의 모든 오염이 성도로부터 제거되는가?"라고 질문하고, "아니다"라고 답하며, 이 답과 반대로 주장하는 사람들을 열거한다. 펠라기우스 (Pelagius), 로마가톨릭 (Roman Catholics), 소씨니안 (Socinians), 알미니안 (Arminians) 등과 많은 신비주의자들 그리고 이단들이 그런 주장을 한다(p. 205). 보스는 제46문에서 "완전주의자들 (perfectionists)이 이 생애에서 완전을 이룰 수 있다는 그들의 완전 교리를 지지하기 위해 무엇에 호소하는가?"라고 질문하고, 네 가지로 정리하여

196

답을 한다. 첫째, 그들은 우리들이 거룩하게 되기 위해 노력하는 것이 우리의 의무라고 성경이 반복해서 명령하는 것을 근거로 든다. 만약 완전한 거룩이 이룰 수 없는 목표라면 이런 명령 자체가 그 뜻을 상실한다고 생각한다. 둘째, 그들은 구체적인 설명 없이 성화가 하나님의 백성들의 것이라고 여기는 성경 구절들을 근거로 제시한다. "너희도 그 안에서 충만하여졌으니"(골 2:10), "하나님의 흠 없는 자녀로 세상에서 그들 가운데 빛들로 나타내며"(빌 2:15), "누구든지 우리 온전히 이룬 자들은 이렇게 생각할지니"(빌 3:15) 등의 말씀을 근거로 제시한다. 셋째, 성경에서 노아 (Noah)나 욥 (Job)과 같은 인물처럼 완전을 성취한 사람으로 묘사되는 하나님의 자녀들을 예로 제시한다. 넷째, 요한 사도 (the Apostle John)가 하나님에 의해 중생한 사람은 더 이상 죄를 짓지 아니하는 사람들이라고 명백하게 선언한 것을 근거로 제시한다(요일 3:6-7, 9; 5:2-3, 18)(p. 207).

보스는 제49문에서 "성화와 선행의 차이가 어디에 있는가?"라고 질문하고, 네 가지로 정리하여 답을 한다. 첫째, 성화 (sanctification)는 우리 안에서 역사하시는 하나님의 사역이고, 선행 (good works)은 하나님을 위한 우리 자신의 행위이다. 둘째, 성화는 선행을 할 수 있는 근원이고, 선행은 근원으로부터 흘러나오는 물과 같다. 셋째, 성화는 우리 안에 이전에 없던 것을 새롭게 가져오는 것이고, 선행은 우리 안에 비밀리에 이미 있었던 것을 외적으로 표현하는 것이다. 넷째, 이 두 관계를 혼동함으로 어떤 이는 성화를 경건 (pietistic)의 범주로 만들어 버린다. 그래서 하나님이 우리들의 칭의를 위해 사역하시는 동안, 우리는 성화를 위해 우리 스스로 사역해야 한다고 생각하는 것이다. 만약 이것이 바르다면 우리는 성화 (sanctification)를 신학 (theology)의 범주에서 제거하고 도덕 (ethics)의 범주로 옮겨야 할 것이다. 왜냐하면 신학은 하나님과 관계된 것을 논하기 때문이다. 그러나 그렇게 하는 것은 옳지 않다. 선행은 여러 가지 다양성과 함께 도덕에 속하지만 오로지 우리를 거룩하게 하시는 하나님의 사역과 유기적인 연관 안에서만 가능한 것이다. 성화는 항상 하나님의 구원하시는 본질적인 한 부분으로 이해되어 왔다. 다섯째, 선행은 하나님이 인간 안에 심어주신 거룩한 성품 (the holy disposition)에 반응하는 것으로 나타난다. 이 성품은 표현되고 활성화되어서 내적으로 발전되고 강화된다. 이런 방법으로 성도들은 그들의 성화를 위해 권면 받는 것으로 이해된다(고후 7:1; 롬 6:19, 22; 살전 3:13). 그러나 여기서 구분을 해야 할 부분이 있다. 자연적인 질서 안에서, 사람이 능력 (power)을 행사할 수 있는 곳에서는 성품 (disposition)이 계속되는 행동과 연습으로부터 형성될 수 있다. 그러나 이런 것들은 성화 (sanctification)에서는 발생하지 않는다. 선행 (good works)은 거룩을 진작시킬 수는 있지만 원래 거룩 (holiness)을 창조하지는 못한다. 이를 반대로 생각하는 것, 즉 선행이 거룩을 창조할 수 있다고 생각하는 것이 펠라기우스 (Pelagius)의 잘못이다. 이 경우 거룩 (holiness)은 죄 (sin)로부터 구별된 것이다. 처음 타락 (first fall)으로 사람은 죄악된 성품을 갖게 되었다. 그러나 사람은 다른 방향으로 노력을 해도 거룩한 성품 (sanctified disposition)을 회복할 수 있는 능력을 가지고 있지 않다. 신성모독 (desecration)이 그의 일이고, 성화는 하나님의 일이다. 그러나 실제로 죄를 짓는 것은 유전으로 받은 오염을 더 심화시키고 내적 부패를 증가시키는 것이다(pp. 212-213).

보스는 제52문에서 "하나님께서 제공해주신 성화가 완전하게 상실될 수 있는가?"라고 질문하고, 그 답으로 이 질문은 성도가 배도 (apostasy)할 수 있느냐와 같은 질문이라고 설명한 후 칼빈 (Calvin)과 어거스틴 (Augustine)의 견해를 소개한다. 칼빈은 성도의 견인 (perseverance of the saints)을 성경적 교훈으로 받는다. 그런데 어거스틴은 성도의 견인의 교리를 받지 못하고 이상하게도 이 교리에 대해서는 펠라기우스와 그 뜻을 같이한다. 펠라기우스에 의하면 원리적으로 신자와 불신자 사이에 차이가 없다. 보스는 로마가톨릭, 소씨니안, 루터 교회, 에브랄드 (Ebrard)와 같은 현대 신학자들이 성도의 견인을 받지 못한다고 정리한다. 그리고 보스는 성도의 견인이 바른 견해임을 다음과 같이 설명한다. "만약 그리스도인의 생명이 실제적으로 신비적인 과정을 통해 성도에게 불어 넣은 하나님의 생명이라면, 그 생명은 결코 축출되거나 억압받을 수 없다. 하나님은 자신이 사람에 의해 쫓겨나도록 내버려두지 않으신다."(p. 217). 보스는 제53문에서 "성도는 배교하지 않는다고 말할 때 그 뜻은 무엇인가?라고 질문하고, 중생한 생명으로부터 성품을 부여받고 성화의 사역이 진행되는 사람은 믿는 자의 반열에서 쫓겨날 수 없다고 답하며 설명을 덧붙인다. 만약 믿음의 모든 행위들이 멈추고, 어떤 사람이 믿음을 행사할 수 있는 능력을 상실했을지라도, 새로운 생명 (the new life)은 계속 인내할 것이고, 그의 성품은 계속 존재하게 된다(p. 217).

보스는 제54문에서 "성도의 배교를 가르치는 사람들의 주요한 잘못이 무엇인가?"라고 질문하고, 그들은 은혜언약 안에서의 믿는 자의 신분 (the state of believers)과 타락하기 전의 아담 (Adam)의 신분을, 마치

이 둘이 완전히 동일한 것으로, 혼동하는 것이 잘못이라고 답을 하고 설명을 덧붙인다. 이 둘의 차이는 바로 여기에 있다. 아담은 완전을 소유했지만 변하기 쉬운 거룩을 소유하고 있었다. 왜냐하면 아담은 행위언약 (the covenant of works)안에 있었기 때문에 그의 결정 (decision)은 사람의 의지 (the will of man)로부터 중지되어 있지만, 신자 (the believer)는 은혜언약 (the covenant of grace)안에 있기 때문에 하나님이 이 은혜언약으로 모든 것을 안전하게 만드셔서 더 이상 변화의 개념이 존재하지 않는다. 이런 이유로 신자들은 불완전한 거룩을 소유하고 있지만, 거룩이 상실될 가능성은 전혀 없다(pp. 217-218). 보스는 제58문에서 "이 생애 이후에 성화가 있는가?"라고 질문하고, "아니다"라고 답을 한 후 이런 견해는 반드시 배격되어야 한다고 강조해서 말한다. 보스는 그 이유로 네 가지 근거를 든다. 첫째, 성경이 이 생애 이후 천국에서의 성화를 인정하지 않는다(히 12:23; 요일 3:2; 계 14:13). 둘째, 죄는 그 비참함과 분리될 수 없다. 그러므로 천국에도 성화가 필요한 죄가 있다면 천국에도 비참함이 있다는 뜻이다. 천국에는 죄가 존재할 수 없다. 천국 안에서 죄의 존재를 논하는 것은 천국의 개념을 파괴하는 것이다. 셋째, 천국에도 성화가 존재한다는 견해는 천국 안에서 죄인의 조건 (condition)이 변화될 수 있다는 뜻이다. 천국에 성화가 있다면 결국 "두 번째 시련" (second probation)이 있어야 하는데 이는 옳지 않다. 넷째, 인간이 죽을 때에 모든 죄가 영혼으로부터 제거될 것이다(p. 226)

제5권

교회론,
은혜의 수단들,
종말론

Geerhardus Vos, "Ecclesiology, the Means of Grace, Eschatology," *Reformed Dogmatics*, Vol. 5. Trans. and Ed. by Richard B. Gaffin, Jr. with Kim Batteau, Allan Janssen. Bellingham, WA: Lexham Press, 2016.

제5권은 교회론 (Ecclesiology), 은혜의 수단들 (The Means of Grace), 종말론 (Eschatology)을 다루는데 제1부 교회론, 제2부 은혜의 수단들, 제3부 종말론으로 나누어 다루고 있다. 제5권의 구성과 배열에 대해 주목할 것은 책의 내용을 제1부, 제2부, 제3부로 나누되, 장 (chapter)의 배열은 제1부, 제2부, 제3부의 구분과 상관없이 책 전체를 제1장으로부터 제7장까지로 나누어 배열했다는 것이다. 제1부 교회론과 제2부 은혜의 수단들 그리고 제3부 종말론에 대한 질문은 전체 187개이다.

제5권 1부에서 교회론을 다루는데 제1장의 본질 (Essence), 제2장의 조직 (Organization), 권징 (Discipline), 직분 (Offices)을 다룬다. 제5권 2부에서 은혜의 수단들을 다루는데 제3장의 말씀과 성례 (Word and Sacraments), 제4장의 세례 (Baptism), 제5장의 성찬 (The Lord's Supper)을 다룬다. 제5권 3부에서 종말론: 마지막 일들에 관한 교리를 다루는데 제6장 개인적인 종말론 (Individual Eschatology), 제7장 일반적인 종말론 (General Eschatology)을 다룬다.

제1부에서 보스 (Vos)는 교회의 본질, 조직, 권징, 직분을 다룬다. 제1 부의 제1장은 본질 (Essence)에 대해 17개의 질문으로 정리한다. 보스 는 제1문에서 "이전에 다루었던 구원론 (soteriology)에서부터 교회론 (the doctrine of the Church)으로 옮기는 그 방향성의 본질은 무엇인가?" 라고 질문하고, 지금까지 참조하여 논의된 모든 것은 개인 성도 (individual believer)에 관한 것이고, 성령 하나님께서 개인인 그에게 이루신 것에 관한 것이라고 정리하고 몇 가지 설명을 덧붙인다. 그 개인은 부 르심을 받았고, 그는 중생되었고, 그는 믿었고, 그는 칭의를 받았고, 그 는 성화의 대상이 되었다. 그러나 개인 성도는 혼자 남아 있을 수 없다. 중보자의 공적들 (the merits of the Mediator)의 적용은 또한 공동체적인 면 (communal side)을 가지고 있다. 연합의 뿌리는 개인들 가운데 내재 해 있는 것이다. 신자들은 모두 그리스도 안에 있는 것으로 간주되고, 그리스도의 성령으로 중생되어서 그들은 모두 한 몸 (one body)을 이루 기 위해 그리스도에게로 접붙임 받았다. 그러므로 개인에 관한 것이 다루어진 이상 공동체적인 것도 마땅히 논의되어야 한다. 이런 논의가 교회론 (the doctrine of the Church)에서 다루어진다.

명백히 이 교회론 (ecclesiology)과 관련하여 성례들 (sacraments)이 있다. 왜냐하면 성례들 역시 개인적인 특성을 가지고 있지 않기 때문 이다. 그것들은 교회로부터 분리될 수 없고, 교회로부터 나오며, 그리 고 교회를 가리키고 있다. 교회와의 관계는 세례 (Baptism)에 의해 대표 되고 설립된다. 성도 개인은 고독한 개인으로 세례를 받는 것이 아니라 그리스도의 교회와 연관되어 세례를 받는 것이다. 마찬가지로, 아무도 주님의 만찬 (the Lord's Supper)을 자기 자신 혼자를 위해 참여하는 것이 아니다. 주님의 만찬은 성도들의 친교로 간주되는 것이다.

이제 우리는 반대 방향으로 개인 구원론을 다루기 전에 교회론을 다루는 것이 필요하지 않은지 질문을 해야 한다. 개인 기독교인이 만약 그가 공동체를 따라서 하나님의 언약 (the covenant of God)안으로 태어났다면 그는 사실상 처음부터 존재한 것이 아닌가라고 질문할 수 있다. 이런 사상은 실제로 현대신학 (modern theology)이 가르친 내용이다. 즉, 하나님의 자녀들의 삶은 교회 안에서 사는 것이고 교회로부터 교회에 참여하는 개인들에게 전해지는 것이다. 로마가톨릭 (Rome)도 그런 결과를 받아들인다. 주목할 것은 신자들 (believers)이 교회를 형성하는 것이 아니라, 교회 (the church)가 신자들을 형성한다는 것이다. 그들은 하나님의 언약 안에 있는 말씀과 성례의 사역을 통한 외부적 의미에서뿐만 아니라, 가장 실제적인 의미에서 모든 은혜(all grace)는 교회가 소유하고 있는 성례의 물질의 실체를 통해 와야만 한다고 가르친다. 어떤 사람은 그가 세례 (baptism) 받음으로 중생되었고, 그가 성례 (sacraments)에 참여함으로 그의 구원을 위해 필요한 모든 은혜를 교회의 보고 (the treasury of the church)로부터 연속적으로 받는다고 그들은 가르친다.

이런 교훈은 개혁주의적인 개념 (Reformed conception)이 아니다. 비록 우리들이 은혜언약의 사역을 믿고 그 사역에 큰 가치를 부여하더라도 실제로 재창조된 은혜는 한 성도에서 다른 성도로 전달되지 않고, 교회로부터 개인에게 전달되지 않는다. 재창조된 은혜는 그리스도로부터 (from Christ) 직접적으로 부름을 받은 자 (the one called)에게 전달된다. 이런 그리스도와의 연합을 통해 믿는자들 역시 서로 하나로 된다. 이런 방법으로 은혜언약의 사역이 시작된다. 하나님은 효과적으로 부르시고 그들과는 물론 그들의 후손들과 언약 (His covenant)을 맺으신다. 하나님은 아브라함 (Abraham)과 그렇게 하셨다. 이것이 우리들이 구원론 후에 교회의 교리를 다루는 이유이다(pp. 3-4).

보스는 제2문에서 "성경에서 어떤 단어가 교회의 개념으로 사용되었는가?"라고 질문하고, 교회를 위한 적절한 용어는 에클레시아 (ἐκκλησία)로 "불러내다"라는 의미라고 설명한다. 헬라인들 (the Greeks)에게 이 에클레시아는 전령자에 의해 소집된 자유 시민들이 국가의 문제를 결정하기 위해 모인 회합을 뜻한다. 구약 (Old Testament)에서는 에클레시아가 칠십인경 (LXX)에 사용되었는데 이는 히브리어 카할 (qahal: קָהָל)을 번역한 것이다. 카할도 "모으다, 불러 모으다"란 의미를 가지고 있다. 그 뜻은 (1) "만일 이스라엘 온 회중 (qahal)이 여호와의 계명 중 하나라도 부지중에 범하여 허물이 있으나 스스로 깨닫지 못하다가"(레 4:13)의 말씀처럼 실제로는 전체 이스라엘이 모인 것은 아니지만 전체 이스라엘 나라를 교회-국가 (church-state)처럼 전체를 가리킬 때 사용되었다. (2) "그 때에 솔로몬 (Solomon)이 … 우리 하나님 여호와 앞에서 절기로 지켰는데… 온 이스라엘의 큰 회중 (qahal)이 모여 그와 함께 하였더니"(왕상 8:65)의 말씀처럼 이스라엘 나라 전체의 회집을 가리킬 때 사용되었다.

모세 (Moses) 오경에서는 카할 (qahal)이 나타나는 곳에 쉬나고게 (συναγωγή)가 사용되었다. 그러나 모세오경에서 이 용어는 대부분 '회중' (assembly)이라는 뜻을 가진 히브리어 단어 "에다" ('edah: עֵדָה)로 대치되었다.

신약 (New Testament)에 사용된 에클레시아 (ἐκκλησία)라는 용어에 대해서는 몇 가지 다른 점에 주목할 필요가 있다. 첫째, 에클레시아가 유대인들의 회집에 대한 대칭 개념으로 사용된 점, 둘째, 주님께서 복음서에서 이 용어를 직접 사용하신 점, 셋째, 교회와 천국 개념의 연계성 문제, 넷째, 신약에서 이 용어가 사용될 때 다른 의미로도 사용되었다는 점 등이다(pp. 4-5).

보스는 제3문에서 "교회라는 용어가 유대인들의 회집이라는 의미로도 사용되었는가?"라고 질문하고, "그렇다"라고 답한 후, 신약의 몇 곳에서 에클레시아가 유대인들의 회집을 가리키는 것으로 사용되었다고 설명한다(행 7:38). 이 용법은 과거 이스라엘 백성들을 되돌아보는 관점에서 사용된 반면 그 당시 유대인들의 회집을 가리킬 때는 쉬나고게 (synagoge)를 사용했다(행 13:43). 쉬나고게는 "만일 너희 회당 (συνα-γωγήν)에 금 가락지를 끼고 아름다운 옷을 입은 사람이 들어오고"(약 2:2)의 말씀에서 예외적으로 신자들의 회집을 가리키는데 사용되었다. 원칙적으로 유대인들의 모임은 쉬나고게 (synagoge)로 표현하고, 기독교인들의 모임은 교회 (church)로 표현되어 서로 비교된다.

그래서 주님 (Lord)과 그의 사도들 (His apostles)이 쉬나고게라는 용어의 사용은 절제하고, 비록 전적으로 성경적이지만 유대인들에 의해 점점 더 사용되지 않은 교회라는 용어로 복귀한 것은 의미심장하다. 유대인들이 쉬나고게를 사용한 데에는 여러 가지 이유가 있다. 유대인들에게 "교회" (ἐκκλησία)라는 용어는 이교도적인 정취를 가진 용어이다. 더구나 쉬나고게라는 용어는 모세 (Moses)의 율법에서 일상적인 용어였다. 포로 기간 이후의 유대주의는 모든 능력을 동원하여 율법을 지키는데 초점을 맞춘 관계로 행위로 거룩해지는 형식주의적인 유대주의로 전락하였기 때문에 유대주의는 율법으로부터 쉬나고게라는 이용어에 호감을 표현하게 되었다. 우리들이 이 사실을 고려하면 주님이 교회 (ἐκκλησία)라는 용어를 선택하신 것은 더 깊은 의미를 갖고 있는 것이다. 주님은 이스라엘 (Israel)이라는 형식적 의미를 초월한 단어를 선택하셨는데 그 단어는 과거 이스라엘을 불러내셨다는 것을 상기하게 하는 "하나님의 불러내심" (the call of God)을 가리키고 있다. 그래서 교회 (ἐκκλησία)라는 용어는 처음부터 더 이상 한 민족에 국한되지 않은 근거 위에 은혜언약의 신약 시대를 위치시킨 것이다(행 2:39). 이 근거는 (1) "이 약속은 너희와 너희 자녀"에게 하신 것이요, (2) "모든 먼 데 사람 곧 주 우리 하나님이 얼마든지 부르시는 자들"(행 2:39)이라는 말씀에서 찾을 수 있다.

이런 이론으로 유대인들의 회당 (συναγωγήν)이 구약 언약 시대의 써클 밖에 있다는 것을 주장하는 것은 아니다. 이는 명확히 그런 경우가 될 수 없다. 그리스도 자신이 회당 (synagogue)에 들어가셨고, 후에 사도들은 회당에서 선교사역의 접촉점 (point of contact)을 찾았다. 사도들은 주님의 부활 이후와 성령을 부어주신 오순절 이후까지도 언약사역의 계보에서 벗어나지 않았다.

우리가 이 문제를 접할 때 간과해서는 안 될 한 가지 문제가 있다. 유대인들의 회당 (synagogue)은 모든 곳에서 유일한 종교 회집이 아니었다. 흩어진 유대인들 (the Jews in the Diaspora)은 자연적으로 국가의 권력을 가질 수 없었다. 그들이 모일 때는 종교적인 공동체였다. 이는 혼합된 인구가 발견되는 곳은 팔레스틴 (Palestine) 어디에서도 동일했다. 그러나 여러 곳에서 장로들의 국가 정부와 회당의 행정이 동시에 동일 공간에서 발생하는 경우가 있었다. 그래서 그런 경우에 유대인의 국가가 존재하지 않았음에도 불구하고 구약의 국가 (state)와 교회 (church)를 동일시하는 일이 계속되었다. 이점에서도 교회의 개념은 회당의 개념에 대조를 형성하고 있다(pp. 5-6).

보스는 제4문에서 "구세주의 입을 통해 사용된 '교회'라는 용어의 독특한 뜻은 무엇인가?"라고 질문하고, 복음서 (the Gospels)에서 주님에 의해 사용된 에클레시아 (ἐκκλησία)는 단지 두 번밖에 없다고 답한 후 설명을 이어간다. 첫째, "또 내가 네게 이르노니 너는 베드로라 내가 이 반석 위에 내 교회를 세우리니 (οἰκοδομήσω μου τὴν ἐκκλησίαν) 음부의 권세가 이기지 못하리라"(마 16:18)라는 말씀과 둘째, "만일 그들의 말도 듣지 않거든 교회에 말하고 (εἰπὲ τῇ ἐκκλησίᾳ) 교회의 말도 듣지 않거든 이방인과 세리와 같이 여기라"(마 18:17)라는 말씀이다.

이 두 구절에 나타난 회집 즉 교회 (church)는 "내가 내 교회를 세울 것이다" (I will build my church.)의 말씀처럼 미래의 어떤 것으로 언급되었다. 마태복음 (Matthew) 16장에는 주님의 말씀을 뒤따라 거의 즉각적으로 예수님의 고난 (His suffering), 죽음 (His death), 부활 (His resurrection)에 대한 예고가 나온다. 그래서 교회의 설립은 그런 사건들과 연계되었음이 명백하다. 이전에는 항상 "천국" (kingdom of heaven)이었는데, 이제는 고난과 부활의 예언이 언급되는 곳에 갑자기 "교회" (church)가 등장한다. 마찬가지로 마태복음의 "두세 사람이 내 이름으로 모인 곳에는 나도 그들 중에 있느니라"(마 18:20)의 말씀도 같은 경우이다. 이 말씀은 분명하게 승귀하신 중보자 (the exalted Mediator)의 인성 (human nature)의 부재(absence)를 가리킨다. 그래서 한편으로, 교회는 미래적인 것이고, 다른 편으로, 교회는 확실하게 이스라엘의 교회 (the church of Israel)를 지목함으로 용어 자체 속에 교회의 개념이 존재한다. 그래서 교회는 절대적으로 새로운 개념이 아니다. 교회는 이전에 존재했지만 이제는 새로운 형태로 세워지게 될 것이다. 이제 교회는 탁월하게 주님의 교회 (His church)가 될 것이다. 즉, 교회라는 형태 (form)는 그 자신이 육체로 나타나신 후, 아버지의 인정하심을 받아서 만들어주신 형태인 것이다. 본질적으로 신, 구 언약 (the old and new covenant) 아래에서의 교회는 동일하다. 단지 형태 (form)와 표명 (manifestation)에서 다를 뿐이다. 그리고 그 차이점은 한 가지 이상으로 나타난다.

첫째, 구약시대의 교회 (church)는 교회 이상의 기관이었다. 그것은 국가와 동등했다. 구약 언약 시대는 두 얼굴을 가지고 있었다. 교회가 교회 이상이라는 것 때문에 교회는 온전하게 교회가 될 수 없었다. 교회는 그 자체의 형태를 가지지 못했고, 모든 다른 것으로부터 분리되거나 구별될 수 없었다.

둘째, 옛 언약의 교회는 국가 교회 (state church)였을 뿐만 아니라 본질적으로 민족 교회 (national church)였다. 이방인이 그 교회에 속하기 원하면 유대인이 되는 것으로 참여할 수 있게 되었다. 이 특정주의 (particularism)는 하나님의 계획에 의해 전 세계를 포괄하는 목적으로 사용된 것이 확실하지만 그 자체로 한계를 가지고 있는 것이다.

셋째, 오순절 (Pentecost)에 특별하고, 오로지 중보자 (Mediator)의 완성된 사역 후에 나타난 성령의 부어주심 (the outpouring of the Holy Spirit) 도 구약과 신약의 교회를 마찬가지로 구별한다. 오순절 이전에 성령의 사역이 없었다는 것은 아니다. 오순절에 성령의 부어주심 전에도 성령은 중생의 사역을 하셨고, 중보자에게로 인도했으며 믿음으로 중보자에게 연합되도록 하는 효과를 이루셨다. 그러나 이제 발생한 특별한 형태로 교회는 옛 시대와 새 시대의 구별을 형성한다(pp. 6-8).

보스는 제5문에서 "주님이 '내가 이 반석 위에 내 교회를 세울 것이다'라고 말했을 때 그 의미는 무엇인가?"라고 질문하고, 우선적으로 이 이미지 (image)는 베드로의 신앙고백에 적용되는 반석 (the rock)을 제시하는 것임에 틀림없다고 답을 한다. 동시에 다른 사상이 존재하는데 그것은 집과 가족의 연결 (the house-family connection) 개념이다. 중동 (the Middle East)에서 사는 사람에게는 집이 그의 가족을 뜻하고 그의 처소를 뜻한다. 교회가 집이라는 개념은 교회를 언약의 경영과 연결시키는 것이다. 교회는 가족의 계보를 통해 계속된다. 성경에서 교회는 "하나님의 집"(참고, 딤전 3:15; 히 3:6; 10:21), "믿음의 가정"(갈 6:10), "하나님의 권속"(엡 2:19), "집 사람들"(마 10:25)과 같은 의미로 나타나고 있다 (p. 8). 보스는 제6문에서 "천국과 교회의 개념 사이의 관계는 무엇인가?"라고 질문하고, 이와 관련하여 두 가지로 정리할 수 있다고 답한 후 설명을 덧붙인다. 첫째, 한편으로 "하나님 나라" (kingdom of God)는 좁은 개념이요, "교회" (church)는 넓은 개념이다. "교회"는 보이는 면 (visible side)과 보이지 않는 면 (invisible side)을 가지고 있어서 전체 민족을 가리키는 것으로 인식되는 반면, "하나님 나라"는 여러 가지 의미로 보이지 않는 영적인 원리 (the invisible spiritual principle)를 가지고 있다. 이 원리는 우리가 진정으로 그에게 속하게 되면 그리스도께서 우리들의 영혼에 대해 행사하시는 주권 (lordship)이며, 우리들이 그의 주권적인 권한에 복종하는 것이고, 우리들이 많은 다른 멤버들과 함께 그의 몸에 연합하고 순응하는 원리이다. 하나님 나라는 이런 진정한 멤버들과 그리스도의 신하 (subjects of Christ)들의 모임이다. 이 나라가 천국 (kingdom of heaven)이라 불리는 이유는 그 중심과 미래가 하늘에 있기 때문이다. 언약의 모든 영적인 복인 의 (righteousness), 자유 (freedom), 평강 (peace), 성령 안에서의 기쁨 (joy in the Holy Spirit)이 천국과 연관되어 있다(롬 14:17). 천국은 그와 같은 영적인 실재로 사람 안에 있으며 외형적인 얼굴을 드러내지 않는다. 이런 의미로 이해할 때, 천국은 보이지 않는 교회와 동등하지만 신약적인 특유성으로 그리스도는 그의 오심 (His coming)을 통해 천국이 가까이 왔다고 선포하신다. 그리스도는 왕이시요, 그의 분명한 자기 계시와 그의 완성된 사역을 통하여 보이지 않는 교회는 전에는 소유하지 못했던 새로운 영광 (new glory)을 받음으로 이 왕국 안에서는 가장 작은 자도 세례 요한 (John the Baptist)보다 더 큰 자가 된다(마 11:11). 둘째, 다른 편으로 "하나님 나라"와 "천국"은 교회의 개념보다 더 넓은 개념이다. 실제로, 하나님 나라 (kingdom of God)는 우리들에게 가루 전체에 파고들어가는 누룩으로(마 13:33), 하나의 큰 나무로 자라서 그 가지들로 모든 생명을 깃들이게 하는 겨자씨 (mustard seed)로 제시된다. 명백하게, 그런 것들은 교회 (church)의 개념에는 적용되지 않는다. 교회의 개념에는 없는 삶의 다른 분야가 있지만 하나님 나라는 그 모든 것으로부터 배제되지 않는다. 하나님 나라는 과학 분야, 예술 분야, 정치 분야 등 삶의 모든 영역에서 그 권리를 가지고 있다. 그러나 교회는 그 모든 것에 대해 권리를 주장할 수 없다. 하나님 나라의 외적 부분(보이는 교회)은 이런 일들을 해서는 안 된다. 왕국의 내적 본질 즉, 새로운 존재는 그 자체로 충만해져야하고 성결해져야 한다. 로마가톨릭 (Roman Catholic)의 확실한 잘못은 교회가 이 모든 것들을 교회 안으로 가져와서 이 모든 것들을 다스려야 한다고 주장하는 것이다. 그렇게 되면 교회의 과학이 있어야 하고, 교회의 예술이 있어야 하고, 교회의 정치가 있어야 한다. 여기에서 하나님의 나라가 교회와 동일시되고 지상에 절대적인 모형 (absolute form)으로 설립되어야만 하는 것이다.

우리는 이와 다르게 생각한다. 진정한 기독교인은 우선적으로 교회에 속하고 그리고 교회 안에서 그리스도를 왕으로 인정한다. 그러나 그것 이외에 신자는 삶의 모든 다른 분야에서 그리스도의 주권을 인정함으로 이런 것들을 서로 혼합시키는 잘못을 범하지 않는다. 민족의 전체 삶을 포괄하는 구약의 교회-국가 (church-state)는 모든 것을 포괄하는 하나님 나라의 모형 (type)이다.

만약 이제 우리가 첫 번째 국면의 관점에서 보이는 교회와 하나님 나라를 비교한다면, 우리는 교회가 하나님 나라의 표현 (manifestation)이요 구현 (embodiment)이라 말할 수 있을 것이다. 만약 우리가 두 번째 국면의 관점에서 교회와 하나님 나라를 비교한다면, 그러면 우리는 교회가 하나님 나라의 도구라고 말할 수 있을 것이다. 만약 우리가 최종 결과 (the final outcome)를 바라본다면, 우리는 교회와 하나님 나라가 일치한다고 말해야만 한다. 하늘에서는 더 이상 삶의 구분이 존재하지 않을 것이다. 거기에서는 보이는 것과 보이지 않는 것이 완전하게 일

치할 것이다. 당분간 하나님 나라는 교회의 특별한 형태를 통해 진전
되어야만 한다(pp. 8-9).

보스는 제8문에서 "교회 (church: kerk)라는 용어의 유래는 무엇인
가?"라고 질문하고, 그 유래는 헬라어 퀴리아콘 (κυριακόν)이요, 중성
형은 퀴리아코스 (κυριακός)인데 그 뜻은 "주님의 것" (what is of the
Lord), "주님께 속한 것" (what belongs to the Lord)등의 뜻을 가지고 있다
고 설명한다(p. 13). 보스는 제10문에서 "교회를 정의하는데 사용된 세
가지의 관점은 무엇인가?"라고 질문하고, 그 답으로 선택 (election)의
관점에서, 세례 (baptism)의 관점에서, 그리고 신앙고백 (confession)의
관점에서 세(3) 가지로 설명한다. 첫째, 선택의 관점에서 교회를 고찰
할 때 선택받은 자들은 이미 하늘에 있던, 지상에 아직 머물고 있던, 또
는 아직 태어나지 않았을지라도 그들은 모두 교회 안에 있다고 말할 수
있다. 그러므로 선택을 효과적인 소명 (effectual calling)과 연관해서 고
려하면 보이지 않는 교회 (the invisible church)는 하나님의 말씀과 성령
으로 효과적으로 소명 받아 진실된 믿음으로 그리스도와 신비적인 연
합을 이룬 사람들이라고 정리할 수 있다. 이 개념은 교회라는 용어와
완전하게 일치한다(pp. 13-14). 둘째, 세례의 관점에서 교회를 고찰하면
진실한 믿음으로 세례를 받고 외적으로 인침 받아 그리스도의 몸에 접
붙임 된 사람들은 보이는 형태의 교회에 속한 사람들이다. 하나님은
우리에게 외형적인 표지 (sign)를 주어 어떤 사람이 합법적으로 기독교
인인지 아닌지를 판단하게 하셨다. 그러므로 우리가 이런 외형적인 표
지로 진실한 믿음의 존재를 전제한다면, 우리는 또한 마땅히 보이는 교
회의 존재도 인정해야만 한다(p. 14). 셋째, 신앙고백의 관점에서 교회

를 고찰하면 신앙고백은 보이지 않는 교회의 본질을 표명하는 주요한 외적인 수단이다. 그리고 신앙고백은 교회의 멤버들을 교회의 외적인 형태로 모으는 결속 (bond)이다. 그러므로 우리는 외적인 말씀과 성례의 사용, 그리고 교회의 권징의 방법을 통해 외적인 몸과 연합함으로 모인 사람들이 "보이는 교회"라고 정의할 수 있다. 보이는 교회가 "보이는" (visible)이라는 명칭을 유지하기 위해서는 반드시 조직화되어야 하고, 확정된 형태를 갖추어야 한다(p. 13-15). 보스는 제13문에서 "교회의 속성이란 무슨 뜻인가?"라고 질문하고, 보이지 않는 교회의 속성을 네(4) 가지로 정리해서 답을 한다. 첫째, 통일성 (unity)이다. 교회의 통일성은 영적인 통일성이요, 장소나 시간이나 의식 (ritual)의 통일성을 말하지 않는다. 통일성은 어느 장소나 어느 시대를 막론하고 그리스도의 신비로운 몸으로서의 통일성이다. 통일성은 그리스도를 머리로 한 통일성이다(엡 1:22-23). 통일성은 성령으로 하나 된 통일성이다(고전 6:17). 통일성은 객관적 믿음의 통일성이다. 통일성은 사랑으로 하나 된 통일성이다(엡 4:2, 16). 통일성은 소망이 같은 통일성이다(엡 4:4; 롬 8:17). 통일성은 한 세례로 가족이 된 통일성이다. 둘째, 거룩성 (holy)이다. 그리스도의 의가 교회의 의로 인정되기 때문에 원리적으로 교회는 주관적인 거룩성을 받았다고 말할 수 있다. 이 거룩성은 교회가 세상으로부터 구별된다는 의미에서 보이는 교회 (visible church)에서도 표명된다. 교회는 언덕 위의 도시이며, 세상의 소금이요(마 5:13-14), 빛의 자녀들이다(엡 5:8). 하지만 이 거룩성은 절대적이 될 수 없다. 왜냐하면 불완전이 이 세상에 항상 존재하기 때문이다(pp. 21-22). 셋째, 보편성 (universal or catholic)이다. 교회는 "하나의 거룩한 보편적 교회" (one holy catholic church)이다. 이 표현은 제일 먼저 익나티우스 (Ignatius)가 사용했으며 제2세기 후반에는 교회에 대한 공통적 명칭이 되었고 그 결과 사도신경 (the Apostles' Creed)에 포함되게 되었다. 넷째, 불멸성 (imperishable)이다. 교회는 결코 이 지구상에서 없어지지 않는다. 전투적인 교회에 어려움이 있을 수는 있지만 교회는 항상 존재한다(pp. 20-23). 보스는 제15문에서 "순수하게 말씀을 선포하는 것이 교회의 표지 (mark)라는 것을 성경에서 보여줄 수 있는가?"라고 질문하고, "그렇다" 라고 답을 한 후, 주님께서 그의 음성을 듣고 그의 말씀 안에 거하는 사실로 그의 양과 그의 제자들이 누구인지 알 수 있다고 말씀하셨음을 상기시킨다(요 10:27; 8:31-32, 47; 14:23). "그들이 사도의 가르침을 받아 서로 교제하고 떡을 떼며 오로지 기도하기를 힘쓰니라"(행 2:42)의 말씀이 이를 증거한다. 여기서 말씀 (Word)과 성례 (sacrament)가 연결된다. 반대로 거짓 교회는 하나님의 말씀에 순종하지 않은 사실이 증거하는 거짓 교훈에 의해 드러난다. "마땅히 율법과 증거의 말씀을 따를지니 그들이 말하는 바가 이 말씀에 맞지 아니하면 그들이 정녕 아침 빛을 보지 못하고"(사 8:20)라는 이사야의 말씀이 이를 확인한다(참조, 신 13:1-2; 요일 4:1; 요이 9). 갈라디아서 1:8은 다른 복음을 선포하는 자에게 화가 미칠 것이라고 가르친다. 하나님의 말씀은 옛적에는 유대인들에게, 지금은 새언약의 교회에 맡겨졌다(롬 3:2). 하나님의 말씀이 발견되는 곳에서는 교회 역시 발견될 것이다. 만약 촛대가 있는 곳에서 움직여지면 교회는 그 존재를 멈출 것이다(계 2:5). 비록 교회 안에 있는 신자들이 불로 받은 것과 같은 구원은 받겠지만 우리는 아직도 하나님이 그의 언약을 지키지 않고 교회를 멸하게 하실 것이라는 두려움에 떨게 될 것이다(pp. 25-26).

제1부 제2장

제1부의 제2장은 조직, 권징, 직분 (Organization, Discipline, Offices)을 오로지 한 개의 질문으로 설명하면서 조직(pp. 32-42), 권징(pp. 43-50), 직분(pp. 50-74)으로 나누어 길게 설명한다(제2장 전체 42 페이지). 보스는 제2장을 한 개의 질문으로 정리한다. 보스는 제1문에서 "보이는 교회의 조직 (organization)과 정치 (government)에 몇 가지의 견해가 있는가?"라고 포괄적인 질문을 하고 여러 가지 교회 조직을 소개한다. 첫째, 어떤 사람들은 교회의 외형적인 형태가 필요하지 않고 심지어 교회의 외형적인 형태는 불법적인 것이라고 생각하여 자신들을 교회의 모든 조직에서부터 분리한다. 이런 주장을 하는 단체는 "플리머스 형제들" (Plymouth Brethren)이며 "퀘이커 교도"(Quakers)들도 비슷한 견해를 가지고 있다. 둘째, 에라스티안 제도 (The Erastian system)는 에라스터스 (Erastus: 1524-1583)가 쯔빙글리 (Zwingli)로부터 이어받은 견해이다. 이 견해는 교회가 전적으로 영적이기 때문에 외형적인 조직인 국가에 소속되어 있다고 생각한다. 그러므로 신앙을 고백하는 기독교인의 죄는 교회의 직책을 가진 사람이 징벌할 수 없고 오로지 시민 정부가 판단해야 할 사항이라고 생각한다. 교회는 법이나 법령을 만들 수 없고 오로지 가르치고, 권고하며, 확신시키는 일만 할 뿐이다(pp. 32-33). 셋째, 감독 제도 (The episcopal system)는 교회의 통일성과 권한이

전적으로 감독들에게 속해있다고 가르친다. 감독 제도는 감독들을 사도들의 후계자들로 생각하고 감독의 권한이 사도들로부터 감독들에게 전수되었다고 생각한다. 따라서 감독 제도 안에는 성직자 사이에 자연적인 계층이 존재한다. 감독 교회의 모든 성직자는 교회의 합법적인 일꾼이 되기 위해서는 감독에 의해 임명(안수)을 받아야 한다. 이처럼 감독 교회는 다른 교회 단체와 협력적이지 않고 분열적이며 함께 성찬을 나누지도 않는다. 영국의 감독 교회인 성공회는 장로교회에서 세례 받은 어린 아이들에게 다시 세례를 주고 다른 교회에서 안수 받은 목사에게 다시 안수를 받게 한다(pp. 33-34). 넷째, 현대 로마가톨릭 교회의 제도 (The system of the present-day Roman Catholic Church)는 제1차 바티칸 회의 (the Vatican Council; 1869-1870)이래 절대적인 군주제로 교황은 아무에게도 책임을 지지 않는다. 교황은 교회 위에 존재하고 있다. 교회는 교황에게 의존되어 있고 어떤 의미에서 교황이 곧 교회이다. 어떤 이는 상대적인 이 세상에서 로마가톨릭 교회 제도처럼 절대적인 제도가 필요하다고 주장하지만 이는 전적으로 비성경적인 제도요 주해적으로나 역사적으로나 교리적으로 지지를 받을 수 없는 제도이다(pp. 34). 다섯째, 독립 제도 (The system of Independents)는 청교도 (Puritan)의 원리와 일치한다. 청교도의 원리는 교회가 믿는 자들만으로 구성된 영적인 몸이기 때문에 조직된 단체로서의 의무를 감당할 소명을 고려하지 않은 것이다 오웬 (Owen)이 독립제도주의자이며 다른 말로는 회중교회주의자이다. 오웬에 의하면 보이는 개 교회는 하나님을 위한 봉사를 위해 특별한 관계로 연합된 중생한 사람들로 구성되어서 상호간 서로 감독을 행사하는 단체라고 주장한다. 이 견해에 의하면 성도들은 교회를 구성하는 재료 (material)이며 이와 같은 관계가 교회의 형태이다. 독립교회 제도는 교회의 정치에 있어서 절대적으로 민주주의 방식이다. 독립교회 내에는 장로교 개념에 맞는 교회의 직분자들이 없다. 독립교회 제도에서는 한 사람이 한 개교회의 목사로 안수를 받고 사역을 하다가 그 교회를 떠나면 그 목사는 일반 성도로 인정받는다. 그가 다른 새로운 교회의 목회를 하려면 그는 다시 안수를 받아야 한다. 그러나 장로교 개념은 말씀의 사역을 맡은 목사가 하나님의 교회의 어느 곳에서 말씀을 선포하든 그는 말씀을 맡은 목사이다(pp. 34-35). 여섯째, 교회를 공동 관리하는 제도 (The collegial system)는 사무엘 퓨펜돌프 (Samuel Pufendorf, 1687), 크리스토프 마태우스 파프 (Christoph Mattäus Pfaff, 1719) 그리고 독일의 뵈메 (J. H. Böhmer, 1744)에 의해 개발된 제도이다. 이들은 옛 로마의 조합 (The old Roman guilds)은 특별한 관심을 가진 이들로 구성된 자유 연합 (collegia)으로 국가의 인정을 받았다는 사실에 착안하여 이 원리를 교회에 적용하였다. 기독교회도 처음에는 로마 정부에 대해 불법적인 연합 (collegia illicita)이었지만 나중에 인정받은 연합 (collegia licita)이 되었다. 이처럼 교회를 공동 관리하는 제도는 교회를 자유 연합으로 생각하는 것이다. 그들은 교회가 계약 (contract)에 의해 기원되었다고 생각한다. 교회를 공동 관리하는 제도는 개교회가 전체 보이는 연합의 한 부분이라는 견해와 연결되어 있는 것이다(p. 36). 일곱째, 교회정치의 개혁주의적인 제도 (The Reformed system of church government)는 다음의 이론에 근거되어 있다. (1) 교회는 그 본질에 있어서 왕국 (kingdom)이다. 그리스도가 그 왕국의 왕이시다. 그러므로 그리스도의 왕국에서 기인되지 않은 어떤 권위도 교회 안에서 행사할 수 없다. (2) 교회에 대한 그리스도의 왕적인 권위는 그리스도의 왕적인 말씀과 연계되어 있다. 그리스도가 교회 안에 계시고 그의 말씀으로 교회를 다스리신다. 모든 성도들은 그들의 왕의 말씀에 절대적으로 순종하여야 한다. 이 책임이 다른 모든 것에 우선한다. 기독교회 내에 주권적인 통치자는 없고 오로지 그리스도만이 주권을 가지고 계신다(pp. 36-37). (3) 왕이신 그리스도는 교회에 능력을 부여하셨다. 이 능력은 로마가톨릭이나 감독 제도처럼 일부 사람들에게만이 아니라 전체 교회에 부여해 주셨다. 전체 교회는 그 왕으로부터 능력을 받았다. 능력의 열쇠는 교회와 함께 존재한다. 그리고 교회는 감독자의 사역 (the ministry of overseers)을 통해 이 능력을 행사한다(p. 37). (4) 교회의 능력은 여러 방면으로 배분되었다. 어떤 이는 교리적인 능력 (dogmatic power)과 법정적 능력 (juridical power)을 말한다. 교리적인 능력은 말씀 선포, 성례 시행, 교회 회집, 목사를 선택하는 일 등이고, 법정적 능력은 교회적 권징을 말한다. 다른 이는 교회의 능력을 세 가지로 논하는데 교리적 (dogmatic) 능력, 규정 양식 (ordering)의 능력, 법정적 (judicial) 능력으로 구분한다. (5) 교리적 능력은 목회적 능력으로 하나님의 말씀에 매여 있다. 교리적 능력에는 (a) 성경을 보존하고, (b) 성경을 가르치며, (c) 잘못된 견해에 대항해서 성경의 뜻을 신조와 신앙고백을 사용하여 설명하고 확정하는 사역이 포함되어 있다. (6) 어떤 이들은 이미 언급한 교회의 교리적 능력이 규정의 능력 (power of order)에 속한다고 생각한다. 왜냐하면 우리가 이 능력을 말씀의 공적인 사역에 제한하고 있기 때문이다. 교회가 만든 규정들은 하나님 자신이 그의 말씀 안에 명령해 놓은 규정들로부터 구별되어야 한다. 하나님의 말씀이 명령한 규정들은 양심을 속박하지만 교회의 규정이 양심을 속박한다고 말할 수 없다. 모든 교회의 규정은 두(2) 가지 부분으로 구성되어 있다. 가장 기본적인 부분은 성경적인 정치로 교회의 법이며, 또 하나는 교회의 규정으로 성경이 확정적이지 않고 직접 명령한 것도 아닌 것이다. 교회의 능력을 인정하는 성도는 성경이 확정적으로 가르치는 교회의 법 뿐만 아니라 성경이 직접적으로 명령하지 않는 교회의 규정도 지켜야 한다(pp. 32-42).

보스는 권징 (discipline)을 "일곱째, 교회정치의 개혁주의적인 제도 (The Reformed system of church government)"라는 소제목 속에 포함시켜 고찰한다. 그래서 권징에 해당되는 순서를 새롭게 (1)로 시작하지 않고 상기의 (6)에 이어 (7)로 시작한다. 보스는 권징을 설명하면서 (7) 교회 능력의 세 번째 부분은 교회의 권징이라고 시작한다. 모든 사람이 다 교회가 권징을 통해 그 회원을 감독하고 회원을 출교시킴으로 교회의 교제에서 제거할 수 있는 권한이 있다는 것을 인정하는 것은 아니다. 에라스티안 (Erastians)들은 그런 권징의 권한은 국가에 있다고 생각하고 교회는 그 부분에서 손을 떼야 한다고 주장한다.

교회의 권징을 국가의 권징으로부터 구별하고 장로의 직책과 연계하여 제자리로 돌려놓은 것은 칼빈 (Calvin)이다. 교회의 권징과 장로의 직책에 대해 개혁교회는 하나님 앞에서 칼빈에게 빚을 졌다. 여기서 질문해야 할 부분은 성경이 어느 정도 출교와 같은 좁은 의미의 권징을 가르치는가 하는 점이다. 교회의 권징은 그 자체의 손으로 하는 것이 아니요 왕의 이름으로 실행하는 것이다(p. 43). 여기서 마태복음 18장이 제시하는 권징의 과정을 주목해 보자. 첫째, 형제가 죄를 지은 사실을 알고 있는 사람은 죄 지은 사람에게 형제로서 권면해야 한다, 둘째, 첫 번째 시도가 성공하지 못하면, 한 사람이나 두 사람 앞에서 죄 지은 형제에게 권면함으로 개인적으로 권면한 과정이 후일에 명명백백하게 드러나게 한다, 셋째, 두 번째 시도도 도움이 되지 않으면 죄를 회중 (congregation) 앞에 제시하는 것이다. 여기서 주목할 부분은 "회중"을 교회 회의 (church council)로 이해하느냐 이다. 베자 (Beza)와 장로를 세우는 우리들의 제도는 여기 회중을 교회회의로 이해했다. 여기서 언급된 교회회의는 교회 회중을 가리킨다. 넷째, 죄가 교회회의 앞에 제시되는 순간 만약 권면이 받아들여지지 않으면 그 죄는 공개된다. 만약 권면이 받아들여지면, 그 죄는 더 이상 공개될 필요는 없다. 공개적인 죄는 공개적으로 회개되어야 한다(pp. 43-50).

보스는 직분 (offices)도 "일곱째, 교회정치의 개혁주의적인 제도 (The Reformed system of church government)" 속에 포함시켜 고찰한다. 그래서 직분에 해당하는 순서를 (7)에 이어 (8)로 시작한다. 그래서 보스는 직분을 설명하면서 (8) 그리스도는 교회의 정치를 실행하기 위해 교회의 직분 제도를 세우셨다고 설명한다. "그가 어떤 사람은 사도로, 어떤 사람은 선지자로, 어떤 사람은 복음 전하는 자로, 어떤 사람은 목사와 교사로 삼으셨으니"(엡 4:11)의 구절과 고린도전서 12:28, 그리고 로마서 12:6-8의 내용은 신약 교회 안에 직분의 구별이 있었음을 증거한다. 이 직분들은 보통의 부분이 있고 또 특별한 부분이 있다. 칼빈 (Calvin)은 기독교강요(4.1.1)에서 사도들과 선지자들과 복음 전하는 자들을 특별하고 일시적인 종류로 구별하고, 목사와 교사를 보통의 직분으로 영구한 것으로 구별했다(p. 51). 특별한 직분의 첫 번째는 사도

(apostle)로서 "보냄을 받은 자"라는 뜻을 가지고 있고 주님이 열둘(12)을 택하셨다. 사도들은 영적 이스라엘의 대표자로 열둘이 선택되었다. 바울은 보통 직분을 가지지 않았고 특별한 직분을 가졌다(pp. 51-52). 특별한 직분의 두 번째는 선지자(prophet)이다. 구약시대에는 두 가지 종류의 선지자들이 있었다. 첫째, 신약의 사도들과 동등한 위치에 있는 사람들로 하나님의 뜻을 무오하게 선포하는 선지자들이요, 둘째, 첫번째 선지자들에 의해 선포된 진리를 적용하고 전파하는 선지자들이 있다. 신약에서 선지자들은 사도들과 함께 나타난다(엡 3:5; 2:20; 4:11; 딤전 1:18; 4:14; 고전 14:3; 13:8; 계 11:6). 특별한 직분의 세 번째는 복음 전하는 자(evangelist)이다. 성경에 언급된 복음 전하는 자는 본질적으로 우리 시대의 복음 전도자와 구별된다. 그들은 사도들과 연계되어 사역하였다. 빌립 (Philip), 디모데 (Timothy), 디도 (Titus), 마가 (Mark), 실라 (Silas) 등이 이 복음 전하는 자 그룹에 속한다(p. 54).

교회 내의 보통의 직분은 목사와 교사이다. 감독 제도를 주창하는 사람들은 감독직과 장로직이 다른 직분이라고 주장한다. 그들은 감독이 장로보다 더 높다고 말한다. 그러나 감독과 장로는 같은 직분이다. 감독이 장로요 장로가 감독이다. 바울은 에베소 교회의 장로들을 청한 후(행 20:17) 그들을 감독자라고 불렀다(행 20:28). 그런데 장로 가운데 말씀을 전하고 가르치는 목사 (teaching elder)가 있고, 그런 일을 하지 않고 교회의 치리를 담당하는 장로 (ruling elder)가 있다(pp. 32-74).

제2부에서 보스 (Vos)는 "은혜의 수단들"(The Means of Grace)을 다룬다. 제2부의 제3장은 말씀과 성례 (Word and Sacraments)를 44개의 질문으로 정리한다. 보스는 제1문에서 "은혜를 몇 가지의 의미로 말할 수 있는가?"라고 질문하고, 세(3) 가지로 설명한다. 첫째, 은혜는 하나님의 속성 (attributes of God)이다. 하나님의 은혜는 인간 편의 조건을 전제하지 않고 베푸신 하나님의 호의이다. 은혜는 은혜를 전달하는 수단 (means)을 사용하지 않고 그 자체의 수단을 만들어 낸다. 중보자 (Mediator)를 포함한 전체 구원의 계획이 이 은혜의 열매이다. 둘째, 은혜는 그리스도 안에 있는 객관적인 은사 (objective gift)이다. 은혜는 죄인에게 베푸신 하나님의 호의의 모든 표명의 근거로 승귀하신 중보자 (the exalted Mediator) 안에서 발견된다. "우리가 다 그의 충만한 데서 받으니 은혜 위에 은혜러라"(요 1:16)의 말씀이 이를 증거한다. 이 은혜가 베풀어진 수단은 구세주의 만족 (satisfaction of the Savior) 즉 구속의 완성에서 찾을 수 있다. 셋째, 은혜는 우리 안에서 발생하는 주관적인 행위 (subjective action)이다. 하나님의 속성의 역사 (outworking)와 그리스도 안에 있는 은혜의 은사 (gift)로서 우리에게 발생하는 모든 것들은 그 용어의 특별한 의미로서 은혜라고 부를 수 있다. 이 세 번째 주관적인 행위로서의 은혜가 은혜의 수단 (means of grace)이라고 말할 때 쓰이는 것이다. 하나님께서 우리로 하여금 그리스도 안에 있는 그의 호의를 알고 적용할 수 있게 하시는 특정한 도구가 있다. 이것들이 은혜의 전달과 연계되는 수단들이다. 여기서의 은혜는 가장 넓은 의미로 이해되

기 때문에 효과적인 은혜, 추구하는 은혜, 중생시키는 은혜에만 제한되지 않고 우리의 의식 속에서 주관적으로 발생하는 모든 것을 포함한다 (p. 77).

보스는 제4문에서 "우리가 이해하는 '은혜의 수단들' (means of grace)을 모든 사람이 동일하게 그 가치를 평가하는가?"라고 질문하고, "아니다"라고 답을 한 후, 설명을 덧붙인다. 신비주의자들 (mystics)은 은혜의 모든 질서 있는 사역을 부인하고, 은혜의 사역을 바람이 부는 것과 비교함으로 사람이 어떤 법칙이나 표준을 발견할 수 없다고 말한다. 그래서 은혜는 교회나 직분이나 말씀이나 성례나 아무것과도 연결되어 있지 않다. 은혜는 하나님이 뜻하는 대로 오기도하고 가기도 한다(p. 79). 이것이 신비주의자들의 견해이다. 도덕주의적 신학자들 (Ethical theologians)은 내적 은혜와 외적 수단의 유기적 연결을 인정하려 하지 않는다. 그들에 의하면 내적 은혜는 억제되고 변덕스럽게 사역하지만 그럼에도 불구하고 내적 은혜는 마치 삶이 어떤 특정한 영역에서 펼쳐지고 증식되는 것처럼 그 자체의 비밀한 법칙에 의해 완전하게 조종된다. 이것이 도덕주의적 신학자들의 견해이다. 합리주의자들 (Rational-ists)은 은혜가 완전하게 수단에 매여 있는 것으로 주장한다. 사람들은 그것을 수단의 자연적인 의미로 확인할 수 있다. 예를 들면 하나님의 말씀은 합리적인 방법으로, 도덕적 내용을 통해, 확신시키고 권고함을 통해 사역한다. 이것이 합리주의자들의 견해이다. 로마가톨릭 (Roman Catholics)은 외적인 수단을 초자연적인 것으로 만들어 외적인 수단이 실제적으로 자연적인 수단이 되는 것을 멈추게 하고 더 높은 어떤 것으로 변화시킨다. 즉, 예를 들면, 주님의 성례에서 빵과 포도즙은 실제로 예수님의 몸과 피 (flesh and blood)가 되고, 세례에 사용된 물은 물의 씻음의 사역을 통해 (ex opere operato) 죄를 실제로 없애는 것이다. 이것이 로마가톨릭의 견해이다. 루터주의자들 (Lutherans)은 은혜를 비밀스런 방법으로 그 수단에 완전하게 얽어맨다. 그래서 은혜는 이런 수단으로부터 구별된 상태로 남아 있지만, 어디에서도 수단으로부터 분리된 상태로는 발생하지 않는다. 이것이 루터주의자들의 견해이다(p. 79). 개혁주의가 주장하는 은혜의 수단의 교리는 이런 견해들과는 결코 혼동되지 않는다.

보스는 제5문에서 "은혜의 수단에 대한 우리들의 견해와 도덕주의적 신학자들 (Ethical theologians)의 견해 사이에 어떤 차이점이 있는가?"라고 질문하고, 그 차이를 다음과 같이 설명한다. 도덕주의적 신학자들은 하나님께서 은혜의 사역을 하실 때 사용한 질서와 규칙이 삶의 과정에 의해 결정된 신비적이요 내적인 것(mystical inward one)이 아니라고 주장하지만, 개혁주의자들은 하나님께서 은혜의 사역을 하실 때 사용한 질서와 규칙이 성경에 따라 하나님의 언약의 사역에 의해 확정된 객관적이요 외적인 것(objective, outward one)이라고 주장한다(p. 79). 보스는 제6문에서 "우리들과 신비주의자들 사이에 놓여있는 차이가 어디에 있는가?"라고 질문하고, 그 답으로 우리들의 견해를 설명한다. 우리들은 어떤 종류의 하나님의 은혜도 하나님의 말씀이 임재(present)하는 범위 밖에서 사역하는 것을 인정하지 않는다. 하나님은 주권적으로 사역하시지만 무질서하게 임의적인 방법으로 사역하시지 않는다. 일반적으로 하나님은 은혜의 사역을 은혜의 수단에 의해 한정시키신다 (p. 80).

보스는 제10문에서 "은혜의 수단에 대한 개혁주의 교리의 특이한 것은 무엇인가?"라고 질문하고, 다섯 가지로 설명한다. 첫째, 효과적인 은혜는 오로지 은혜의 수단이 존재하는 곳에서 역사한다. 둘째, 효과적인 은혜는 적어도 중생 (regeneration)의 사역에서는 수단을 사용하지 않고 직접 역사한다. 셋째, 효과적인 은혜가 간접적으로 역사할 때에도 은혜는 전체적으로 수단과 밀접한 관계를 유지하는 것이 아니요, 수단과 동반하는 관계를 유지하고 영혼을 움직여 수단들에 대해 수용적이 되도록 영향을 미친다. 그래서 두 요소(은혜와 수단)가 동시에 발생하여 각각 특별한 사역을 하고 서로에게 속하게 된다. 넷째, 하나님의 말씀 (The Word of God)은 결코 성례 (sacrament)와 분리되지 않는다. 그 이유는 성례가 형상 (image)으로 전달되어 눈 (eye)의 이해를 의도하는 말씀이기 때문만이 아니라, 선언된 말씀은 항상 성례를 동반하기 때문이다. 다섯째, 은혜를 받은 사람에게 주어진 모든 지식은 하나님의 말씀으로부터 온 것이다. 지식의 직접적인 전달이 있는 것이 아니요, 은혜의 직접적인 역사가 존재하는 것이다(pp. 82-83).

보스는 제11문에서 "'하나님의 말씀' (the word of God)이라는 표현을 얼마나 많은 의미로 이해해야 하는가?"라고 질문하고, 네 가지로 정리하여 답을 한다. 첫째, 하나님의 말씀은 로고스 (Logos), 인격적인 말씀 (personal Word)을 의미할 수 있다(요 1:1). 둘째, 하나님의 말씀은 하나님께서 말씀하신 모든 능력의 말씀일 수 있다. 하나님은 창조 때에 그런 말씀을 하셨고 그 이후 계속해서 반복적으로 말씀하셨다. 그래서 하나님의 말씀은 성경 이외의 다른 것일 수 있다. 성경에 그런 능력의 말씀에 관한 언급이 있지만, 그런 모든 예가 우리를 위해 기록되지 않았다. 어떤 이는 하나님의 말씀이 이런 의미로 언급되는 것을 보기 원한다. 왜냐하면 중생 (regeneration)이 이런 하나님의 말씀으로 발생하기 때문이다(참조, 약 1:18). 이 문제에 대해 그들은 성경의 말씀을 뜻하는 것이 아니요, 하나님의 입으로부터 나와 재창조 (re-creation)를 발생하게 하는 하나님의 능력의 말씀이라고 말한다. 그러나 중생의 교리 (the doctrine of regeneration)를 다루는 이런 본문에 관해 무엇이 언급되었는지 주목해야 한다. 셋째, 하나님께서 사람에게 주신 모든 계시와 하나님이 그의 의도를 전달하신 모든 계시는 하나님의 말씀이라 불릴 수 있다. 그런 계시는 성경 (Scripture) 안에 포함되어 있다. 그런 의미로 우리는 "하나님의 말씀은 성경 안에 있다"라고 말 할 수 있다. 이런 주장은 결코 하나님의 말씀에 관한 다른 확신을 부인하도록 인도되어서는 안 된다. 넷째, 성경은 전체가 하나님의 말씀이다. 분명하고 명확한 방법으로 우리는 성경이 그렇게 불릴 수 있는 근거의 설명을 할 수 있어야 한다. 성경은 전체적으로 두 가지 이유로 그렇게 불릴 수 있다. (1) 성경은 하나님의 감동으로 기록되었기 때문이다. 성경 안에 기록된 것이 사람 (men)의 말이건, 천사 (angels)의 말이건, 사탄 (Satan)의 말이건 혹은 하나님 자신 (God Himself)의 말이건 아무런 차이가 없다. 하나님 자신이 각각의 그런 말씀들을 마치 우리에게 주신 하나님 자신의 설명처럼 보증하신다. 만일 악한 자 (the Evil one), 즉 사탄이 말하는 것으로 나타나면 그러면 그 말은 대화의 내용을 형성하는 사탄의 말임에 틀림없지만, 하나님께서 이 말씀들이 사탄에 의해 우리에게 말해진 것으로 열거해 주신다. 그 설명은 우리에게 주신 하나님의 말씀 (God's word)이다. (2) 이 영감된 성경의 다양한 부분들은, 비록 다양하고 다른 점이 있을지라도, 그 전체가 우리에게 주신 하나님의 한 이야기 (one discourse of God)의 형태로 정리되었고 배열되었기 때문이다. 한 부분이 다른 부분과 작용하여 전체를 만든다. 즉, 하나님이 우리로 하여금 구원 (salvation)을 위한 하나님의 전체 의도 (His entire counsel)를 이해하도록 하시기 위해 우리 마음에 전달하기를 원하시는 모든 것으로 만드시는 것이다. 그래서 타락의 설명 (the account of the fall)은 하나님의 말씀을 구성하는 부분이 되는데 하나님이 그 진실성을 위해 한 마디 한 마디 보증하신 영감 된 기록이기 때문만이 아니라, 또한 타락에 대한 설명은 하나님이 율법 (law)과 복음 (gospel)의 관계에서 우리의 이해를 돕기 원하시는 한 부분을 만들기 때문이다(pp. 83-84).

보스는 제12문에서 "어떤 의미로 하나님의 말씀이 은혜의 수단인가?"라고 질문하고, 우리가 성경 전체를 은혜의 수단으로 사용한다는 의미에서 라고 답한다. 그것은 일반적으로 율법과 복음이라는 두 부분으로 구별되어 있다고 설명한다(p. 84). 보스는 제15문에서 "율법과 복음의 차이가 구약성경과 신약성경의 차이로 교체될 수 있는가?"라고 질문하고, "아니요"라고 답한다. 왜냐하면 복음 (the gospel)은 신약성경에서처럼 당연히 구약성경에도 존재하기 때문이요, 율법 (the law)도 구약성경에서처럼 당연히 신약성경에도 존재하기 때문이다. 우리는 산상보훈 (the Sermon on the Mount)만 보아도 확실히 알 수 있는데 산상보훈에는 율법의 요구 (the demands of the law)가 높이 유지되고 있고, 복음의 위로 (the comfort of the gospel)도 그 뒤를 가까이 따르고 있기 때문이다. 그리고 복음이 전체 구약성경을 통해 강물처럼 흐르고 있다(p. 87). 보스는 제18문에서 말씀 (Word)과 성례 (Sacraments)의 같은 점과 다른 점이 무엇인가 질문한다. 보스는 그 답으로 같은 점 세 가지를 먼저 제시한다. 첫째, 말씀이나 성례가 둘 다 하나님이 저자이시라는 점이다. 둘째, 말씀이나 성례가 둘 다 그 내용이 그리스도 (Christ)이시라는 점이다. 그리스도는 말씀에도 임재하시고, 성례에도 임재하신다. 셋째, 말씀이나 성례를 받아들이는 방식이 믿음 (Faith)이라는 방법이라는 점이다. 믿음이 없이는 성례의 효과에도 참여할 수 없고, 말씀 속에 내재하신 그리스도와의 만남의 기쁨도 누릴 수 없기 때문이다(pp. 90-91). 보스는 세 가지의 같은 점을 설명하고 이어서 세 가지의 다른 점을 설명한다. 세 가지의 다른 점은 다음과 같다. 첫째, 말씀과 성례는 그 필요성에 있어서 서로 다르다. 말씀은 절대적으로 필요하지만 성례는 절대적으로 필요하지 않다. 성례의 필요성은 하나님 편에 있지 않고 사람 편에만 있다. 둘째, 말씀과 성례의 목적이 서로 다르다. 말씀은 믿음을 생성하는데 사용되지만 성례는 믿음을 강화하는데 사용된다. 셋째, 말씀과 성례는 그 범위에 있어서 다르다. 하나님의 말씀은 우리가 전하고자 하는 모든 사람에게 적용되지만 성례는 언약에 속한 사람에게만 적용된다. 말씀은 말씀을 듣는 모든 사람에게 적용되지만 성례는 이미 구원받은 성도들에게만 적용된다(pp. 90-91).

보스는 제21문에서 "성례 (sacrament)라는 용어가 성경에서 사용되지 않았기 때문에 배척되어야 하는가?"라고 질문하고, "아니다"라고 답을 한다. 왜냐하면 성례는 다른 많은 용어들과 함께 우리가 그 용어 없이 아무것도 할 수 없게 되는 그런 특성을 가지고 있기 때문이다. 때때로 성례라는 용어 사용에 반대하는 사람이 있어 왔지만 모든 비평에도 불구하고 성례라는 용어는 계속 살아서 존재한다(p. 93). 보스는 제22

문에서 "누가 최초로 성례의 개념에 정의를 내렸는가?"라고 질문하고, 어거스틴 (Augustine)이라고 답을 한다. 어거스틴은 "성례는 보이지 않는 은혜의 보이는 형태이다." (A sacrament is the visible form of an invisible grace.)라고 말한다. 또한 다른 말로 "성례는 거룩한 것의 표지이다." (A sacrament is a sign of a holy thing.)라고 할 수 있다. 어거스틴은 비록 이런 정의들을 통해 주로 세례 (baptism)와 성찬 (the Lord's Supper)을 생각하고 있었지만, 그는 그럼에도 불구하고 다른 뜻과 함께 성례라는 용어를 사용한다. [첫 번째 정의는 스콜라 신학 (Scholastics)에서 시작되었다고 어떤 이는 말한다.] 오늘날 로마가톨릭 신학에서는 이 정의들이 더 이상 적용되지 않는다. 예를 들면 고해성사 (penance)와 결혼 (marriage)의 성례에서는 보이는 것 (visible thing)이 없다. 더구나 성례들이 은혜를 전달한다고 언급되지 않았다. 트렌트 (Trent)의 교리문답서는 "성례는 감각에 의해 인지되는 것이며 은혜를 묘사할 뿐만 아니라 또한 효과가 있도록 하는 능력을 가졌다"라고 말함으로 두 가지 반대에 답을 한다(p. 93).

보스는 제23문에서 "개혁주의 신학자들은 일반적으로 성례의 개념을 어떻게 정의하는가?"라고 질문하고, 칼빈 (Calvin)은 두 가지의 정의를 말한다 (*Institutes* 4. 14. 1)고 답을 한 후 설명을 덧붙인다. 하나의 정의는 "외적인 표지로 주님께서 우리들의 믿음의 연약함을 보완하시기 위해 그의 우리를 향하신 선한 약속들을 우리의 양심에 인쳐 (seal)주시고, 우리는 우리 편에서 주님과 그의 천사들의 면전에서와 사람 앞에서 주님께 우리의 헌신 (commitment)을 확증한다."는 것이요, 다른 하나의 정의는 "우리를 향하신 신적 은혜의 증거 (divine grace)가 외적인 표지를 통해 확증되고, 우리 편에서는 주님을 향한 우리들의 헌신의 보답 (reciprocal attestation of our commitment)을 인치는 것이다.”라고 두 가지로 정리한다.

우리는 “하나님께서 제정해주신 거룩하고 보이는 표지와 인침을 통해 그리스도 안에서의 하나님의 은혜가 은혜언약에 참여한 자들 (the participants in the covenant of grace)에게 상징이 되고 인침이 된다. 그리고 은혜언약에 참여하는 사람들은 그들의 편에서 하나님을 향한 그들의 믿음과 순종 (their faith and obedience)을 확증하는 것이다.”라고 말할 수 있다(pp. 93-94). 보스는 제28문에서 “성례가 더 나아가 어떻게 표시되는가?”라고 질문하고, 성례는 표지 (sign)로 불릴 뿐만 아니라 인침 (seal)으로도 불린다고 답한 후 설명을 덧붙인다. 이 역시 성경적이다. 바울 사도는 로마서 4:11에서 아브라함 (Abraham)이 “할례의 표를 받은 것은 무할례시에 믿음으로 된 의를 인친 것이니” (καὶ σημεῖον ἔλαβεν περιτομῆς σφραγῖδα τῆς δικαιοσύνης τῆς πίστεως, 롬 4:11)라는 말씀이 증거한다. 인침 (seal)은 인침이 확증하고 또 어떤 것을 묘사하는 점에서 표지 (sign)와는 구별된다(인침의 이런 용례는 계 7:2; 요 6:27; 딤후 2:19; 고전 9:2; 계 5:1; 9:4; 고후 1:22; 엡 1:13; 4:30 등이다)(p. 96). 보스는 제38문에서 “모든 사람이 성례의 종류를 같은 수로 인정하는가?”라고 질문하고, 먼저 “아니다”라고 답을 한다. 성경은 새로운 시대를 위해 두(2) 가지의 성례 즉, 세례 (baptism)와 성찬 (Lord's Supper)만 있다고 가르친다. 로마가톨릭교회 (The Roman Catholic Church)는 용어들의 애매한 정의의 영향 아래 이른 시기부터 그 숫자를 많이 늘려 왔다. 많은 동요 후에 밤버그의 감독 오토 (bishop Otto of Bamberg, 1124)에 의해 일곱으로 확정

234

되었고, 1439년 플로렌스 회의 (the Council of Florence)에서 재가 되었다. 헬라 정통 교회 (The Greek Orthodox Church)도 역시 일곱 개의 성례를 지킨다. 루터 교회 (the Lutherans)도 한 때 세례와 성찬에 더하여 세번째 성례로 "고해성사" (poenitentia: penance)를 받아들이려는 경향을 나타냈다. 그러나 그렇게까지 가지는 않았다. 개신교회들은 모두 성례의 수를 세례와 성찬의 두 가지만 인정하고 로마가톨릭교회가 이 두 개와 함께 포함시키기를 원하는 다른 다섯 가지는 배격한다(p. 105).

· · · · · · ·
제2부 제4장

제2부의 제4장은 세례 (Baptism)를 49개의 질문으로 설명한다. 보스는 제1문에서 "은혜언약의 구약시대에 명백한 두 개의 성례는 무엇인가?" 라고 질문하고, 그 답으로 "할례와 유월절"로 이 두 성례는 통상적인 성례라고 말한다. 어떤 이는 이 두 성례에 덧붙여 "무지개," "홍수," "홍해를 통한 출애굽" 등을 성례라고 주장한다. 하지만 무지개의 경우 하나님이 노아 (Noah)와 언약을 맺을 때 나타난 것으로 무지개는 은혜의 언약과 관계되어 있기는 하지만 은혜의 언약 자체는 아니다. 홍수와 출애굽은 단지 한 번 일어난 사건으로 후일에 있을 구원의 표상일 수 있다. 홍수와 출애굽 사건은 통상적인 성례가 아니다(참고, Calvin, *Institutes*, 4. 15-18). 또 어떤 이는 심지어 "에덴동산에서 쫓겨난 것," "생명나무에 접근이 금지된 것"을 성례라고 주장한다(참고, Witsius, *Economy of the Covenants* 4.7.3). 그러나 성례는 항상 은혜의 수단이지 징벌의 수단

이 아니다. 그러므로 "에덴동산에서 쫓겨난 사건"과 "생명나무에 접근이 금지된 것"을 은혜의 수단인 성례라고 말할 수 없다(p. 110).

보스는 제2문에서 "히브리어와 헬라어에 할례를 위한 용어로 무슨 용어가 있는가?"라고 질문하고, 히브리어는 물라 (mulah: מוּלָה)가 있다고 설명한다(출 4:26). 히브리어 동사는 물 (מוּל)이다. 헬라어는 페리토메 (περιτομή)인데 동사는 "주위를 자른다"는 뜻의 페리템노(περιτέμνω)에서 왔다. 히브리어에서는 잘려진 포피 (foreskin)가 아를라 (arlah: עָרְלָה)라고 불리고, 헬라어에는 "남성의 멤버의 한 끝"이라는 뜻의 아크로부스티아 (ἀκροβυστία)라는 용어가 있는데, 다른 사람들에 의하면 "앞쪽에서 있는" (stopped up from the front: βύειν에서부터) 이라는 뜻으로 받아들여지기도 한다. 이것을 어떤 사람들은 히브리어의 "치욕" (shame: bosheth: בֹּשֶׁת)의 발음을 상기하도록 이 용어를 의도적으로 만들었다고 생각한다. (이 용어에 관한 Cremer의 설명 참조; pp. 110-111). 보스는 제5문에서 "할례가 언제 실시되며 또 어떻게 실시되는가?"라고 질문하고, 할례는 태어난 지 제8일에 날카로운 돌이나 칼을 사용하여 시행한다고 설명한다(출 4:25; 수 5:2). 할례를 행한 사람은 처음에는 가족 중 아버지였다(창 17:23-24). 나중에는 다른 사람이 특별히 그 목적을 위해 지명되어 나타난다. 어떤 이는 제사장들이 일반적으로 할례를 시행한 것으로 믿는다. 그러나 세례 요한 (John the Baptist)은 제사장인 그의 아버지에 의해 할례를 받지 않았다(눅 1:8-9, 59). 이름을 정하는 일은 일반적으로 할례를 받는 같은 날 발생한다(p. 114).

보스는 제6문에서 "할례가 일시적인 것인가 아니면 폐기될 수 없는 성례인가?"라고 질문하고, 그 답으로 할례는 은혜언약의 전체 구약시대에 유효하도록 의도되었다고 설명한다. 그런데 어떤 이는 "내 언약이 너희 살에 있어 영원한 언약이 되려니와"(창 17:13)의 말씀을 근거로 할례가 구약시대 뿐만 아니라 영원한 언약이라고 주장한다. 이 주장에 대해 "영원"(everlasting)을 "이 시대"(this age) 즉 "메시아가 오시기 전까지의 시대"를 가리키는 것으로 답을 하기도 한다. 그러나 더 바른 답은 할례로 인친 언약은 영원한 언약이었고, 표지 (sign)가 아니었다. 같은 의미로 주님은 가나안 땅을 이스라엘에게 영원한 소유로 주셨다. 가나안 땅이 이스라엘의 영원한 소유라는 것은 표상의 뜻으로 말한 것이다. 가나안 땅을 통해 표현된 영적인 유익은 하나님의 언약 백성들의 영원한 소유인 것이다. 마찬가지로 할례도 하나님의 언약 백성의 영원한 소유이다. 할례는 신약시대에 폐지되었고 세례가 그 자리를 차지했다(골 2:17; 갈 5:6). 할례는 유대인 기독교인들 사이에서 잠시 동안 시행된 바 있다(p. 114). 보스는 제7문에서 "어디에서 기독교 세례의 기원을 찾을 수 있는가?"라고 질문하고, 그 답은 세(3) 가지 요점이 주목받아야 한다고 정리한다. 첫째, 이교도 (pagan)들이 세례와 비슷한 관행을 가지고 있었는지의 문제, 둘째, 개종자들의 세례 (proselyte baptism)가 역사적으로 구약의 씻음 의식과 그리고 세례 요한의 세례와 어떤 연결점이 있는지의 문제, 셋째, 세례 요한의 세례와 기독교 세례 사이의 연결 문제 등을 고려하여야 한다(pp. 114-115). 보스는 제8문에서 "세례와 이교도 관행으로 비슷한 의식이 있는가?"라고 질문하고, 그 답으로 "그렇다"라고 말한 후 우리는 애굽 사람들 사이에서, 페르시아 사람들 사이에서, 인도 사람들 사이에서 종교적 씻음의 관행이 있는 것을 발견한다고 설명한다. 종교적 씻음은 신비 종교에서 관행으로 전해 내려오고 있다. 그러나 성경의 세례는 이교도 관행과는 전혀 무관하게 기원되었다(p. 115).

보스는 제12문에서 "세례의식을 침례 (immersion)로 해야 하느냐 혹은 물 뿌림 (sprinkling)으로 해야 하느냐의 질문에 대해 성경 이후의 기간의 역사적 증언은 무엇인가?"라고 질문하고, 물 뿌림이 이른 시기부터 이미 사용되어 온 것 같다고 설명한다. 특별히 소위 "병상 세례" (clinical baptism)의 경우 성례를 받아야 하는 환자를 위해서 사용되어 왔다. 환자들에게는 침례가 배제되었다. 그러나 이른 시기에 많은 미신적인 사람들은 그런 세례를 온전한 것으로 생각하지 않았음이 드러난다. 물 뿌림 (sprinkling)에 의해 세례를 받은 사람을 "클리니치" (clinici)라고 불렀다. 처음에는 제2 세기부터 물 뿌림에 의해 세례를 받는 증거가 없는 것으로 생각되었다. 왜냐하면 터툴리안 (Tertullian)의 몇 가지 글들이 불명확하게 생각되었고, 물 뿌림이 나타나는 어떤 사건들의 연대가 정확하게 확정할 수 없었기 때문이다. 그러나 열두 사도의 교훈 (the Didache of the Twelve Apostles)의 발견으로 변화가 일어나기 시작했다. 열두 사도의 교훈 안에 대단히 이른 시기부터 "침례" (immersion)를 "물 뿌림" (sprinkling)으로 대치시키는데 대한 반대가 없었다는 확실한 증거가 있다. 그리고 여기에 더하여 침례가 불가능하고 권고될 수 없는 객관적인 근거들이 나타났다. 예를 들면, 근처에 흐르는 물이 없는 경우이다. 이런 방향의 논리를 따르는 경우 우리는 물 뿌림의 사도적 기원 (the apostolic origin)을 증명할 수 없는 것도 사실이다(p. 125). 보스는 제13문에서 "우리들이 결국 침례교인들에 대한 반대를 무엇으로 호소할 수 있는가?"라고 질문하고, 기독교의 보편적인 특성으로 호소할

238

수 있다고 답을 하고 설명을 덧붙인다. 기독교는 모든 시간과 모든 장소를 위해 의도된 보편적인 (catholic) 종교이다. 그런 특성은 성례에서도 드러나야 한다. 그래서 이런 성례 안의 표지들 (signs), 즉 물 (water), 빵 (bread), 포도주 (wine)는 어느 곳에서나 발견되어야 한다. 그것들은 어디에서나 보관될 수 있는 자연의 보통 산물들이다. 그러나 보편적인 특성이 그것들을 사용하는 방법에도 적용되어야 한다. 침례 (immersion)는 중동 지역에서는 실행할 수 있지만 많은 지역에서는 실현이 불가능할 수 있다. 만약 기독교가 이런 것들에 의해 제약을 받는다면, 그런 점은 모든 회교도들에게 메카 (Mecca)로 성지참배 여행을 의무화하는 회교 (Islam)과 똑같게 된다. 그러나 회교는 역시 특유하다. 기독교는 모든 시대들 (times)과 모든 나라들 (countries)과, 모든 상황들(circumstances)과 모든 조건들 (conditions)을 위해 의도된 보편적인 종교이다(p. 125).

보스는 제14문에서 "침례교인들 만이 침례를 행하는가?"라고 질문하고, "아니다"라고 답을 하고 설명을 덧붙인다. 전체 헬라교회도 침례를 주장한다. 로마가톨릭교회 (Roman Catholic Church)가 침례와 물 뿌림을 동등하게 적법하다고 인정하기까지는 오랜 시간이 걸렸다(13세기 말에 결정). 영국 교회 (The English Church)는 당분간 침례를 실행하는 것 같다. 웨스트민스터 총회 (The Westminster Assembly)는 "물 뿌림"과 "침례"를 모두 인정한다. (Westminster Confession of Faith 28:3: "반드시 침례를 할 필요는 없다. 수세자에게 물을 퍼붓거나 뿌려도 세례는 바로 집행된 것이다."). 이전에 침례교인들이 침례 (immersion)을 사용할 때에 신기 (novelty)하게 보여졌다(pp. 125-126). 보스는 제17문에서 "우리가 어디에서 기독교 세례의 설립의 기록을 찾을 수 있는가?"라고 질문하고, 그 답으로 원리적으로 기독교 세례는 세례 요한을 시작으로 신적 제도로 받아들여졌으며, 중보자 (Mediator)가 승천하실 때에 새롭게 확인되었다고 설명한다(마 28:19)(p. 132). 보스는 제24문에서 "세례나 세례를 받는 것이 하나님을 향한 사람의 행위로서의 의의를 갖는가?"라고 질문하고, "그렇다"라고 답을 하고 설명을 덧붙인다. 모든 언약들은 두 부분을 포함하고 있다. 세례를 받는 지원자는 그의 세례를 통해 은혜언약 (the covenant of grace) 안에서 언약 멤버의 신분이 세례와 함께 가져오는 모든 것에 대해 엄숙하게 그리고 공개적으로 자신을 위탁한다. 그는 이 일을 자신의 능력으로 하는 것이 아니요 그가 믿음으로 받아들인 세례 (baptism)를 통해 그에게 주어진 하나님의 약속들을 근거로 자신을 위탁하는 것이다. 그의 모든 언약 활동에서 하나님이 먼저 (the First)이신데 하나님은 우리로 하여금 하나님의 언약을 지킬 수 있도록 힘을 주시는 은혜를 포함한 은혜를 약속하신다. 그러나 사람이 믿음으로 이를 받아들이는 것이 전제되어 있다. 그래서 세례는 하나님의 값없는 (free) 약속들을 인치는 것일 뿐만 아니라 세례의 집행은 설립된 언약을 인치는 것이기도 하다. 어른으로 세례를 받는 사람은 그가 아직 선택하지 않은 언약의 제공을 받았고, 적당한 때가 되면 그가 앞으로 받아들일 수 있는 언약의 제공을 자신이 받은 상태라고 판단해서는 안 된다. 그는 언약 안에 있고, 그 자신 편에서 언약에 순종했고, 그리고 언약의 멤버로 취급되었다. 어른을 위한 세례는 중생 (regeneration)이나 회개 (conversion)의 수단이 아니다. 세례를 받는 그는 그가 "이 한 하나님 (one God)이신 성부 (Father), 성자 (Son), 성령 (Holy Spirit)께 충실히 붙어 있고, 그를 신뢰하며, 그의 모든 심장과 영혼과 마음으로 그를 사랑하며, 그의 모든 힘을 다하여 세상을 버리고, 그의 옛 본성을 죽이고, 새로운 경건한 삶을 살 것을 공개적으로 선언한 것이다." 세례는 세례 받은 자가 자신을 위해 하나님과 영원한 은혜의 언약 (eternal covenant of grace)을 맺은 것에 대한 인침 (seal)이요 의심할 수 없는 증거 (undoubted testimony)인 것이다. 구약시대에 어떤 이가 이스라엘(Israel)로 편입될 때 이런 일이 발생했고, 신약시대에는 어른이 기독교 세례를 받을 때 이런 일이 발생한다.

동시에 세례를 받는 어른을 위해서 세례는 조직된 교회 안으로 가입되는 것이고, 그렇게 함으로 그는 정당한 회원의 권리들을 받게 되고 주님의 만찬에 참여할 수 있게 된 것이다. 어떤 사람은 언약에 대한 특이한 관점을 근거로 이를 부인하기도 한다. 그러나 정확한 성경적인 견해에 따르면, 이 두 개의 성례는 함께 속해 있다. 그래서 세례 받은 사람은 믿음의 고백을 한 사람과 똑같은 의미로 교회의 권면과 교회의 치리 하에 자신의 자리를 잡는다. 형식 (Form)에 있어서는 그가 마음으로부터 그 권면과 치리에 순종할 것인지 결단하고 동의함으로 답을 하게 되어 있다(p. 157). 보스는 제34문에서 "우리가 유아 세례 (infant baptism)의 탓으로 돌리는 의미가 무엇에 의존되어 있는가?"라고 질문하고, 이는 사람이 은혜언약에 관해 가지고 있는 개념에 전적으로 의존되어 있다고 답을 하고 설명을 덧붙인다. 세례는 은혜언약의 표지 (sign)요 인침 (seal)이다. 세례 받는 유아들 (infants)은 언약의 멤버들이다. 사람이 은혜언약과 관련시키는 의미는 그 사람이 언약을 어떻게 생각하느냐에 따라 여러 가지로 나타날 수 있다. 여기서 우리는 개혁교회 (the

Reformed Church)가 옹호해 온 여러 가지 견해를 논의할 수 있고, 그 목적을 위해 최소한 이치에 맞는 것으로 시작하기로 한다(p. 168). 보스는 제39문에서 "일반적으로 유아 세례의 뜻에 관해 개혁주의적인 견해는 무엇인가?"라고 질문하고, 역사적 칼빈주의 견해를 열네(14) 요목으로 정리한다. (1) 첫 조상의 타락 (the fall of our first parents)으로 전 인류는 죄에 빠졌고 멸망하게 되었다. 결과적으로 모든 사람은 죄 가운데서 태어났고 본질상 진노의 자녀들이 되었다. (2) 이렇게 타락한 인류 가운데서 하나님은 특정한 사람들을 구속하시기로 뜻을 가지시고, 은혜 가운데서 그들을 받아들이시고, 그리스도를 통해 그들을 의롭다 하시고, 성령으로 그들을 거룩하게 하시고, 구원에로 그들을 인도하셨다. (3) 이 은혜를 베푸심에 있어서 하나님은 사람에게 의무를 지우시지 않고, 은혜가 자유 은혜인고로 그가 선택하는 사람들에게 이 은혜를 베푸셨다. (4) 그러므로 하나님은 아무런 구별 없이 모든 사람을 타락한 상태로 내버려두는 불공평을 늙은이나 젊은이를 막론하고 아무에게도 행하시지 않는다. (5) 이 은혜 안에서의 교제 (communion in this grace)는 특별한 열매와 표시로만 우리들에게 알려질 수 있다. (6) 아무도 그리고 교회까지도 누가 이 은혜와 은혜언약의 본질 (the essence of the covenant of grace)에 참여하는 사람인지 확실하게 판단할 수 없다. 오직 성도 자신만이 성령의 도우심으로 그런 직접적인 확신을 가질 수 있다. (7) 하나님의 언약의 봉사자인 교회는 (사람의) 내적인 상태가 그 은혜에 부합하는지를 판단할 필요 없이 하나님의 은혜의 외적인 표시를 관찰하고 자비의 판단 (the judgment of charity)에 따라 실행해야 한다. (8) 이 자비의 판단은 보이는 교회의 회원 모두에게만 적용된다. 이 자비의 판단은 스스로 신앙을 고백하는 어른들 뿐만 아니라 아브라함과 그의 자녀들에게 약속하신 원리에 따라 믿는 부모에게서 태어난 어린 자녀들에게도 적용된다. 믿는 부모가 하나님의 언약에 포함되는 것과 같이 어린 자녀도 하나님의 언약에 포함된다. (9) 결과적으로, 교회의 판단은 어린 자녀가 믿는 부모(적어도 한쪽 부모가 믿을 때)에게서 태어난 것이 부모들이 신앙고백 한 것과 동등한 것이다. (10) 그러므로 자비의 판단에 따라 구원이 이런 자녀들에게 속하고 그들은 선택된 자로 간주되는 것이다. (11) 성인이 된 성도들이 믿음 안에서 성장하고 거룩에로 나아가는 것처럼, 믿는 부모들은 두려움과 주님의 지식으로 그들의 자녀들을 하나님의 언약의 회원으로 키워야 한다. (12) 이런 근거로 하나님의 언약의 멤버로서의 어린 아이들은 언약의 표지 (sign)와 인침 (seal)을 받을 자격이 있으므로, 언약의 약속에 따라 언약 안으로 태어났기 때문에 교회 회중의 멤버로서 마땅히 세례를 받아야 한다. (13) 하나님의 이름을 부르고, 믿음을 고백하고 죽은 성장한 성도들이 구원 받은 것으로 인정되듯이 어릴 때에 죽은 믿는 부모의 자녀들도 구원 받은 것으로 판단되어야 한다. (14) 그럼에도 불구하고 자비의 판단(judgment of charity)은 말씀을 따라 분간하면 잘못될 수도 있다. 성경 말씀은 이스라엘에게서 난 그들이 다 이스라엘이 아니요 아브라함의 씨가 다 그의 자녀가 아니라고 가르친다(참고 롬 9:6-7). 어린 자녀가 자라가면서 나타나는 현상은 대단히 경건한 부모 밑에서 하나님에게 버림받은 유기된 자녀가 태어날 수도 있고, 반대로 가장 불경건한 부모 밑에서 가장 경건한 자녀가 태어나기도 한다는 것이다. 그러나 이런 현상은 우리의 관심사가 아니요 성례를 그런 방법으로 행하도록 명령하신 하나님의 관심사이다. 어른들의 경우에도 처음에 신앙을 고백한 성도가 후일에 교회의 교제에서 떨어져 나가 타락한 사람이 있다. 그러나 이 모든 경우에 하나님의 말씀은 실패하지 않는다. 왜냐하면 교회의 판단은 사람의 내적 상태와 항상 일치되게 판단할 수 없기 때문이다(pp. 173-175). 보스는 제45문에서 "어떤 아이들이 유아 세례를 받을 수 있고 또 받아야만 하는가?"라고 질문하고, 믿는 자들의 자녀들이라고 답하고 설명을 덧붙인다. 유아 세례를 받을 자녀들의 부모는 보이는 교회 (the visible church)에서 신앙생활을 하는 성도들이어야 하는데 부모 중 한 사람만 믿어도 그 자녀가 유아 세례를 받을 수 있다. 그 성도에게 기대하는 것은 그나 혹은 그녀가 성도로서의 의무를 실천하고 성도로서의 특권을 가치 있게 여기는 것이다. 그래서 세례를 받고 교인의 명부에 올린 사람이 다른 성례를 사용하지 않으면, 엄격하게 말해서, 좋은 신분의 성도가 아니다. 그러나 그런 사람을 가려내기가 실제로는 대단히 어렵다.

또한 다른 유아들이 어떤 특별한 상황에서 세례를 받아서는 안 되느냐라는 질문에 대해서는 이미 많은 논의를 했다. 여러 가지의 근거로 성례에 참여하는 권한이 널리 적용되었다. 첫째, 하나의 근거는 하나님의 선언 (the declaration of God)이시다. 그 선언은 하나님께서 자녀들과 자녀들의 자녀들에게 수 천대까지 그의 약속을 하셨다는 사상이다 (Hodge, *Systematic Theology*, 3:561). 유아 세례를 해야 한다는 호소는 이사야 59:21을 근거로도 나타난다. "여호와께서 이르시되 내가 그들과 세운 나의 언약이 이러하니 곧 네 위에 있는 나의 영과 네 입에 둔 나의 말이 이제부터 영원하도록 네 입에서와 네 후손의 입에서와 네 후손의 후손의 입에서 떠나지 아니하리라 하시니라 여호와의 말씀이니라"(사 59:21)의 말씀을 근거로 호소한다 (De Heraut, no. 664). 둘째, 다른 근거는 자연적으로 성례가 구원을 위해 필요한 것이고 다른 방법으로는 얻을 수 없는 은혜를 나누어 주시는 교훈이라는 것이다. 로마가톨릭교회와 의식주의자들 (ritualists)은 차별 없이 부모의 상태를 묻지 않고 그들이 만날 수 있는 모든 어린이들에게 필연적으로 세례를 베풀어야 한다. 셋째, 국가 교회 안에서 국가와 교회를 일치시키는 원인에 의해 언약을 외형화시키는 것은 전적으로 똑같은 결과로 인도한다. 그러면 영국 사람은 그가 누구로부터 태어났는지는 상관할 것 없이 그가 시민권 (citizenship)을 가진 것처럼 영국 국교회(성공회) (The Anglican Church)에서 세례에 대한 권한도 가지고 있다. 치리 (Discipline)는 이런 방법으로 국가와 연합되고(결혼하고: wed), 국가에 일치시켜야 하는 그런 교회에서는 자연적으로 행사되지 않는다. 넷째, 또 하나의 견해는 부모들이 그들의 자녀에게 세례를 받게 하는 것이 그들의 언약 (cove-nant)과의 관계는 고려하지 않고 단순히 필요해서 받는다는 견해이다. 이렇게 세례를 베풀면 이는 자연적으로 교회 내에 두 종류의 멤버를 만들게 되는 것이다. 만약 그것이 첫째 세대 (first generation)에 가능한 것이라면, 둘째 세대 (second generation)에도 가능하고, 셋째 세대 (third generation)에도 가능하며 그리고 계속 이어지는 것이다. 그렇게 되면 교회 내에 세례는 받았지만 하나님의 언약 (God's covenant)을 가치 있게 생각하지 않는, 진정 불명예스럽게 이단적인, 수백, 수천의 세대가 존재 가능한 것이다. 후자 (the latter) 즉, 하나님의 언약의 가치를 인정하지 않는 경우는 자연적으로 유아 세례를 받는 예가 점점 적게 나타날 것이다. 왜냐하면 누구든지 심각한 죄 가운데 살면 아마도 자녀에게 세례 받게 하는 것을 원하지 않을 것이기 때문이다. 그러나 첫 번째 경우 (the first case)는 자주 발생할 것이다. 즉, 세례로 교회의 구성원이 되었으나 주님의 만찬 (the Lord's Supper)에는 참여하지 않은 부모들은 그들의 자녀들을 세례 받게 하기 위해 데리고 올 것이다. 아일랜드 (Ireland)와 스코틀랜드 (Scotland)의 장로교회가 이런 관행을 따르는 것으로 알려져 있다. 반대로 미국장로교회 (The Presbyterian Church in the United States)는 주님의 만찬 (the Lord's Supper)에 참여하는 부모들만 그들의 자녀들에게 세례를 받게 할 수 있는 관행을 따르는 것으로 알려져 있다. 다섯째, 입양 (adoption)의 원리가 다른 방법으로는 세례를 받을 수 없는 자녀들을 위해 세례를 받을 수 있도록 적용되었다. 고아 (orphans)나 부모의 역할을 제대로 할 수 없고, 자녀들을 기독교 종교 안에서 양육할 수 없고, 언약의 의식으로 자녀들을 인도할 수 없는 부모들의 자녀들은 기독교 양육을 보증해 주는 다른 사람들에 의해 받아들여질 수 있다. 그처럼 아브라함 (Abraham)은 돈으로 산 노예들 (slaves)까지 포함해서 그의 가족 안에서 태어난 노예들에게 할례 (circumcision)를 행했다(창 17:12-13). 장로교회 (The Presbyterian Church)는 1843년에 이교 (paganism)로부터 온 어린이들도 한 선교사와 연결되어 그 선교사가 기독교 양육을 보증할 수 있는 어린이라면 세례를 받을 수 있도록 했다. 도르트 회의 (The Synod of Dort)도 이 문제에 대해 논의한 바 있다. 어떤 이들은 찬성했지만 대다수가 반대했는데 우리들의 생각으로는 반대한 것이 바르다고 생각된다. 믿는 자들이 그들의 자녀들을 위해 세례를 생각하는 것은 자녀들을 기독교의 방법으로 양육한다는 것이외에 다른 것을 근거로 한다. 그것은 하나님의 명령과 약속에 근거한 것이다. 그 명령은 "너와 너의 씨에게" (to you and to your seed)라고 읽지, "네가 기독교 양육을 할 수 있는 모든 이에게"라고 읽지 않는다. 아브라함 (Abraham)과 그의 가족의 한 부분으로 태어나거나 매입된 사람들에게는 약간의 차이가 나타난다. 비록 실제로 우리가 아직도 가지고 있는 은혜의 언약이 아브라함의 경우에 시행되었지만, 동시에 우리는 그 근거 (the basis)가 이스라엘의 국가적 존립 (the national existence of Israel)을 위해 놓인 것임을 잊어서는 안 된다. 이것이 언약 안으로 모든 종들을 받아들이라는 하나님의 직접적 명령이었다. 그런데 이 명령은 아브라함이 무한정한 숫자의 이교 자녀들을 그의 관리 하에 받아들여 그들에게 할례를 행하라는 의도는 아니었다. 그런 관행은 구약의 배타주의에 의해 배제되었다. 유대인들 (Jews)만이 언약을 소유할 것이다. 구약의 교회는 현재 우리들처럼 선교적인 교회가 아니었다. 여섯째, 그래서 우리는 이 규율을 붙들고 있을 수밖에 없다. 믿는 부모의 자녀들은 세례를 받을 권리를 가지고 있다. 더 이상의 어떤 결의를 하고 몇 세대를 건너뛰어야 하느냐를 정하는 것은 대단히 어려운 문제이다. 교회는 이 문제에 있어서 항상 같은 입장으로 남아 있지 않는다. 교회는 파문당한 (excommunicated) 사람들의 자녀까지도 세례를 베풀기 원한다 (the Synod of Dort, 1574, 질문 9를 보시오). 아 브라켈 (A Brakel) (The Christian's Reasonable Service, 39. 23)은, "창녀 (harlotry)의 생활을 통해 태어난 언약 멤버의 자녀들에게도, 징계를 받고 있는 멤버의 자녀들에게도 세례를 베풀어야 한다. 왜냐하면 아들은 아버지의 죄책을 짊어지지 않기 때문이다."라고 말한다. 이런 관점으로 논리를 전개하면, 다음의 질문을 하는 것이 정당하다. 세례의 의식만 치르고 교회의 구성원 (멤버)이 된 사람들의 자녀들에게 세례를 베풀어서는 안 된다는 말은 없는가? 일반적인 논리는 세례의 의식만으로 멤버가 되고 언약의 의무는 지키지 않은 멤버일지라도 확실히 언약의 멤버라는 것이다. 파문되고 다른 죄 때문에 징계를 받은 사람들도 그런 일을 더 적게 하지 않는다. 이것도 생각해 보아야 한다. 우리가 그들의 자녀들의 세례의 성례를 위해 그렇게 세례 받은 멤버들을 받아들인다면 그들을 치리할 수 있는 어떤 수단이 남아 있는가?라고 질문할 수 있다. 그들을 주님의 만찬 (the Lord's Supper)에 참여하지 못하게 하는 것은 아무 소용이 없다. 왜냐하면 그들 스스로 주님의 만찬을 원하지 않기 때문이다. 그들의 자녀들에게 세례 베풀기를 거절하는 것이 유일한 수단으로 나타난다. 그러나 그것은 동시에 부모와 함께 자녀에게 영향을 미치는 수단이다. 이것과는 반대로 우리는 아 브라켈 (A Brakel)이 "아들은 아버지의 죄책을 짊어지지 않는다." (The son shall not bear the guilt of the father.)라고 바로 말한 사실을 인정해야만 한다(pp. 193-195). 보스는 제49문에서 "세례의 정의를 내릴 수 있는가?"라고 질문하고, 그 답으로 보스는 "세례는 은혜언약의 표지 (sign)요 인침 (seal)인데, 그 안에서 믿는 자들에게 삼위 하나님의 이름으로 물로 씻음이 적용되며, 믿음의 방법으로 언약의 효과에로의 그들의 참여가 상징되고 인침 받게 된다. 그리고 그들은 그 결과로 스스로 하나님에게 믿음의 순종을 하는 삶을 살기로 헌신한다."라고 정리한다(p. 201).

제2부 제5장

제2부의 제5장은 성찬 (The Lord's Supper)을 23개의 질문으로 설명한다. 보스는 제1문에서 "성찬에 해당되는 구약시대의 성례는 무엇인가?"라고 질문하고, "유월절" (the Passover)이라고 답을 한 후 여기서 우리의 관심은 성례로서의 교리적 의미만 고려한 것이라고 설명한다(p. 202). 보스는 제2문에서 "얼마나 많은 관점에서 유월절 (the Passover)이 고찰되어야 하는가?"라고 질문하고, 그 답으로 첫째, 기억을 위한 성찬 식사로서, 둘째, 성찬의 특성을 가진 희생으로서, 셋째, 성찬의 식사 자체로서, 넷째, 수확의 잔치로서 고려되어야 한다고 설명한다(p. 202). 보스는 제3문에서 "유월절이 어느 정도 기억을 위한 성례 식사인가?"라고 질문하고, 우리가 출애굽기 12:1-13, 21-23, 28, 43-51에서 볼 수 있듯이 유월절 (the Passover)은 백성을 애굽 (Egypt)으로부터 해방시킬 때에 제정되었다고 답을 하고 설명을 덧붙인다. 그래서 유월절은 출애굽을 기억하는 식사이다. 그리고 자녀들이 "이 의식은 무엇을 뜻합니까?"라고 물으면, 그 질문에 대한 답은 마땅히 "이는 애굽에서 이스라엘 자녀들의 집을 건너 뛰어 넘어간 주님에게 유월절 희생을 하는 것이다."라고 답을 해야만 한다(출 12:26-27). 그러나 유월절이 단순히 출애굽의 역사적 사실에 얽힌 기념을 위한 식사 (the memorial meal)라고만 결론 지어서는 안 된다. 더 나아가 출애굽 사건 자체가 모형 (type)으로서의 의의를 갖는다. 애굽으로부터의 해방 (liberation)은 죄의 포로가 된 집으로부터 해방된 그림이었다. 이런 방법으로 기념을 위한 식사는 동시에 성례가 되는 것이다. 왜냐하면 애굽으로부터의 역사적 해방에서 이

249

스라엘 (Israel)은 메시아 (Messiah)에 의해 성취되어야만 할 영적인 해방 (the spiritual liberation)이외에 묘사된 다른 어떤 것도 보지 못했기 때문이다. 그래서 그 이름 파스카 (Pascha)는 히브리어의 "눈 감아 주다" (overlooking), "구조하다" (rescuing: ξσεΠ,)의 아람어 용어 (Aramaic form)를 가리키는 것이다. 하나님께서 "내가 피를 볼 때에 너희를 넘어가리니"(출 12:13)라고 말씀하셨다. 그러므로 유월절 안에는 하나님의 용서하시는 자비의 표지 (sign)와 인침 (seal)이 있는 것이다. 애굽 사람들의 첫 태생은 죽었지만 이스라엘은 확실하게 죽어 마땅하였으면서도 이 징벌적 심판으로부터 구함을 받았다(pp. 202-203).

보스는 제6문에서 "유월절이 추수의 잔치도 되는가?"라고 질문하고, "그렇다"라고 답을 한 후 설명을 덧붙인다. 실제 유월절이 제정되기 전에 이스라엘 (Israel)은 하나님의 자연적인 축복과 관련하여 봄 축제 (spring feast)를 축하하고 있었다. 이 축제는 아빕월 (Abib)이나 혹은 니산월 (Nisan)의 15일부터 21일까지 축하하는 무교절 축제 (the Feast of Unleavened Bread)이다. 축제의 둘째 날, 곧 16일에 새로운 수확의 첫 열매 다발 (the sheaf of the first-fruits)을 바쳤다. 축제의 첫째 날과 일곱째 날에 회중의 엄숙한 모임이 있었다. 모든 효소는 집으로부터, 곧 경계선 안으로부터 제거되었다. 유월절 (Passover)이라는 이름이 이 잔치에 붙여졌고 잔치 때에 제공된 희생제사에도 붙여졌다(참조, 신 16:2; 눅 22:1). 이 무교절 축제 (the Feast of Unleavened Bread)는 그 동안에 국가적 역사적 의의를 갖게 되었다. 이 축제는 애굽에서의 해방을 가리키게 되었고, 그와 연관하여 그리스도에 의해 성취될 해방을 내다보게 되었다. 애굽에서 이스라엘은 새로운 존재 (new existence)로 시작하게 되

250

었다. 그것이 바로 하나님의 백성의 영적이고 거룩한 존재의 모형 (type)이었다. 그리고 해방이 이스라엘의 자연적인 삶을 풍요하게 하는 추수와 관련된 축제를 축하하는 사건은 확실한 방법으로 어떻게 자연적인 것 (the natural)과 영적인 것 (the spiritual)이 서로 간 침투되며, 어떻게 전자(자연적인 것)가 후자(영적인 것)에 의해 거룩하게 되어야만 하는지를 가리킨다. 창조 (the creation)와 재창조 (the re-creation)가 여기서 가장 친밀한 관계로 서로 간 결합된다(p. 206). 보스는 제8문에서 "기독교회의 초창기에 무엇이 성찬과 연계되었는가?"라고 질문하고, 그 답으로 성찬과 연계된 것은 아가페 (agape)라고 불린 "애찬" (the love feast)이라고 설명한다. 애찬은 보통 식사로 주님 안에서 모든 성도들의 통일성을 확인하는 역할도 했다. 바울 (Paul)은 고린도전서에서 이 애찬에 대해 명백하게 말한다. 애찬은 처음에는 성찬보다 먼저 먹었다. 그러나 후일에 남용을 막기 위해 성찬을 먼저 먹고 그 다음에 애찬을 먹도록 했다(pp. 208-209). 보스는 제10문에서 "주님의 만찬을 제정하는 말씀 속에 포함된 것을 간단하게 설명할 수 있는가?"라고 질문하고, 여섯 가지로 간단하게 정리하여 설명한다. 첫째, 주님의 만찬 (the Lord's Supper)에는 주님의 고난과 죽음을 상징하는 것이 있다(상처 난 몸과 피 흘리심: "the broken body and shed blood"). 둘째, 이 고난과 죽음은 은혜언약 (the covenant of grace)의 근거로 여기에 나타나 있다(나의 피로 새 언약: "the new covenant in my blood"). 셋째, 그러나 동시에 이 상징은 하나님 편에서 은혜언약의 인침이다(너희를 위해: "for you"). 넷째, 동시에 믿는 자의 편에서 동의가 있다. 그 동의로 신자는 계속적으로 은혜언약의 갱신에로 들어간다(취하라, 먹으라, 그것을 하라, 모든 것을 다 마시라:

"take," "eat," "do that, drink of it all of you"). 다섯째, 동시에 이 언약적 교제는 또한 주님의 공개적 고백이요, 그의 죽음의 선포요, 주님 자신을 위해 무엇을 하셨는지 기억하는 것이다(이것을 행하여 나를 기억하라: "do this in remembrance of me." 그가 오실 때까지 주님의 죽음을 선포하라: "proclaim the death of the Lord until He comes"). 여섯째, 동시에 이 언약적 교제의 실행 (the exercise of this covenantal fellowship)은 믿는 자들의 영적 생활에 영양 보충을 하는데 그 목적이 있다. 성례의 언약적 행위는 역시 식사이다. 이는 주님께서 떡과 잔을 주셨다는 사실에 있다. 하나님이 제정하신 목적을 이루기 위해 우리가 지상의 음식 (earthly food)을 먹기 전에 하나님의 축복을 위해 기도하는 것같이, 이 복되고 복된 기도가 올려진 성례의 음식 (sacramental food)과 관계하여서도 마찬가지이다(p. 220).

보스는 제11문에서 "주님의 만찬에 대하여 무슨 질문들이 더 논의되어야만 하는가?"라고 질문하고, 네 가지 요점으로 답을 한다. 첫째, 주님의 만찬에서 그리스도의 몸과 피를 어떤 의미로 받아야 하는가? 둘째, 이 요점에 대해서 성경의 교훈으로부터 떠난 주요한 결함이 무엇인가? 셋째, 누가 주님의 만찬에 참여해야 하는가? 넷째, 로마가톨릭의 미사 (mass)를 어떻게 판결해야 하는가? 등의 질문이라고 설명한다(pp. 220-221). 보스는 제13문에서 "개혁자들 가운데서 누가 주님의 만찬을 가장 덜 신비적으로 생각하는가?"라고 질문하고, 그 답으로 "개혁자 쯔빙글리" (the Reformer Zwingli)라고 말한다. 쯔빙글리는 "그리스도의 몸을 영적으로 먹는 것은 그리스도를 통한 하나님의 선하심과 하나님의 은혜를 우리의 영과 우리의 이해로 신뢰하는 것과 같은 것이다."라고

252

말했다. 이 견해를 구별 짓는 것은 두 가지로 구성되어 있다. 첫째, 먹는 것은 단지 믿음으로 먹는 것이다. 즉 먹는 것은 양심적인 믿음을 행사하는 것이다. 둘째, 먹는 것은 살아계신 그리스도와 신비적인 연합을 행사하는 것이 아니요, 먹는 것은 주님의 고난과 죽음의 구원사건들을 바라다보는 것이다(p. 221).

보스는 제16문에서 "어떤 의미로 우리가 그리스도의 몸과 피가 성찬에 임재 한다고 말할 수 있는가?"라고 질문하고, 성찬에는 표지 (sign)가 있고, 그 표지가 어떤 의미인지를 알아야 한다고 설명한다. 그 표지는 떡과 포도즙인데 그것들은 그리스도의 죽음과 삶의 연합 안에서 그리스도가 중보자 (Mediator) 되심을 나타낸다. 보스는 성찬의 떡과 포도즙의 의미가 잘못 이해되는 견해를 정리한다. 첫째, 성찬의 떡과 포도즙은 그리스도의 몸과 피와 물질적인 연합을 의미하지 않는다. 성찬의 떡과 피는 예수님의 몸과 피로 변하지 않는다(로마가톨릭 (Catholics)의 견해에 반대해서). 둘째, 성찬의 떡과 포도즙은 장소적으로 예수님의 몸과 피와 연합하지 않는다. 우리는 떡과 포도즙을 보면서 동시에 그 장소에 예수님의 몸과 피가 임재 한다고 생각해서는 안 된다(루터 (Lu-ther)의 견해에 반대해서). 셋째, 성찬의 떡과 포도즙은 마치 성도들의 마음에만 존재하는 것과 같은 개념적인 연합을 의미하지 않는다. 우리는 상징을 우리 마음속에 있는 개념이 의미하는 어떤 것과 연계시킨다. 성찬의 떡과 포도즙은 단순한 상징이 아니요 그 이상의 성례적인 연합의 의미가 있다(쯔빙글리 (Zwingli)의 견해에 반대해서). 보스는 이렇게 그 당시 성행했던 성찬의 떡과 포도즙에 대한 세 견해의 잘못을 지적하고 이제 성찬의 떡과 포도즙의 바른 의미를 설명한다. 첫째, 성찬의 떡과 포도즙은 관계적인 연합 (union by relationship: σχετικῶς)을 뜻한다. 상징된 예수님의 몸과 피는 믿는 참여자를 위해 표지 (sign)인 떡과 포도즙과 연결된다. 표지는 단지 우리들의 양심에 연합의 의미와 확실성을 가져다준다. 표지는 이 점에 있어서 상징된 예수님의 몸과 피를 인식하는데 도구가 된다. 둘째, 상징된 예수님의 몸과 피의 존재 자체가 아니라 확실하게 성찬에 참여하는 영혼에 미치는 영적인 효과가 믿음과 연결된다. 예수님이 영광스러운 인성을 가지시고 존재하심으로 믿는 참여자들은 살아계신 중보자 (Mediator)와의 교제가 가능하다. 참여자가 믿지 않을지라도 상징된 예수님은 그 존재를 멈추지 않는다. 그리스도는 계속 같은 그리스도로 존재한다. 그러나 성령의 적극적인 역사가 있을 때에만 믿는 자들의 마음에 예수님과의 교제가 가능해진다. 여기서 믿음 (Faith)이 성찬의 복을 즐기기 위해 필수적임을 알게 된다. 믿음은 그리스도의 존재 자체를 실현시키지 못하지만 성령의 역사로 예수님의 몸과 피가 성도들을 위한 것임을 확인한다. 믿음은 반드시 필요한 조건 (conditio sine qua non)이지만 이적을 만들지 않는다. 믿음은 하늘로부터 그리스도의 인성을 끌어내리지 않는다. 보스 (Vos)는 가톨릭 (Catholics)의 화체설 (transubstantiation), 루터 (Luther)의 공재설 (consubstantiation), 쯔빙글리 (Zwingli)의 상징설 (symbolism)을 비평하면서 칼빈 (Calvin)이 주장하는 믿음의 역할을 강조해서 성만찬을 설명한다(pp. 237-239).

보스는 제17문에서 "우리가 성만찬에 참여할 때 어떤 의미로 그리스도를 먹었다고 말할 수 있는가?"라고 질문하고, 그 답으로 표지 (sign)와 실체 (thing)가 연관된 관계에서 볼 때 성찬은 단지 입으로 먹는 문제에 그치지 않는다고 말한다. 먹는 것은 믿음의 입으로 먹는 것이다. 그럼에도 불구하고 성찬은 실재 (real)이다. 성찬은 성령의 도움으로 그리스도를 우리 안으로 받아들이는 것이다. 그리스도를 먹음으로 그리스도로 채워지는 것이다. 그런 점에서 칼빈 (Calvin)이 믿는 것과 먹는 것이 완전하게 같지 않다고 주장하는 것은 바르다. 그런데 우리는 믿는 것이 먹는 것과 같다고 말할 수 있다. 그러나 "믿는 것"과 "먹는 것" 둘 다 다른 문제를 안고 있다. 만약 어떤 사람이 음식을 먹는다면, 그는 효과적으로 채워진 것은 아니다. 음식 속에 존재하는 에너지 (energy)가 그의 피와 그의 몸으로 흘러들어가야 한다. 이것이 우리가 더 깊은 의미의 두 번째 먹는 것이라고 부르는 것이다. 왜냐하면 입뿐만 아니라 몸의 조직 전체가 살과 피 안으로 영양의 요소를 배분하기 때문이다. 성찬의 경우도 같은 원리이다. 우리는 먼저 믿음의 입으로 먹는다. 믿음으로 먹는 것 후에 주님의 생명을 주시는 능력과 주님 안에 있는 영양소가 영적인 사람의 살과 피 안으로 들어옴으로 더 깊은 의미의 먹는 것이 발생하게 된다. 먹는 것은 믿음의 열매이며 결과이다. 그러나 이런 방법으로 보면 먹는 것은 믿음 이상의 것임을 알 수 있다(p. 239). 보스는 제21문에서 "누가 성찬에 참여해야 하는가?"라고 질문하고, 그 답으로 그리스도의 교회의 멤버로서 자신을 성찰하고 그리스도의 몸과 피를 분별할 수 있는 사람이라고 설명한다. 그리고 보스는 성찬에 참여할 수 없는 사람들을 (1) 분별할 수 있는 나이에 도달하지 아니한 어린 아이들, (2) 교회 안에서 교리와 삶의 부분에서 범죄한 사람들로 교회에 의해 주님의 만찬에 참여할 수 없도록 징계를 받은 불신자들, (3) 완전하게 구원하는 믿음이 없는 불신자들, (4) 모든 상태에서 진정한 믿음의 삶을 행사하지 못한 사람. 진실한 신자일지라도 어떤 경우에는 성찬에 참여하는 것이 타당하지 않은 경우가 있다. 이런 경우가 고린도 교회에서 발생했다(pp. 244-247).

제3부

제3부에서 보스 (Vos)는 개인적인 종말론과 일반적인 종말론을 다룬다. 제3부는 제6장에 들어가기 전에 "종말론: 마지막 일들의 교리"를 네(4) 개의 질문으로 정리한다. 보스 (Vos)는 이 부분을 계속되는 장 (chapter)으로 처리하지 않고 앞으로 "개인적인 종말론"과 "일반적인 종말론"을 다룰 것임에 대한 서론적인 질문으로 처리한다. 보스는 제1문에서 "종말론이란 용어에 무엇이 포함되었는가?"라고 질문하고, 역사가 포함되었는데, 역사는 끝없는 과정이 아니요 확실한 결말이 있을 것이라고 설명한다. 역사는 끝없는 과정이 아니요, 진정한 역사 (genuine history)는 확실한 목적을 이루고 끝을 맺을 것이므로 범위와 한계가 있는 것이다. 시작이 있었기 때문에 종말이 있을 것이다. 그 종말은 위기 (crisis)로 닥칠 것이다. 이 위기와 관련하여 발생하는 모든 것들은 "마지막 일들의 교리"에 속한다(p. 251). 보스는 제2문에서 "종말론이란 용어가 성경적인 용어인가?"라고 질문하고, "그렇다"라고 답을 한 후, 성경에 "말일"(사 2:2: ἔσχαται ἡμέραι), "끝날"(미 4:1), "말세"(행 2:17; 벧전 1:20), "마지막 때"(요일 2:18: ἐσχάτη ὥρα)등의 용어로 표현된다고 설명한다(p. 251) 보스는 제3문에서 "이 많은 구절에 우리가 '마지막 날들'

(the last days), 즉 은혜언약의 신약시대라고 이해하는 것과 전혀 다른 의미를 가진 뜻이 있지 않은가?"라고 질문하고, 그 답으로 사도행전 2:17에 사용된 성령을 부어주신 오순절 사건을 "말세에" 발생한 사건으로 묘사한 것을 예로 든다. 말세는 역사의 마지막 때만을 가리키지 않고 메시아의 오심으로 이미 시작되었다. 옛 선지자들의 전망으로 보면, 메시아 (Messiah)의 오심은 모든 것들의 끝인 나라의 절정과 일치한다. 예를 들면 이사야 (Isaiah) 선지자는 포로 생활에서 귀환하는 사건을 단숨에 메시아의 오심과 세상의 종말을 가리키는 것으로 이야기하고 이 사건들이 하나의 위대한 광경으로 우리 눈앞에 드러나게 될 것을 말한다. 이사야는 단지 모든 것을 쌓아 올린 정상만을 본다. 따라서 옛 선지자들은 두 세대, 즉 "이 세상" (οὗτος ὁ αἰών: this age)과 "오는 세상" (ὁ μέλλων αἰών: the coming age)을 생각하는 것이다. 그래서 이사야 (Isa-iah)나 미가 (Micah)에게 "마지막 날들"은 끝 (the end)이 오기 전에 선행하는 날들이며 동시에 메시아의 오심 (the coming of the Messiah) 전에 선행하는 날들인 것이다. 후기 선지자들은 성령의 도움으로 메시아의 이중 오심 (*double* coming)이 어떻게 이루어질 것인지, 즉 한번은 고난과 조롱을 위해 오심이요, 또 한 번은 영광 중(in glory)에 오실 것을 더욱 명확하게 볼 수 있었다(단 7; 9; 12). 이처럼 옛 선지자들이 한번 오심 (one coming)으로 압축한 것을 후기 선지자들은 두 번으로 나눈 것이다. 이제 이런 관점으로 예수님의 초림과 재림 사이에 흐른 시간을 이중 관점 (twofold perspective)으로 볼 수 있는 것이다. 만약 우리가 아직 기대되는 오심에 주목한다면 그 오심 전의 모든 것을 "이 시대" (this age) 안에 포함시킬 수 있고, 그렇게 되면 우리들과 모든 신약시대의 성

도들은 "마지막 날들" (in the last days)에 살고 있는 것이고, 우리 주님이 영광 중에 재림하실 직전 (eve)의 기간들 안에 살고 있는 것이다. 만약 다른 편으로 우리들이 이미 과거에 발생한 오심 (coming)에 주목한다면 우리는 초림 (the first coming) 때에 두 세대 사이를 나누는 선 (the dividing line)을 그을 수 있고, 그러면 우리는 실제로 이미 "오는 세대" (age to come)에 살고 있는 것이다. 주님의 초림과 재림 사이의 시간이 그의 오심을 이미 발생한 것과 앞으로 발생할 것이라는 사상에 의해 완전히 관리된다면 우리는 그 기간을 "마지막 날들" (the last days)이라고 부를 수 있다.

예를 들면 방금 언급된 개념의 첫 번째 것은 누가복음 20:34; 에베소서 1:21; 그리고 갈라디아서 1:4에서 발견된다. 예를 들면 다른 개념은 히브리서 2:5에서 발견된다. 한 개념은 다른 개념과 상충되지 않는다. 새로운 언약의 시간인 우리들의 시간은 사실상 이중 특성 (dual character)을 가지고 있다. 옛 세대 (the old age)가 우리 안에 있고 우리 안에서 역사하고 있다. 그러나 새로운 세대 즉 오실 세대 역시 지금은 예언으로 있지만 이미 우리 안에 존재하고 있다(pp. 251-252). 보스는 제4문에서 "종말론이 어떻게 구분되는가?"라고 질문하고, 그 답으로 (1) 개인적 종말론, (2) 일반적 종말론으로 구분하여 설명한다. 마지막 (the end)은 동시에 모든 것을 위해 세상 역사의 종말에 올 것이다. 그 끝에 속하는 것과 연결되어 있는 것을 우리는 일반 종말론 (general eschatology)이라 부른다. 그러나 개인에게도 역시 그가 이 생명으로부터 떠나고, 이 세대로부터 떠남으로 종말은 온다. 그의 죽음으로 그는 이 지상의 발전 안에 있는 이 세대 위 (above this age)로 높여져 특별한 의미로 오는 세대 (the age to come)에 더 가깝게 된다. 진실로, 성경에서 두 세상 시대 (the two world-*times*) 사이의 대칭이 두 세상 장소 (two world-*places*) 사이의 대칭과 교차되고 있다. 미래 도시요, 하늘의 왕국인 새로운 예루살렘 (The new Jerusalem)은 이 세대가 미래세대로 흘러 들어 갈 때 드러나게 될 것이다. 그러므로 거하는 장소 (dwelling place)의 재배치는 항상 세대의 교환 (exchange of age)이 되는 것이다. 앞에서 언급한 종말론을 구분하는 명분이 이런 논리를 근거로 삼고 있는데 이런 방법이 아니고 다른 방법이라면 이 종말론의 구분은 임의적으로 나타날 수밖에 없다(pp. 251-253).

･ ･ ･ ･ ･ ･ ･
제3부 제6장

제3부의 제6장은 개인적인 종말론 (Individual Eschatology)을 11개의 질문으로 정리한다. 보스는 제1문에서 "당신은 이 개인적인 종말론에 무엇을 더 이야기할 수 있는가?"라고 질문하고, 그 답으로 네(4) 가지 분야로 나누어 설명한다. (1) 부활 전에 영혼의 중간기 상태에 관한 성경적 교리, (2) 로마가톨릭의 연옥 교리, 즉 "조상들의 지옥의 변방"과 "아이들의 지옥의 변방" 교리, (3) 모든 영혼들이 일반적으로 거할 스올과 하데스 (Sheol-Hades)와 결국에는 선한 사람과 악한 사람이 분리되어 거할 장소인 천국과 지옥 (heaven-hell)을 구별하는 현대신학의 교리, (4) 영혼의 수면 교리, 즉 "두 번째 시련," 영혼 멸절 교리, 조건적 영생 교리 등을 논의해야 한다(p. 255). 보스는 제3문에서 "연옥 (purgatory)에

관해 로마가톨릭이 무엇을 가르치는가?"라고 질문하고, 연옥은 고난의 장소요 성도들의 죽은 영혼이 정화되는 곳으로 그들의 죄들을 위해 하나님께 만족 (satisfaction to God)을 드릴 수 있고, 하늘의 영광을 준비하도록 하기 위한 곳이라고 말하고 설명을 덧붙인다. 어떤 사람은 심판의 날 (the day of judgment)까지 연옥에 머물러 있을 수 있다. 그때에 연옥은 끝난다. 교회는 교회의 권력 (the power of the keys)으로 연옥을 가지고 있다. 그리고 교회는 그 봉사를 통해 죽은 자의 영혼이 거기에 머무르는 시간을 단축시킬 수 있다. 일반적으로 연옥은 육체의 불의 장소로 보이지만, 이것이 교회에 의해 신조의 상태 (creedal status)로는 인정되지 않았다.

연옥에서 사람은 세례 받은 후에 지은 죄를 위해 만족 (satisfaction)을 만든다. 왜냐하면 그리스도는 오로지 우리들을 영원한 죽음 (eternal death)으로부터 구해 내셨기 때문이다. 미사 (the mass)는 우리에게 요구된 이 만족(만족의 양)을 줄이는데 쓰일 수 있다. 그것이 교회들이 연옥에 있는 죽은 자들을 위해 미사 (masses)를 드리는 이유이다(p. 258).

보스는 제5문에서 "로마가톨릭의 '조상들의 지옥의 변방' (limbus patrum)이란 무엇인가?"라고 질문하고, 그 답으로 조상들의 지옥의 변방은 구약의 믿는 조상들이 메시아가 오시기 전에 대망의 상태로 머문 장소를 가리킨다. 그리스도는 십자가에서 죽으신 후 하데스 (Hades)로 내려가셔서 조상들을 해방시키셨다. 이 견해가 로마가톨릭의 구약의 성례 교리인데 그들은 이 구약의 성례 교리에 구원하는 능력은 부여하지 않는다. 반면 로마가톨릭은 교회가 현재 시행하는 성례에 구원하는 능력을 부여한다. "조상들의 지옥의 변방"은 지옥의 한 부분이다(p.

259). 보스는 제6문에서 "로마가톨릭의 '아이들의 지옥의 변방' (limbus infantum)이란 무엇인가?"라고 질문하고, 그 답으로 "아이들의 지옥의 변방"은 세례 받지 못한 아이들의 영혼이 거주하는 장소이다. 이런 영혼들은 하늘에 들어갈 수 없다. 왜냐하면 하늘에 들어가는 것은 세례 받은 자들만 가능하기 때문이다. "아이들의 지옥의 변방"은 하데스 (Hades)나 스올 (Sheol)에 있는 한 장소이다. 어린이들의 징벌은 어른들이 받을 징벌과 다르다. 라틴 교부들은 어린이들이 '느낌의 징벌' (poena sensus)을 받는다고 말하는 반면, 헬라 교부들은 '저주받은 자의 징벌' (poena damni)을 받는다고 주장한다. '저주받은 자의 징벌'은 하늘의 복을 빼앗는 것이다(pp. 259-260). 보스는 제11문에서 "영혼 멸절의 교리 혹은 조건적 영혼 불멸의 교리는 무슨 뜻인가?"라고 질문하고, 그 답으로 이 교리는 불신자들의 영혼들이 죽을 때 완전히 멸절되거나 의식을 "영원히" 상실한다는 것이라고 설명한다. "영원히"라는 말은 영혼 멸절교리와 영혼 수면설 (soul-sleep)과 상충된다는 점을 주목해야 한다. 영혼 멸절설 (annihilation)은 몸이 죽자마자 영혼이 그 의식을 잃게 된다는 것이다. 그러나 하나님은 그의 은혜로 그의 자녀들이 영원하도록 만드셨다. 따라서 이 이론은 불경건한 자들의 영원한 징벌을 부인한다.

영혼 멸절설 교리에 대한 반대 이론은 다음과 같다. (1) 죽음이 영혼을 멸절하게 한다는 것은 모든 유추 (analogy)와 상충된다. 하나님은 물질들을 멸절시키지 않고 그것들로 하여금 다른 형태를 입게 만드신다. 죽음의 성경적 개념은 영혼 멸절과 전혀 일치하지 않는다. 사람은 그의 몸이 죽기 전에 이미 영적으로 죽은 사람이다. 그런데 그가 죽을 때 그의 영혼이 멸절되는가 혹은 그의 의식이 축소되는가?(엡 2:1-2; 딤전 5:6; 골 2:13; 계 3:1). 그렇지 않다. (2) 영혼 멸절설은 징벌이라 부를 수 없다. 징벌은 고통스런 의식을 요구한다. 만약 하나님이 합리적인 인간을 무 (nothing)로 돌아가게 하시고, 그들로 하여금 의식을 잃게 하신다면 그것을 징벌이라고 말할 수 없다. (3) 만약 불신자들의 징벌이 영혼 멸절로나 의식의 제거로 구성되어 있다면 어떤 단계의 징벌도 가능하지 않다. 그렇게 되면 모든 사람은 같은 방법으로, 또한 같은 단계로 징벌되어야 한다. 그러나 성경은 그렇게 가르치지 않는다(눅 12:47-48; 롬 2:12). (4) 많은 사람은 의식을 제거하는 것이 바람직한 것이라고 한다. 왜냐하면 그들은 존재하는 것 자체를 고통스럽게 생각하기 때문이다. 그렇다면 그들에게 내린 영혼 멸절의 징벌은 축복으로 둔갑하게 된다 (pp. 267-268).

제3부 제7장

제3부의 제7장은 일반적인 종말론 (General Eschatology)을 38개의 질문으로 설명한다. 보스는 제1문에서 "일반적인 종말론에서 무엇이 논의되어야 하는가?"라고 질문하고, 그 답으로 (1) 육체의 부활 문제, (2) 심판을 위한 주님의 재림과 그와 연관된 문제, (3) 천년 왕국에 대한 교리 문제, (4) 지옥의 영원한 형벌의 문제, (5) 천국의 영원한 축복의 문제 등이라고 설명한다(p. 269). 보스는 제2문에서 "육체 부활이 부인되었는가?"라고 질문하고, "그렇다"라고 답한 후 설명을 덧붙인다. 사두개인

들 (Sadducees)은 육체 부활을 부인했다. 아덴 사람들 (Athenians)은 육체 부활에 대해 조롱했다(행 17:18, 32). 후메네오 (Hymenaeus)와 빌레도 (Philetus)는 부활이 이미 일어났기 때문에 앞으로의 부활은 순전히 영적인 부활 (*spiritual* resurrection)이라고 말했다(딤후 2:17-18). 고린도 (Corinth)에서는 부활을 의심하는 파당이 있었다(고전 15:12). 영지주의 자들 (The Gnostics)은 플라톤주의적인 물질 경멸 사상 (Platonic disdain of matter)에 근거하여 육체부활을 부인했다. 이 모든 상황에 직면한 고대 교회는 교회의 오래된 사도신경 (Apostles' creed)에서 "나는 육체 부활을 믿는다."라고 가르친다(p. 269). 보스는 제3문에서 "구약에서 육체 부활을 가르치고 있는가?"라고 질문하고, 그 답으로 "그렇다" (yes)라고 말한 후, 성경을 열거하여 설명한다. 이사야 26:19-20; 다니엘 12:2-3이 육체 부활을 가르친다. 구약시대에 유대인들은 일반적으로 육체 부활을 믿었다(pp. 269-270). 따라서 새언약 (new covenant)의 성경시대에 사는 유대인들도 일반적으로 부활을 믿었다. 예를 들면 마르다 (Martha)도 육체 부활을 믿었다(요 11:24; 참조, 마 14:2; 16:14; 막 6:14, 15, 16; 9:10; 눅 9:7, 8, 19). 특별히, 주님 (the Lord)께서 사두개인들의 의심 (Sadducean skepticism)에 대해 하신 말씀(마 22:23-32; 요 5:26, 28)을 신약 (New Testament)과 비교해 보아야 한다. 육체 부활의 표준적인 구절 (locus classicus)은 고린도전서 15장이다(pp. 269-270). 보스는 제4문에서 "그리스도는 부활에서 어떻게 불렸는가?"라고 질문하고, 그리스도는 잠자는 자들의 첫 열매 (the firstfruits), 죽은 자들의 부활에서 첫 번째 (the first), 죽은 자들 가운데서 먼저 나신 이 (the firstborn)로 불린다고 설명한다 (고전 15:20, 23; 행 26:23; 골 1:18; 계 1:5). 이는 특별히 질서의 첫 번째 자리를 뜻하지만 우리는 시간에 있어서도 첫 번째라고 할 수 있다. 온전한 의미로 볼 때, 아무도 예수님 이전에 부활한 사람이 없다. 확실하게 구약에서 죽은 자들로부터 부활이 있었지만, 그것은 그가 이전에 가졌던 몸으로 지상의 일반 생활로의 복귀이지 종말론적인 의미 (the eschatological sense)의 부활은 아직 아니다. 아마도 부활했던 이런 사람들은 다시 죽었을 것임에 틀림없다. 종말론적인 부활 (the eschatological resurrection)은 다시는 부패할 수 없는 새로운 몸 (new body)을 갖는다(p. 270).

보스는 제5문에서 "언제 일반 부활이 발생할 것인가?"라고 질문하고, 그 답으로 마지막 심판이 있기 전, 심판을 위해 그리스도가 재림하시는 때에 발생할 것이라고 설명한다(살전 4:16; 고전 15:23-25). 천년설을 가르치는 사람들은 부활이 두 번 발생할 것이라고 주장한다. 터툴리안 (Tertullian)은 부활이 점진적인 과정으로 발생할 것이라고 주장한다. 터툴리안은 천년의 기간 동안 사람의 가치에 따라서 한 사람은 먼저 부활하고, 다른 사람은 후에 부활하지만 천(1,000)년의 마지막에 가서야 그들 모두는 더 좋은 몸체를 받게 된다고 주장한다. 그러나 후기 천년주의자들 (the later chiliasts)은 사람의 부류들 (classes)에 따라 나누고 부활 자체의 부분들을 나누지 않는다. 어떤 이들은 첫 번째 부활에서는 오직 믿는 자들만 부활한다고 말하고, 다른 이들은 오직 이스라엘 (Israel) 백성으로부터 온 믿는 자들만 부활한다고 말한다.

그러나 성경은 단지 한 번만의 부활을 말한다. 이는 요한복음 5:27-29에 명백히 나타나는데 인자 (the Son of Man)의 음성에 따라 선한 일을 한 사람들과 악한 일을 한 사람들이 같은 시간 (in the same hour)에 그들의 무덤에서 나올 것임을 가르친다. 마태복음 25:31도 같은 교훈을 가르치고, 고린도후서 5:10도 똑같은 교훈을 가르친다. 두 번의 부활은 두 번의 재림을 필요로 하는 것이다. 왜냐하면 이미 언급한 것처럼, 보이는 세계 (visible world)에서 한 사건으로의 부활은 지상의 한 장소에 나타나는 주님의 보이는 재림 (the visible return of the Lord)과 연결되어 있기 때문이다. 터툴리안 (Tertullian)이 생각하는 것처럼 연속되는 부활에 대해서는 모든 근거가 부족하다. 부활은 과정이 아니다. 부활은 위기 (crisis)이고, 동시에 마지막 심판을 위한 모임이다. 이런 뜻을 과정에서는 찾아볼 수 없다(pp. 270-271).

보스는 제6문에서 "누가 부활을 성취하는가?"라고 질문하고, 성부, 성자, 성령의 역할을 설명한다. (1) 때때로 하나님 (God)이 그의 능력으로 죽은 자들을 살리신다고 일반적으로 표현한다(마 22:29; 고후 1:9). 그리고 하나님이 우리들에게 부활체를 주신다고 표현한다(고전 15:38). (2) 아버지가 죽은 자들을 살리신 것처럼, 아들 (Son)도 죽은 자들을 살리신다(요 5:21). 아들이 마지막 날에 죽은 자들을 살리시는 것은 아버지의 뜻이다(요 6:38-40, 44). 죽은 자들은 하나님의 아들의 음성을 듣게 될 것이다(요 5:25; 살전 4:16). (3) 하나님은 우리들의 죽을 몸들을 성령 (Holy Spirit)으로 살리실 것이다(롬 8:11).

그러므로 삼위일체 하나님이 중보자 (Mediator)의 부활의 결과와 능력으로 부활을 완성시키실 것이다. 로마서 4:17("죽은 자를 살리시며 없는 것을 있는 것으로 부르시는 이")에서 부활 (resurrection)은 창조 (creation)와 병행으로 언급되었다(p. 271). 보스는 제8문에서 "누가 부활하게 될 것인가?"라고 질문하고, 성경에 의하면 부활의 시간 전에 죽은 모든 사람들이라고 답을 하고 설명을 덧붙인다(요 5:25, 28-29). "무덤 속에 있는 자가 다"(요 5:28) 부활할 것이다. 몸체를 가지고 죽지 않은 사람은 자연적으로 부활하지도 않은 것이다. 예를 들면 에녹 (Enoch)과 엘리야 (Elijah)와 예수님의 재림 (Parousia) 때에 살아 있는 사람들은 부활하지 않을 것이다(살전 4:17; 고전 15:51). 재림 때에 아직 살아 있는 사람들은 변화함으로 부활의 장소를 취하게 될 것이다. 불경건한 자들의 부활은 이른 시기와 늦은 시기에 모두 부인되었다. 어떤 이들은 그들이 조건적인 불멸을 가르치기 때문에 오직 믿는 자만 부활한다고 가정하고, 다른 이는 부활을 은혜의 수단과 연결시킨다(p. 272). 보스는 제10문에서 "심판하시기 위한 주님의 재림과 관련하여 무엇이 논의되어야 하는가?"라고 질문하고, 첫째, 재림 전에 있을 사건들, 둘째, 재림 자체, 셋째, 뒤따를 마지막 심판 이라고 답한다(p. 278). 보스는 제11문에서 "주님의 재림 이전에 있을 사건들에 관해 무엇이 논의되어야 하는가?"라고 질문하고, 그 답으로 네(4) 가지를 정리한다. 보스는 (1) 이방인들을 부르심, (2) 유대인들의 회심, (3) 적그리스도, (4) 표지와 경이로운 사건 등을 논의해야 한다고 말한다(p. 278). 보스는 제14문에서 "어디에서 종말의 표시 (sign of the end)로 유대인들의 회개가 언급되었는가?"라고 질문하고, 그 답은 일반적으로 유대인들의 배도와 회복을 언급하는 구약의 모든 예언들에서 발견된다고 설명한다. 유대인들의 회개가 구체적으로 스가랴 12장과 로마서 11장에 언급되어 있다. 로마서 11장은 국민적인 회심을 언급하고 있는데 이는 대다수의 회심을 가리키지 모든 개인들을 가리키지 않는다. 바울은 "온 이스라엘의 구원"(롬 11:26)으로부터 "은혜로 택하심을 따라 남은 자"(롬 11:5)를 구별시킨다(p.

보스와 함께 신학여행

279).

보스는 제19문에서 "마지막 심판에 관한 무슨 견해를 거부해야 하는가?"라고 질문하고, 네 가지로 정리하여 답을 한다. 첫째, 거부되어야 할 견해는 마지막 심판이 세대의 끝에 있을 한 사건 (a single event)이 아니요, 역사상에서 실현되는 느린 과정 (slow process)이라는 견해이다. 헤겔 (Hegel)은 "세계의 역사는 세계의 심판이다" (The history of the world is the judgment of the world.)라고 말했다. 둘째, 거부되어야 할 견해는 성경이 마지막 심판에 대해 선언하는 것이 단순히 유대주의적이라는 견해인데, 이는 어느 날 세상과 교회가 구별될 것이라는 사상에 감각적인 옷을 입힌 것이다. (슐라이엘마허, Schleiermacher). 이 견해도 거부되어야 한다. 셋째, 거부되어야 할 견해는 하나님의 심판으로 영혼이 이미 축복이나 멸망으로 들어간 시간적인 죽음의 때 (at temporal death)에 이미 모든 사람의 운명이 결정되었으므로 마지막 심판 (last judgment)은 불필요하다고 주장하는 견해이다. (사람은 반대 이론을 펼 수도 있다. 만약 결정적인 심판이 모든 것들의 완성에서 처음으로 온다면, 죽음은 결정적인 것이 될 수가 없다. 회개 (conversion)가 죽음 이후에도 가능하게 된다.) 이런 견해도 거부되어야 한다. 그러나 마지막 심판은 죽음과는 구별된 것이다. 첫째, 마지막 심판은 공개적 특성이 있고, 둘째, 마지막 심판은 몸과 영혼에 관계되어 있으며, 셋째, 마지막 심판은 우주적인 특성을 가졌다는 것이다. 넷째, 죽음으로 심판 받는 것과 마지막 심판은 개인의 의식 속에서 일치되어야만 한다. 왜냐하면 죽음 후에 부활 때까지 떠난 영혼에게는 시간의 흐름이 없기 때문이다. 이런 의미에서 떠난 영혼이 시간의 밖에 (outside of time) 있다는 것은 진실이 아니다. 우리

267

는 일반적으로 이 지구의 시간의 밖에 (outside of the time of this earth) 있는 것이지 시간 밖에 (outside time) 있는 것은 아니다(p. 289). 보스는 제20문에서 "마지막 심판은 하루에 일어나는가 아니면 장시간 동안 발생하는가?"라고 질문하고, 그 답으로 성경의 교훈에 따라 하루에 일어나는 것으로 결론짓는다. 성경은 "심판 날"(마 10:15), "주 예수 그리스도의 날"(고전 1:8), "그날"(고전 3:13; 딤후 4:8), "진노의 큰 날"(계 6:17) 등으로 하루에 발생하는 것으로 묘사한다. 반면 다른 성경 구절은 "심판의 시간"(계 14:7)으로 묘사하기도 한다. 여기서 우리가 말할 수 있는 것은 (1) 부활과 심판이 직접 연계되어 있다는 것, (2) 심판은 느린 과정이 아니요 하나의 행위로 발생할 것이라는 사실이다(p. 290). 보스는 제22문에서 "마지막 심판에 누가 심판자가 될 것인가?"라고 질문하고, 그리스도가 그의 공적인 능력으로, 그의 신적 완전성 (His divine perfections)으로 심판자가 될 것이라고 설명한다. 그의 심판은 중보자 (Mediator)로서의 그의 사역의 한 부분이다. 그리고 하나님이 모든 것들의 심판자라고 말할 수 있다(히 12:23). 왜냐하면 중보자가 하는 것은 하나님을 대신해서 하는 것이기 때문이다. 요한복음 3:17과 12:47은 물론 그의 심판의 직무를 배제하지 않고 그것을 요구하고 있다(참조, 요 9:39). 왜냐하면 그리스도는 인자 (the Son of Man)로 중보자 (Mediator)이시기 때문에 그는 모든 것을 심판하는 능력을 받으셨다(요 5:27). 아버지는 아무도 심판하시지 않고 모든 심판을 아들에게 주셨다(요 5:22; 참조, 행 17:31; 롬 14:9-12; 벧전 4:5; 계 6:16, "어린양의 진노").

몇 구절의 성경 본문이 천사들과 사도들 혹은 심지어 일반 신자들의 공동 재판관의 직무에 대해 가르친다. 그런 교훈을 가르치는 본문은 다음과 같다(마 13:39, 41, 49; 16:27; 19:28; 20:23; 24:31; 25:31; 눅 22:30; 고전 6:1-3: 살전 3:13; 4:16; 살후 1:7, 10; 유 14; 계 3:21; 14:10). 이 구절들에 대해서 삼중 관찰 (threefold observation)을 해야 한다. 첫째는 사도들 (apostles)이 이스라엘 (Israel)의 열 두 지파를 심판한다고 말한 것은 심판 (judgment) 자체를 보고 한 말이 아니요, 오히려 뒤따라 올 영화 (glorification)를 보고 한 말이다. 둘째는 심판의 때에 천사들 (angels)이 봉사의 사역을 한다고 말한 것을 주목해야 한다. 천사들이 주님이 거기 계시고, 심판을 위해 모였고, 악으로부터 선을 분리하는 것을 선언하지만 실제적 심판 자체 (the actual judgment itself)를 말하는 것은 아니다. 셋째는 신자들에 관해 고린도전서 6:1-3은 분명하게 그리스도에 의해 행사되는 심판에서 신자들이 심판의 역할에 참여할 것임을 가르친다. 성경은 우리가 이 문제에 대하여 어떻게 생각해야 할 것인지는 더 이상 말하지 않는다. 신자들이 어떻게 심판하며 동시에 심판을 받을 것인가? 아마도 한 사건이 다른 사건을 뒤따를 것이다. 고린도전서 6:3에 언급된 "천사들"은 타락한 천사들 (the *fallen* angels)로 이해해야 한다(pp. 290-291).

보스는 제23문에서 "누가 마지막 심판에 나타날 것인가?"라고 질문하고, 모든 사람들과 적어도 타락한 천사들이라고 답을 하고 설명을 덧붙인다. 철저한 천년주의자들 (consistent chiliasts)은 모든 "사람들"은 마지막 심판에 나타나지 않을 것이라고 주장한다. 그들은 주님과 함께 영광 중 (in glory)에 천년(1,000)동안 이미 통치를 한 사람들이 마지막 심판에 다시 오지 않을 것이기 때문이라고 주장한다. 오로지 스올 (Sheol)에 거주하는 자들이 심판에 불리어 올 것이다. 즉 그들의 운명이 먼저 스올에서 결정된 사람들은, 비록 그들이 여기서 복음 (the gospel)을 듣고 믿는 자와 믿지 않는 자가 있지만, 죽을 때 이미 심판을 받았다고 주장한다. 이 견해에 대한 호소는 요한복음 3:18; 5:24; 12:47에서 찾는다. 그러나 우리는 이런 구절들에서 구세주 (Savior)와 관계를 가진 사람은 이미 그 운명이 결정되었다는 교훈 이외에 아무것도 발견할 수 없다. 그들의 불신 (unbelief)은 멸망이 그들을 기다리고 있다는 사실을 확립할 뿐이다. 그러나 이것이 결단코 이런 것들에 대해 언급하고 그들의 법률적 결과를 선언하는 심판 자체를 배제하지 않는다.

성경은 강조하여 심판이 일반적일 것임을 가르친다(참조, 마 25:32; 행 17:30-31; 롬 2:6-16; 고후 5:10). 악한 천사가 심판 받을 것은 고린도전서 6:3과 베드로후서 2:4에서 명백하게 가르친다. "하나님이 범죄한 천사들을 용서하지 아니하시고 지옥에 던져 어두운 구덩이에 두어 심판 때까지 지키게 하셨으며"(벧후 2:4)의 말씀이 이를 증거한다. 또한 "자기 지위를 지키지 아니하고 자기 처소를 떠난 천사들을 큰 날의 심판까지 영원한 결박으로 흑암에 가두셨으며"(유 6)의 말씀도 이를 증거한다. 악마 (the devil)가 사람들과 함께 심판에 속하지 않는다고 언급되기도 한다. 왜냐하면 은혜 (grace)가 악마 (the devil)와 마귀 (the demons)에게 제공되지 않았기 때문이다. 그러나 그것은 이교도들 (pagans)에게는 적용되지 않았고, 마귀와 함께 악마는 큰 대적으로서 구속의 사역 (the work of redemption)에 확실하게 관계되었다. 그리스도께서 악마의 사역은 파괴시키셨다(pp. 291-292).

보스는 제25문에서 "천년 왕국에 대해 무엇을 이해해야 하는가?"라고 질문하고, 그 답으로, "그(천년 왕국이란) 이름은 계시록 20:1-6에서 기인되었다. 사탄 (Satan)이 천 년(1,000) 동안 결박되고 무저갱 (abyss)에 갇히게 된다. 예수를 증거하고 하나님의 말씀 때문에 목 베임을 당한 사람들의 영혼들과 또 짐승과 그 우상에게 경배하지 아니한 사람들의 영혼들이 살아서 그리스도와 더불어 천 년 동안 왕 노릇 하게 된다. 킬리아즘 (chiliasm)이라는 용어도 헬라어 일천 (civlioi)에서 온 용어로 같은 의미이다."라고 설명한다.

계시록 20:1-6의 천년이 어떤 천년을 의도하는지 설명하기가 쉽지 않다. 천년주의자들 사이에도 서로 큰 차이를 보인다. 보스는 천년 왕국에 관한 세(3) 견해를 소개한다. 클리포스 (Kliefoth)는 주요 특징으로 다음을 제공한다. 복음의 선포가 모든 이방인들에게 전해지면 이스라엘 (Israel)은 백성이 전체적으로 그리스도 (Christ)에게로 회개하고 돌아올 것이고 주님 (Lord)은 가나안 땅 (the land of Canaan) 이스라엘로 돌아오셔서 그에 의해 부활된 모든 세대를 걸친 신자들과 연합하시게 될 것이다. 영화로운 예루살렘과 가나안을 통해, 이스라엘은 이상화되고 영화롭게 된 구약의 규칙 (ordinances of the Old Testament) 하에 기독교 국가의 이상 (the ideal of a Christian state)을 실현할 것이며, 모든 나라들을 위한 영적인 도시 (spiritual metropolis)가 될 것이고, 그 영적인 도시로부터 선교의 사역이 대대적으로 진행될 것이다. 천년(1,000) 끝에 주변 나라들의 불신의 요소들이 연합하여 거룩한 땅 (the Holy Land)을 대항해서 일어날 것이며 영화롭게 된 예루살렘 (Jerusalem)을 포위할 것이다. 그러나 이렇게 하는 동안에 그들은 주님에 의해 파멸될 것이고, 그 후에 일반 부활 (the general resurrection)이 있을 것이고, 마지막 심판 (the last judgment)이 있을 것이며, 그리고 이 세상의 끝 (the end of this world)이 뒤따를 것이다. 이상의 설명이 클리포스의 주장으로 첫 번째 예이다.

이 견해 이외도 더 어리석은 두 번째 견해가 있다. 그 견해는 적그리스도 (the antichrist)가 나타난 다음에 주님의 영적인 재림이 있을 것이고, 그 때에 천년(1,000)은 아니지만 여러 해 동안 들어보지도 못한 엄청난 풍요 (prosperity)와 축복 (blessing)이 교회를 위해 나타날 것이고 악과 사탄은 제어될 것이다. 기독교는 세상을 지배하는 위치를 갖게 될 것이다. 이 기간 동안에 가장 큰 부분으로 복음의 우주적인 전파가 있을 것이다. 이 견해가 두 번째 견해이다.

마지막으로 세 번째 견해는 유대인 (Jews)들의 미래와 그들의 국가적인 탁월성에 관한 천년주의의 많은 요소들을 다룬다. 그러나 세 번째 견해는 이 모든 것을 영원에서 발생한 것으로 취급하여 일반 부활과 마지막 심판 후에 있을 것으로 설명한다.

이 한계 안에서 이미 언급한 것처럼 천년주의자들 (chiliasts) 사이에도 큰 차이가 나타난다. 어떤 이는 유대인들이 먼저 회개하고 그들의 땅으로 인도될 것이라고 주장한다. 다른 이는 유대인들이 먼저 그들의 땅으로 인도되고 거기서 그들이 회개할 것이라고 주장한다. 어떤 이는 부활한 성도들이 하늘에서 살 것이라고 주장하고, 다른 이는 부활한 성도들이 지상에 있게 될 것이라고 주장한다. 또 다른 이들은 부활한 성도들이 어떤 때는 하늘에 있고, 또 어떤 때는 지상에 있을 것이라고 말한다. 어떤 이는 부활한 성도들이 그들이 다스리는 사람들에게 보이는 상태로 나타날 것이라고 주장하고, 다른 이는 부활한 성도들이 보이지 않을 것이라고 주장한다. 어떤 이는 성도들을 천사들로 생각하고, 다른 이는 천년(1,000) 기간 동안에 그들로부터 인류의 재생산과 증식이 있을 것이라고 주장한다. 그리고 인류의 영화된 부분과 남아 있는 지상의 인류의 관계 (contact)에 관해서는 많은 견해의 차이가 나타난다 (pp. 295-296).

보스는 제26문에서 "이와 같은 천년 왕국 이론에 대한 반대는 무엇이 있는가?"라고 질문하고, 그 답으로 일곱(7) 가지의 이론을 제시한다. (1) 천년주의자들 (chiliasts)은 "이스라엘" (Israel)에 대한 개념을 잘못 이해하고 있다. 천년주의자들의 견해는 성경의 교훈과 상치된다. 그리스도의 성육신과 그리스도의 완성된 속죄의 사역으로 이스라엘 국가의 소명은 종료되었다. (2) 천년주의 (Chiliasm)는 기독교회로부터 그 선교적 특권을 빼앗아 간다. 천년주의는 마치 하나님이 선교의 사명을 완결하기 위해 이스라엘에 매여서 유대인들의 회심을 기다려야만 하는 형편이다. 성경은 전혀 다른 말씀을 가르친다. (3) 주님의 종말론적 강화나 사도들의 편지에 천년 왕국에 대해 한 마디의 언급도 없고, 천년이란 용어가 사용되어야 할 형편에서도 그 용어는 나타나지 않는다. (4) 많은 성경 본문이 첫째 부활 (the first resurrection)과 모든 것의 완성 (the consummation of all things) 사이에 천년이 있어야 할 여지를 남기지 않는다. (5) 주님께서 명백하게 모든 시대의 완성, 즉 세상 끝에 선한 사람과 악한 사람을 구별하는 일이 있을 것을 가르치신다(마 13:37-43, 47-50). (6) 천년주의 (Chiliasm)는 그 자체로 해결할 수 없는 어려움에 얽혀 있다. 보스는 "어떻게 영화로운 땅의 한 부분이 불결한 지상의 한 가운데 존재할 수 있는가? 어떻게 죽음과 생명이 같은 우주 공간에 병존할 수 있는가?" 등의 질문으로 천년주의가 헤쳐 나올 수 없는 어려움에 얽혀 있다고 설명한다. (7) 우리는 계시록 20:1-6이 천년을 이야기하고 있음을 인정해야 한다. 우리는 현재 이 구절의 해석을 제공할 수는 없다. 분명한 것은 계시록에 사용된 숫자는 문자적이 아니요 상징적인 의미를 가지고 있다는 것이다. 짐승의 숫자인 666이 있는데 천년주의자들도 그 숫자를 문자적으로 받아들이지 않는다. 성경해석의 원리는 불분명한 구절은 다른 성경과 상충을 일으키지 않도록 해석해야 한다는 것이다(pp. 296-299).

보스는 제29문에서 "지옥의 심판 (the punishment of hell)은 무엇으로 구성되어 있는가?"라고 질문하고, 여섯 가지로 답을 대신한다. 첫째, 지옥의 심판은 하나님의 은혜의 임재로부터 확실한 분리이다. 그래서 지옥의 심판을 "죽음," "두 번째 죽음"이라고 말한다. 그러므로 하나님의 구원이 빛 (light)이요 하나님과 교제 관계 안에 있는 것이 생명 (life)이기 때문에 지옥의 심판은 칠흑 같은 암흑 (outermost darkness)이다. 그러나 이것은 잃은 자 (the lost)에게 더 이상 하나님에 관한 지식이 없는 것으로 이해해서는 안 된다. 그들은 진노 가운데 계신 하나님을 알 것이다. 둘째, 지옥의 심판은 끝없는 파멸이요, 끝없는 존재의 분열이다 (ἀπώλεια). 우리가 이 개념을 충분히 설명하는 것은 불가능하다. 파멸과 끝없음은 서로 배제하는 것 같다. 그럼에도 불구하고 지옥의 심판은 우리에게 이 "파멸"(ἀπώλεια)의 관점으로 제시된다. 다른 표현은 부패 (φθορά) 혹은 영원한 파멸 (ὄλεθρος αἰώνιος)이다(갈 6:8; 살후 1:9). 셋째, 지옥의 심판은 영혼과 몸의 실제적인 고통이다(계 14:20; 20:10; 마 10:28: "오직 몸과 영혼을 능히 지옥에 멸하실 수 있는 이를 두려워하라"). 어떤 경우이건, 실제 징벌을 가리키는 것은 비록 은유적으로 이해되기도 하지만 불 (fire)과 벌레 (worm)이다. 잃은 자들 (the lost)의 징벌로 묘사하기를 원하는 소망이 있는데 그것은 잃은 자들이 먼 곳에서부터 구원받은 자들 (the saved)의 영광을 바라다보는 것이다. 이는 누가복음 16:23을 근거로 한 것이다. 그러나 이런 주장은 여기서 우리가 비유 (parable)를 다루고 있다는 사실을 망각한 것이다. 잃은 자들이 구원의 사상에 역행하여 범죄한 것은 잃은 자들 (the lost)에게 고통스러운 것이 될 것임은 확실하다. 넷째, 지옥의 심판에서는 이런 객관적인 징벌과 함께 양심의 고통 (pangs of conscience), 비통 (anguish), 절망 (despair)과 같은 주관적인 것들이 있을 것인데, 성경은 이 모든 것을 "울며 이를 갈게 된다"고 무서운 표현으로 우리에게 묘사해 준다(참조, 마 13:42, 50; 눅 13:28). 그러나 우리는 이 주관적인 징벌을 마치 지옥 (Gehenna)이 그것으로 구성되어 있는 것처럼 결코 설명해서는 안 된다. 어떤 사람은 악한 양심 (evil conscience)이 지옥 (hell)이라고 말하는데 익숙해 있다. 혹은 잃은 자들이 지옥 안에 있는 것이 아니요, 그들 자신 안에 지옥을 가졌다고 말한다. 성경은 이런 방법으로 말하지 않는다. 다섯째, 지옥의 심판을 논할 때 "지옥의 불"을 어떻게 이해해야 될 것인지에 대한 질문이 제기된다. 이 문제에 대해 많은 논란이 있어 왔다. 로마가톨릭 (Roman Catholics)은 "지옥의 불"이 실제 불(actual fire)이라고 말한다. 적어도 연옥 (purgatory)의 불을 주장하는 사람들을 그렇게 주장한다. 루터교 사람들 (Lutherans)과 개혁자들 (The Reformed)을 포함한 다른 사람들은 "물질이 타는 불" (material fire)이지만 지상의 불 (earthly fire)은 아니라고 한다. 또 다른 사람들은 "지옥의 불"이 확실히 실제 (real)이지만 "어떤 요소가 타는 불" (fire of elements)이나 "물질이 타는 불"

(material fire)은 아니라고 주장한다. "물질이 타는 불"이라는 견해에 대해서는 반대가 제기된다. (1) 언급된 불은 악마들과 악마들의 천사들을 위해 준비된 것인데 "물질이 타는 불" (material fire)은 마귀 (demons)와 같은 순수한 영들 (pure spirits)에게는 영향을 미치지 못한다. 우리들의 생각으로 이런 추상적인 이유 (metaphysical reason)는 충분하지 않다. 만약 몸 (body)이 사람 안에 있는 영혼 (soul)에 작용할 수 있다면, 그렇다면 "물질이 타는 불"이 왜 마귀 (demons)에게 작용할 수 없겠는가? (2) 불과 연관해서 나타나는 다른 표현들은 분명하게 추상적으로 이해되어야만 하는데, 예를 들면, 죽지 않는 벌레, 어두움의 쇠사슬, 유황 호수, 등과 같은 표현이다. 우리는 이 논증에 무게가 실려 있음을 인정해야 한다. 진정으로 이런 표현의 어떤 것들은 만약 우리가 그것들을 문자적으로 취한다면 서로 간 일치시키는데 어려움이 따른다. (3) 또한 하늘의 축복이 언급된 표현을 우리는 그런 성경적 표현을 문자적으로 취하는데 익숙하지 않다. 성경은 그런 형상들 (images)을 사용하여 우리들에게 지상의 것들 (earthly things)이 아닌 미래의 것들 (future things)을 이해할 수 있도록 돕는 것이다. 하늘 (heaven)을 표현하기 위해 "아브라함의 옆" (Abraham's side), "아브라함과 함께 식탁에 앉자" (recline at table with Abraham), "면류관" (crowns), 등 많은 다른 표현들을 사용한다. 이 논리에도 무게가 실려 있다.

우리는 이 질문이 해결될 수 없는 질문이라고 생각한다. 한 가지만은 염두에 두고 있어야 한다. 비록 "물질이 타는 불" (material fire)을 뜻하지는 않지만, 불을 반복적으로 언급하는 것은 일반적으로 생각하는 피상적인 의미의 단순한 은유 (mere metaphor)일 수는 없다는 것이다.

반대로, 우리는 여기서 다음의 말을 해야만 한다. 즉, "지상의 불" (earthly fire)은 우리가 불이라고 부르는 지옥의 실재 (the hellish reality)에 대한 형상이며, 그것에 대해 우리는 더 이상 어떤 개념을 형성할 수 없다는 것이다. 여섯째, 지옥의 징벌에는 정도에 차이가 있을 것 (difference of degree)이라는 것이다. 이런 교훈은 마태복음 (Matthew)에서 분명하게 가르친다(마 11:22; 24:51; 눅 12:47-48; 눅 12:46). 이런 구절들은 구체적으로 결정하는 것을 허락하지 않는다. 마태복음 23:14에 (KJV) 서기관들 (scribes)과 바리새인들 (Pharisees)이 더 심한 심판을 받을 것임을 말했다(pp. 302-304).

보스는 제30문에서 "이 지옥의 형벌은 얼마 동안 지속되는가?"라고 질문하고, "영원히"라고 답을 한 후 이를 부인하는 그룹에 대해 설명을 덧붙인다. 첫째, 모든 것들의 회복 (ἀποκατάστασις πάντων: a restoration of all things)을 가르치는 사람들이 지옥의 형벌을 부인한다. 대단히 이른 시기에 오리겐 (Origen)은 이 견해를 견지했는데 그는 지옥의 징벌이 치유적 (curative)이라고 보았다. 실제로, 모든 사람들은 하나님의 사랑에서 그의 의 (the righteousness of God)를 추론하여 심판을 축복으로 가르쳐야만 했다. 그렇게 되면 영원한 징벌은 용어 자체에 상충 (contradictio in adjecto)이 되는 것이다. 이 견해는 또한 펠라기안 (Pelagian)의 자유의지 교리와도 연관이 있다. 정죄 받은 사람들까지도 항상 회복의 가능성이 열려있는 의지의 자유에 대한 자신들의 분량은 유지되어야만 한다고 생각한 것이다. 그러나 이 경우 구원받은 자들도 하늘에서부터 떨어질 수 있는 가능성을 인정해야만 한다. 현대 신학자 니체 (Karl Immanuel Nitzsch: 1787-1868)도 다른 사람들과 함께 모든 것의 회복 (the restoration of all things)을 가르쳤다. 둘째, 불경건한 자들의 멸절 (annihilation)을 가르치는 사람들도 지옥의 형벌을 부인한다. 이 견해는 이미 이전에 논의된 바 있다. 거기에서 왜 이 견해가 옛 견해 (old view)를 대치할 수 없는지를 설명했다. 셋째, 보편적인 패션 (universalistic fashion)으로 모든 사람의 구원을 가르치는 사람들은, 이 지상의 삶의 기간 동안에나 지옥 (Sheol-Hades)에 머무는 기간 동안에 지옥의 형벌을 부인한다. 그들은 지옥의 징벌의 영원성을 부인하기보다 지옥 자체를 부인한다. 성경을 믿는 사람이라면 이 견해는 논박할 가치도 없다(pp. 304).

보스는 제32문에서 "당신은 지옥의 징벌이 영원한 기간이 될 것임을 성경으로부터 보여줄 수 있습니까?"라고 질문하고, "그렇다" (Yes)라고 답을 한 후 세 가지로 설명을 덧붙인다. 첫째, 지옥의 징벌의 영원성에 대한 교리는 구세주 (Savior)이시요, 구속자 (Redeemer) 자신이신 그리스도 (Christ)의 말씀에서 명백하게 드러난다. 이 교리를 반대하는 사람은 누구나 인자 (the Son of Man)보다 자신이 더 자비롭다고 생각하는 것이다. 그는 지옥 (hell)에서 몸과 영혼을 멸망시킬 수 있는 분, 죽지 않는 벌레와 꺼지지 않는 불을 말하는 분, 악마와 그의 천사들을 위해 준비한 영원한 불 (the eternal fire) 속에 그들의 자리를 배정할 것이라고 말하는 분(마 10:28; 25:41; 막 9:48)을 경고하고 있는 셈이다. 그리스도의 말씀 (The worlds of Christ)은 그 시대의 일반 말투 (common parlance)에 따라 듣는 사람들이 이해하는 것 이상의 다른 의미가 있을 수 없다. 그리스도께서 사용하신 그런 표현을 통해 유대인들 (Jews)은 확실하게 영원한 징벌로 이해했다. 우리는 예수님께서 누가복음 12:9-10에서 "성령을 모독하는 자는 사하심을 받지 못하리라"(눅 12:10)라고 말씀하신 내용과 유다 (Judas)에 대해서 "그 사람은 차라리 태어나지 아니하였더라면 제게 좋을 뻔하였느니라"(마 26:24)라고 말씀하신 내용과 영원한 징벌을 비교할 필요가 있다. 불경건한 자들은 쭉정이 (weeds)로 대표되어 심판 날에 알곡 (the wheat)으로부터 분리되어 꺼지지 않는 불에 태워질 것이다(마 3:12; 13:40). 쭉정이는 영원히 알곡이 되지 않는다. 좋지 않은 물고기는 내 버린다(마 13:48). 이 모든 성경의 교훈이 단순히 지옥 징벌이 단순히 한때일 것이라는 교리와는 배치된다. 둘째, 여러 가지 표현으로 징벌 (punishment)이 "영원할 것" (αἰώνιος, ἄϊδιος: eternal)이라고 말한다(마 25:46; 18:8; 유 6-7; 계 14:11; 19:3). 여기서 "아이오니오스" (αἰώνιος)라는 용어가 사용될 때 이 뜻은 오는 세대 (the coming age)에 속했다는 의미 외에 다른 뜻이 없다. 그래서 성경에서 두 세대를 구분하는 경계의 다른 쪽에 속해 있는 것이다. 경계의 다른 쪽에 있는 것은 그 자체로 끝이 없는 것이다. 왜냐하면 성경은 오는 세대를 구분할 어떤 경계선도 말하고 있지 않기 때문이다. 자연적으로 이 말씀은 불경건한 자들의 징벌은 오는 세대 (the coming age)에 속하는 것으로 생각할 수밖에 없다. 다른 면으로, "이 세대" (this age)에 속한 어떤 것이 "아이오니오스" (αἰώνιος)라는 용어로 표현되지만 그것은 끝이 없다 (end-lessness)는 의미로서의 영원성을 말하는 것은 아니다. 그래서 오네시모 (Onesimus)를 가리켜 빌레몬 (Philemon)의 영원한 (αἰώνιον) 종이라고 말하는 것이다(몬 15). 산들 (mountains)은 그것들이 이 세대가 존속하는 한 계속 존재하기 때문에 "영원한" 산들이라고 말하는 것이다. 그러나 악한 자들의 징벌을 "영원하다" (eternal)라고 말하는 것은 오는 세대 전체로 확장되기 때문이다. 성경에서 "오는 세대" (αἰὼν μέλλων)는 끝이 없고, 한계가 없고, 그 자체 안에 구분하는 선이 없다. 셋째, 징벌의 영원성은 복 받은 자들의 구원의 영원성과 대칭선 상에 있다. 같은 용어로 "영원하다"라고 묘사된다. 만약 어떤 사람이 징벌에 관해 "영원히" (αἰώνιος, ἀΐδιος: eternal)를 더 약한 개념 (weaker sense)으로 적용하려고 하면, 그는 마땅히 하나님의 자녀들의 영원한 복을 위한 모든 증거들도 떨어져 나갈 것이라는 사실을 인정해야 할 것이다. 쉐드 (Shedd)에 의하면 (*Dogmatic Theology*, 2:688) "'아이오니오스' (αἰώνιος)는 신약에서 66회 사용되었다. 그 중 51번이 의로운 자들의 미래 행복과 연결되어 있다. 7번은 미래 징벌과 관계되어 있다(마 18:8; 25:41, 46; 막 3:29; 살전 1:9; 히 6:2; 유 6). 2번은 하나님에게 연계되어 있고, 6번은 여러 가지 잡다한 것과 연계되어 있다."라고 정리된다. 성경은 불경건한 자들의 징벌을 위해 사용한 같은 용어로 악마들과 마귀들의 징벌을 설명한다. 그러므로 후자 (the latter)에게 연결되지 않은 회개 (conversion)는 전혀 도움이 되지 않는다. 지옥의 능력으로 구속을 한다는 개념은 철저하게 성경적이 아니다(pp. 305-307).

보스는 제34문에서 "잃은 자들의 형벌은 절대적으로 영원한가?"라고 질문하고, 자연적으로 "미래에 대해서" (as to the future) 그렇다. 그러나 "과거에 대해서" (as to the past)는 그렇지 않다. 시작 (beginning)이 있었지만 끝 (end)은 없다고 답을 한다(p. 307). 보스는 제35문에서 "하나님의 자녀들의 완전한 구원 전에 나타날 것이 무엇인가?"라고 질문하고, 새로운 세상 (new world)의 드러남이라고 답을 한 후 설명을 덧붙인다. 성경은 이 사실을 명명백백하게 말하고 있다. 사도행전 3:21에서 베드로 (Peter)는 "만물을 회복하실 때까지" (ἀποκατάστασις)라고 말한다. 그리고 요한계시록 21:5에서는 보좌에 앉으신 분이 "보라 내가 만물을 새롭게 하노라"(계 21:5)라고 말씀하신다. 사실상 이 모든 것이 사람이 살고 있는 창조 세계의 나머지와 내재적으로 관계되어 있다. 창조 세계는 사람에게 통치하도록 주어졌다. 창조는 인간의 타락과 함께 진행되어 왔다. 창조는 허무함의 탄식에 굴복하게 되었다. 창조는 고통 중에 있다. 왜냐하면 창조는 하나님의 자녀들의 영광의 나타남과 함께 썩어짐의 종노릇 한데서 자유함을 기다리고 있기 때문이다(롬 8:19-22). 이는 단순히 죄의 속죄 (atonement for sin)에 관한 것이 아니요, 죄의 결과의 제거 (the removal of the results of sin)와 관계된 것이다. 악마와 마귀와 잃은 자들이 "밖으로" (outside) 던져지면, 죄의 마지막 흔적 (the last vestige of sin)은 안에 있는 것까지도 하나님의 창조 세계에서 사라지게 될 것이다. 구약은 실제로 이 사실을 이미 언급하고 있다(시 102:26-28; 사 11:6-9; 34:4; 51:6, 16; 65:17; 66:22). 신약에서는 베드로후서 3:7-13; 요한계시록 20:11; 21:1이 같은 교훈을 가르친다.

성경은 더 나아가 이 새로운 세계가 하나님의 자녀들의 영화를 뒤따르게 될 것임을 가르친다. 즉, 영광스러운 부활과 마지막 심판을 뒤따를 것이다(p. 308). 보스는 제37문에서 "어떻게 그 변화가 일어날 것인가?"라고 질문하고, 베드로후서 3:7-12은 "불에 의해"(by fire) 발생하게 될 것을 말한다고 답을 한다. 이는 상징적인 (figuratively)인 뜻이 아니다. 마지막 변화는 한때 지상에서 발생한 물 (water)로의 멸망 (destruction)과 비교되고 있다. 그러므로 마지막 징벌은 실재임에 틀림없다. 히브리서 12:26-28은 우리가 아는 대로 땅이 진동하고 (shaking) 움직일 (moving)

것이라고 말한다. 그러나 이 사건과 베드로가 말한 것은 서로 배타적이지 않다. 세상의 큰 화재 (conflagration of the world)는 떨림과 지진과 함께 양쪽 예언을 성취할 것이다. 지구의 재생 (the renewal of the earth)은 하나님의 거하는 처소로서의 하늘에는 영향을 미치지 못하고, 천상계의 의미의 하늘이라는 개념에는 영향을 미칠 것이다(p. 309). 보스는 제38문에서 "우리는 하늘과 하늘의 축복에 대해 얼마나 많은 것을 말할 수 있는가?"라고 질문하고, 그 답으로 하늘과 하늘의 축복은 우리들의 이해를 초월하는 것임으로 말할 수 없다고 답을 한다. 그러나 우리가 알고 있는 것을 정리한다면 다음과 같다. (1) 천국은 지옥처럼 장소성 (place)을 가지고 있다. 어떤 사람이 그의 마음에 천국을 가지고 있다고 말할 수 있지만 그의 마음도 그의 몸과 함께 천국 안에 있어야 한다. (2) 천국에서의 즐거움 (the enjoyment of heaven)은 하나님을 즐거워하는 것이다. 하나님을 면전에서 보는 것은 지적인 면에 국한되지 않고 인간의 언어로 표현할 수 없는 놀랄만한 모습이다. 신학자들은 천국의 모습을 '보는 것' (seeing: *visio*), '사랑' (love: *amor*), '즐거움' (joy: *gaudium*), '영광' (glory: *gloria*)등의 용어로 설명한다. 다른 사람들은 천국의 모습을 하나님을 '아는 것' (knowing), '섬기는 것' (serving), '즐기는 것' (enjoying), '영광 돌리는 것' (glorifying)으로 설명한다(참조, 고전 13:9-13).

이런 천국의 모습을 육체적인 눈으로 볼 수 있을 것인지에 대한 질문이 있어 왔다. 눈으로 볼 수 있을 것으로는 생각되지는 않는다. 하나님은 감각으로 볼 수는 없다. 물론 중보자 (Mediator)는 볼 수 있다. 아무도 하나님을 본 사람이 없다. 이 보는 것은 믿음 (faith)에 따라 보는 것이다. 그러므로 이는 믿음과 비교한 어떤 것이지 감각으로 인식되어야 할 필요를 느끼지 않는다. 그래서 하나님에 대한 인식 (perception)은 있을 것이지만 물질적인 실재 (material entity)로 우리에게 나타나지는 않을 것이다. (3) 하나님과 교제하며 누리는 천국에서의 즐거움은 모든 충만함 속에서 누리는 영생이다. (4) 이와 같은 즐거움 외에도 많은 축복이 하나님의 자녀가 누리는 축복이다. 성경은 이 축복들을 상징들로 묘사하는데 우리는 성경이 그 축복들을 형이상학적으로 묘사하는지 혹은 더 깊은 의미를 가진 비유로 묘사하는지 확인하기 힘들다. 어찌하든 천국에는 모든 결핍과 모든 비참함이 자리할 수 없다. (5) 천국은 획일적인 세상이 아닐 것이다. 다양성이 천국을 다스릴 것이다. 모든 사람이 같은 몫을 받지 않을 것이다. 많이 심은 사람은 많이 거둘 것이다. 그러나 다양성은 고민을 유발하지 않을 것이다. 어떤 사람은 천국을 생각할 때 개인적인 부분만 생각할 수 있으나 천국에는 모든 일의 질서가 있을 것이다. 영화롭게 된 인류는 그리스도를 머리로 모시고 그 머리 아래 한 몸을 형성할 것이다. 몸에는 항상 여러 다른 지체가 있다. 또 어떤 이는 구원의 축복을 너무 심령적으로 (spiritualistically)만 생각하기도 한다. 우리는 믿는 자의 몸이 부활하고 세상이 새롭게 창조될 것을 기억해야 한다. 구원을 심령적으로만 생각하면 새 하늘과 새 땅의 자리가 없어진다(pp. 309-310).

정리하는 말

편집된 본서는 본래의 책의 특성상 특이하게 접근할 수밖에 없었다. 책의 모든 내용이 질문을 던지고 그 질문에 답하는 형식이기 때문이다. 모든 질문을 모두 언급하기에는 지면이 허락하지 않는다. 그런데 질문하고 답하는 그런 접근 방식은 독자들이 보통의 조직신학 서적을 읽을 때 발견할 수 없는 세미한 문제까지 고민하게 하는 장점이 있다. 독자들은 본서를 통해 하나님의 구원 계획이 얼마나 완벽하고 성도들을 위해 얼마나 세밀하게 계획된 것인지를 깨닫게 된다. 그리고 독자들은 게르할더스 보스 (Geerhardus Vos)가 어려운 신학의 주제들을 쉽게 풀어내고 있다는 사실을 감지하게 된다.

그리고 본 편저자는 본서 전체 5권을 한 권씩 좀 더 자세하게 소개하는 것이 정상적인 방법일 것으로 생각했지만, 귀한 책 전모를 한국교회에 속히 소개하길 원하는 마음이 앞서서 전체 5권의 내용 중 유익하다고 생각되는 부분만을 다루었음을 밝혀둔다. 참으로 감사할 일은 합동신학대학원대학교의 신약 교수이신 김영호 박사께서 이미 제1권과 2권을 합본으로 "개혁교의학"(솔로몬 출판사)이라는 제목으로 번역 출판했다는 사실이다. 그리고 김영호 박사가 전체를 번역하여 출판할 계획을 가지고 있는 줄 안다. 김영호 박사의 번역본이 속히 독자들의 손에 들려질 때를 고대한다. 김 박사는 화란어 판에서 직접 번역하였기 때문에 번역본의 구조가 영어 번역과는 약간 차이가 있지만 근본적으로는 이해하는데 큰 문제는 없다. 본 편저자는 영어 번역을 근거로 "개혁교의학"을 소개하였기 때문에 김영호 박사의 번역본과 본서가 함께 보스 (Vos) 박사의 신학 세계를 이해하는데 상승효과를 가져오리라 기대해 본다. 바라기는 김영호 박사의 완성된 "개혁교의학"과 본서가 한국교회를 튼실하게 하는데 조금이라도 도움이 될 수 있기를 소망한다.

그리고 마지막으로 책을 접기 전에 보스 (Vos)의 신학 세계에 관심을 가지고 있는 많은 성도들과 학자들이 기뻐할 희소식을 전하고 책을 마치려 한다. 보스의 "개혁교의학" 5권을 일별하면서 어떤 사람은 왜 보스가 그의 개혁교의학에서 제 1권 "신론," 제 2권 "인간론," 제 3권 "기독론," 제 4권 "구원론," 제 5권 "교회론, 은혜의 수단들, 종말론"은 다루면서 개혁교의학의 "서론(성경론)"은 집필하지 않았을까?라고 궁금해 할 수 있다. 물론 보스의 개혁교의학 영어번역본에는 "서론"이 포함되지 않았다. 그런데 근래에 김영호 박사에 의해 화란어로 집필된 보스의 개혁교의학 서론의 원고가 발견된 것이다!

김영호 박사께서 연구년 기간 (2022-2023)동안 그랜드 래피드스 (Grand Rapids)에 위치한 칼빈대학교 (Calvin University)의 헤리티지 홀 (Heritage Hall)에 있는 "보스 아카이브" (Vos Archive)에서 화란어로 된 보스의 교의학 서론의 원고를 발견했다. 보스의 개혁교의학 서론의 원고는 2권으로 되어 있고 전체 367쪽의 분량이다. 그리고 "개혁교의학 서론" 역시 다른 "개혁교의학" 책들처럼 요리문답 형식의 총 328개의 질문으로 구성되어 있다. 앞으로 김영호 박사께서 화란어로 된 보스의 "개혁교의학 서론"을 영어로 번역하여 출간할 계획을 가지고 있다. 영

어로 번역된 보스의 "개혁교의학 서론"과 한국어 번역본이 우리 손에
들려지는 그날을 기대해 본다.